KLAUS MEIER

Ökologische Aspekte des Schuldvertragsrechts

Schriften zum Umweltrecht

Herausgegeben von Prof. Dr. Michael Kloepfer, Berlin

Band 57

Ökologische Aspekte des Schuldvertragsrechts

Überlegungen zur vertragsrechtlichen Regulierung von Umweltrisiken

Von

Klaus Meier

Duncker & Humblot · Berlin

Die Deutsche Bibliothek – CIP-Einheitsaufnahme

Meier, Klaus:
Ökologische Aspekte des Schuldvertragsrechts : Überlegungen zur vertragsrechtlichen Regulierung von Umweltrisiken / von Klaus Meier. – Berlin : Duncker und Humblot, 1995
(Schriften zum Umweltrecht ; Bd. 57)
Zugl.: Bremen, Univ., Diss., 1994
ISBN 3-428-08381-4
NE: GT

Fotoprint: Berliner Buchdruckerei Union GmbH, Berlin
Printed in Germany

ISSN 0935-4247
ISBN 3-428-08381-4

Gedruckt auf alterungsbeständigem (säurefreiem) Papier
entsprechend ISO 9706 ♾

Vorwort

Die Arbeit ist innerhalb des von der Deutschen Forschungsgemeinschaft geförderten und an der Universität Bremen veranstalteten Graduiertenkollegs „Risikoregulierung und Privatrechtssystem" entstanden und ist vom Fachbereich Rechtswissenschaft der Universität Bremen im Wintersemester 1994/1995 als Dissertation angenommen worden. In ihr sind in vielfältiger Weise Diskussionen und Beiträge aus dem Kolleg aufgenommen, so daß ich in erster Linie den Veranstaltern, Kollegiatinnen und Kollegiaten zu herzlichem Dank verpflichtet bin. Herausheben möchte ich dabei meine Lehrer, Prof. Dres. *Eike Schmidt* und *Dieter Hart*, die die Arbeit angeregt und während der gesamten Zeit mit Rat und freundlicher Kritik gefördert haben. Wertvolle Anregungen und Hinweise verdanke ich insbesondere noch Prof. Dr. *Reinhard Damm*, *Karl Janßen* und Dr. *Wolfgang Köck*. Der Deutschen Forschungsgemeinschaft danke ich für die Gewährung eines großzügigen Stipendiums, das mir den Rückhalt für eine konzentrierte Fertigstellung der Arbeit gab. Besonders habe ich mich schließlich gefreut, daß der Verlag Duncker & Humblot und der Herausgeber Prof. Dr. *Michael Kloepfer* sich zur Aufnahme der Arbeit in die Reihe „Schriften zum Umweltrecht" entschlossen haben.

Bremen, im April 1995

Klaus Meier

Inhaltsverzeichnis

Abkürzungen

Die juristischen Abkürzungen richten sich nach Kirchner. Abkürzungsverzeichnis der Rechtssprache, 4. Aufl., bearb. von Hildebert Kirchner, Berlin 1993.

Darin nicht enthalten sind:

ChemVerbotsV	Verordnung über Verbote und Beschränkungen des Inverkehrbringens gefährlicher Stoffe, Zubereitungen und Erzeugnisse nach dem Chemikaliengesetz (Chemikalien-Verbotsverordnung) v. 14.10.1993, BGBl. I, 1720.
ESUR	Entscheidungssammlung zum Umweltrecht

Einleitung

Die Bewältigung ökologischer Probleme zählt zum Ende des 20. Jahrhunderts zu den wichtigsten Aufgaben in nahezu sämtlichen Politik- und Gesellschaftsbereichen. Einen säkularen Bedeutungszuwachs umweltbezogener Konfliktlagen im modernen Industriestaat verdeutlichen bereits die Formeln der Entwicklung vom Rechts- und Sozialstaat zum „Schutz-Staat" (H.A. Hesse[1]) sowie der Feststellung eines Wandels von der sozialen zur „umweltsozialen Marktwirtschaft" (Fikentscher[2]): Stand bei der rechtlichen Regulierung sozialer Risiken der Abbau von Chancenungleichheit aufgrund formal-liberaler Gleichheitspostulate durch Materialisierungen und Prozeduralisierungen des Rechts im Vordergrund, zielt demgegenüber die Regulierung ökologischer Risiken zuallererst auf die Implementation statusunabhängiger Schutz- und Vorsorgemechanismen gegen „neue" - ökologische - Risiken. Nicht die Verteilung von Chancen und Gütern, sondern der Schutz vor Bedrohung, der Umgang mit Unsicherheit ist ein kennzeichnendes Merkmal der Risikogesellschaft[3]. Nicht mehr die Bändigung von (Markt-)Macht zur Herstellung privater Autonomie, sondern die generelle Beschränkung von Autonomie zur Sicherung überindividueller Belange bestimmt zunehmend Rechtssetzung und Rechtsprechung.

Als Folge des immensen Gefährdungspotentials der Großrisiken einerseits und schleichenden Gifte andererseits hat sich in den 70er Jahren das Umweltrecht als eigenständige Rechtswissenschaftsmaterie herausgebildet, was infolge der besonderen und zum Gutteil neuartigen Schwierigkeiten der Regulierung ökologischer Risiken zu der Aus- und Fortbildung von Instrumenten (z.B. Abgaben, Zertifikate) und Prinzipien (Vorsorgeprinzip, Verursacherprinzip, Kooperationsprinzip, etc.) namentlich im öffentlichen Umweltrecht geführt hat. Aber auch am Privatrecht ist die „Rechtsumbildung durch Umweltschutz"[4] nicht vorbeigegangen; insonderheit das Deliktsrecht hat starken richterlichen und gesetzgeberischen Steuerungszuwachs erfahren. In welchem Maße schließ-

---

1 JZ 1991, 744.

2 Die umweltsoziale Marktwirtschaft - als Rechtsproblem -.

3 Zurückgehend auf Ulrich Beck's „Risikogesellschaft. Auf dem Weg in eine andere Moderne", Frankfurt a.M. 1986. Aus der Fülle der gesellschaftstheoretischen Literatur zur Risikogesellschaft siehe insbes. Evers/Nowotny, Über den Umgang mit Unsicherheit. Eine gute Zusammenfassung des Schrifttums findet sich bei Bechmann, KritVj 1991, 212 (238 ff.). Zu rechtlichen Risikoaspekten vgl. die Beiträge in Heft 3/4 der Kritischen Vierteljahresschrift für Gesetzgebung und Rechtswissenschaft, 1991.

4 So die gleichnamige Schrift von Kloepfer, Heidelberg 1990.

lich das jüngst in Art. 20a GG eingeführte Staatsziel Umweltschutz die Ökologisierung der Rechtsordnung weiter befördert, ist noch offen.

Dem Schuldvertragsrecht wird bei der Regulierung umweltbezogener Konflikte praktisch keine Bedeutung zugemessen - sieht man einmal von wenigen Untersuchungen zu umweltbezogenen Problematiken bei besonderen Vertragstypen ab[5], in denen es inhaltlich weniger um Schutz der natürlichen Umwelt, sondern in erster Linie um Integritätsschutz der Vertragsparteien vor Umweltgefahren geht. Deshalb wird das Unterfangen einer „ökologischen Aktivierung" des Schuldvertragsrechts bei manchen zunächst auf Unverständnis stoßen.

Sicher zählt die Regulierung ökologischer Risiken auch nicht zu den originären Aufgaben des BGB-Vertragsrechts, das in seiner historischen Konzeption zuallererst auf Erwartungssicherung und -stabilisierung formal gleicher Subjekte ausgerichtet war. Einen ersten tiefgreifenden Wandel hat das Vertragsrecht seit seiner Kodifizierung zwar dadurch erfahren, daß es neben der Sicherung versprochener Leistungen privates Verhalten etwa durch Statuierung von Verkehrsverboten sowie Informations- und Schutzpflichten steuert[6]. Indes dürfte sich die Regulierung ökologischer Risiken allenfalls partiell aus den bekannten sozialen Steuerungen deduzieren lassen: Handelte schuldvertragliche Regulierung bislang in erster Linie von der Reparatur von Marktversagen, von Kompensation bestehender wirtschaftlicher und/oder intellektueller Machtdisparitäten und ließ die Steuerung sich trotz aller festzustellenden Objektivierungen und Vergesellschaftungen - jedenfalls in aller Regel - auf individuelle Interessen zurückführen, so bezweckt die Regulierung umweltbezogener Allgemeinheitsrisiken die Sicherung nicht mehr vertragsparteienbezogener, sondern abstrakter Standards von Lebensqualität, Schutz der Natur (Umweltinteressen) und möglicherweise sogar die Wahrung der Interessen späterer Menschheitsgenerationen (Nachweltinteressen)[7]. Galten die bisherigen vertragsrechtlichen Regulierungen vorrangig einer Begrenzung von Autonomie des einen zur Sicherung und Herstellung privater Autonomie des anderen Vertragspartners, so ist die Umweltrechtsentwicklung durch Autonomiebegrenzung ohne gleichzeitige Autonomiegewährung gekennzeichnet. Standen des weiteren im Mittelpunkt bisheriger Steuerungen die sozialen und ökonomischen Interessen von Individuen und Unternehmen, soll bei der umweltbezogenen Regulierung „die Umwelt" in ihrer Gesamtheit und Vielfältigkeit Schutzgegenstand sein. Galt schließlich schuldvertraglicher Schutz vor allem den Vermögensinteressen und nur zweitrangig der Bewahrung vor Integritätsschäden, ist

---

[5] Zum Mietrecht: Derleder, Miete und Umwelt, 13, sowie die im Sammelband „Miete und Umwelt" aufgeführten Artikel von Emmerich, Eisenschmid, Sternel, Blank und Gather; Eisenschmid, WuM 1989, 357; ders., WuM 1992, 3; Schläger, ZMR 1992, 85; - zum Werkvertragsrecht: Meier, VuR 1992, 30; - zum Reiserecht: Führich, NJW 1991, 2192; Peter/Tonner, NJW 1992, 1794.

[6] Vgl. Hart, AG 1984, 66 (71 ff.); MünchKomm/Kramer, Vor § 145 Rdnr. 6 ff.

[7] Siehe auch E. Schmidt, KritVj 1991, 378 (379 f.)

Kennzeichen der hier vorgeschlagenen umweltbezogenen Steuerung der Schutz überindividueller Interessen mit dem Ziel der präventiven Gefahrenabwehr, der Bewahrung bzw. Herstellung von *generellen Sicherheitsstandards*. Der Versuch ökologische Belange im Zivilrecht zu berücksichtigen, dürfte demgemäß allenfalls partiell den traditionellen ökonomischen Strukturen und Dogmatiken des Vertragsrechts entsprechen.

Obwohl die Erörterung vertragsparteienübergreifender Problematiken in einem auf die Regelung der Rechtsverhältnisse einzelner Individuen angelegten Recht zunächst überrascht, kann letztlich kein Zweifel bestehen, daß sich auch das Vertragsrecht mit Umweltrisiken unmittelbar und mittelbar zu beschäftigen hat[8]: sei es der Ausfall einer Reise wegen des Reaktorunfalles von Tschernobyl, das Inverkehrbringen toxischer Holzimprägniermittel, diethylenglykolhaltigen „Weines" oder FCKW-haltiger Produkte, stets wird im Kontext des konventionellen Individualkonfliktes auch über eine parteiübergreifende Schutzdimension verhandelt[9], deren Ausgang für Dritte, für die Allgemeinheit und die Umwelt von Bedeutung sein kann. Mit Obligation im klassischen Sinne hat dies wenig zu tun und ist angesichts der auftretenden Interessendiffusitäten auch nicht ohne weiteres auf den Schutz der Vermögens- und/oder Integritätsinteressen des Vertragspartners reduzierbar.

Mit der Arbeit wird ein erster unabgeschlossener Versuch unternommen, den Partizipationsmöglichkeiten des Schuldvertragsrechts an einer umweltbezogenen Risikovorkehr nachzuspüren. Weitreichend ungeklärt ist, welche Steuerungsmöglichkeiten Schuldvertragsrecht in bezug auf vertragsexterne Umweltrisiken bereithält - oder pointiert formuliert: Wie steht es mit einem „Umweltschutz durch Vertragsrecht"? Mit dieser Zuspitzung ist verbunden, den über Sicherheits- und Gesundheitsinteressen vermittelt geübten Umweltschutz eher in den Hintergrund zu stellen und nach in Frage kommenden direkten Steuerungsinstrumentarien des Schuldertragsrechtes zu suchen, nach den allgemeinen zivilistischen Verfügbarkeitsgrenzen über das öffentliche Gut Umwelt. Aus ökologischer Sicht wären solche Grenzen besonders reizvoll, da sie im Gegensatz zu Schadenersatzansprüchen nicht erst auf bereits verwirklichte Beeinträchtigungen reagieren, sondern Schäden schon im Vorfeld verhindern könnten[10].

---

[8] So wird dem früheren Bayer-Vorstandsmitglied Eberhard Weise die Aussage zugeschrieben: „Die eigentlichen Emissionen sind die Produkte selbst" (siehe Daniels, ZEIT 16/1993, 23).

[9] Hart/Köck, ZRP 1991, 61 (65).

[10] Vgl. auch Medicus, NuR 1990, 145 (150).

Erster Teil: Grundlagen

§ 1 Bestandsaufnahme: Vertragsrecht und Schutz der natürlichen Umwelt

I. Vertragsbezogene Risikodifferenzierung

Die Bestandsaufnahme soll einen Überblick über die bisherige Rechtsprechung zu Konflikten geben, in denen Umwelt(schutz)aspekte thematisiert werden. Im von Parteiinteressen geleiteten Vertragsrecht werden Sachverhalte, in denen auch ökologische Belange berührt werden, in erster Linie und oft ausschließlich als Gesundheits- und Sicherheitsinteressen der Kontrahierenden behandelt. Diese Überlagerung erfordert eine vertragsrechtsbezogene Präzisierung des Begriffes der „Umweltrisiken". Abstrakt kann man sie als eine von Menschen selbst erzeugte, von ihren Handlungen abhängige Unsicherheit und Gefährlichkeit für die Umwelt definieren[1].

Umweltrisiken lassen sich in der vertragsrechtlichen Bearbeitung nach ihren Bekanntheitsgraden sowie nach der Nähe zu den Parteiinteressen unterscheiden. Im Hinblick auf das verfügbare Risikowissen bietet sich eine Strukturierung an, die vom objektiv bekannten über das objektive vermutete, subjektiv vermutete und schließlich zum objektiv unbekannten Risiko reicht. Erkenntnissen der Naturwissenschaften, legislativen und administrativen Standardsetzungen wird sich auch der Zivilrichter nicht entziehen können und diese in der Regel zur Grundlage seiner rechtlichen Entscheidung nehmen. Ins Blickfeld der Betrachtung rückt damit namentlich die öffentlich-rechtliche Setzung von Grenzwerten und deren zivilistische Bedeutung[2].

Umweltrisiken können weiter nach der Nähe zu den Vertragsparteien unterschieden werden. Dabei kann man danach differenzieren, ob zumindest eine Partei in ihrer Integrität oder sonstigen geschützten Rechtsgütern gefährdet ist (*vertragsinternes Risiko*), oder ob es um die Interessen Dritter, der Allgemeinheit oder „der Natur" geht, und die Vertragsparteien nicht über eine allgemeine Betroffenheit hinaus tangiert sind (*vertragsexternes Risiko*)[3]. In aller Regel wird es sich um eine Mischung möglicher vertragsexterner/vertragsinterner

---

[1] Beck, ZAU 1991, 117.

[2] Hierzu i.e. unten § 1 III 2 b) (3)., KritVj 1991, 365 ff.

[3] Vgl. Hart, KritVj 1991, 365 ff.

Risiken handeln, wobei eine nähere Zuordnung nur im Einzelfall, je nach möglicher individueller Betroffenheit, nach dem Verhalten der Parteien usw. erfolgen kann. Die Bestimmung als externes oder internes Risiko kann dazu noch personen- und zeitabhängig sein: Die Veräußerung eines hochgiftigen Stoffes kann in der Beziehung Hersteller-Vertreiber ein nur vertragsexternes Risiko darstellen. Sobald das Gift selbst oder gebunden in einem Produkt sich beim Konsumenten wiederfindet, kann dieser in seinen Integritätsinteressen betroffen sein. Spätestens zu diesem Zeitpunkt wäre von einem (auch) vertragsinternen Risiko zu sprechen. Die Grenze zwischen vertragsexternen und -internen Risiken ist demnach fließend und eher theoretischer Natur, namentlich können sie sich mit individuellen Gesundheits- und Sicherheitsinteressen deutlich überschneiden. Dies entspricht der allgemeinen Konvergenz von Umwelt- und Gesundheitsrecht. Umweltrecht ist auch mittelbares Gesundheitsrecht im Sinne eines Gesundheitsvoraussetzungsrechtes[4] und umgekehrt berühren Bereiche des Gesundheitsrechtes das Umweltrecht, indem beispielsweise Arzneimittel- und Lebensmittelrecht Vorgaben für die Verwendung von Gefahrstoffen aufstellen. Soweit neben Umweltgütern auch - gleichgelagerte - private Belange der Sicherheit oder Gesundheit gefährdet sind, liegt es nahe, zu vermuten, daß das individualvertraglich ausgerichte Schuldrecht diese vermittelt über die Statuierung von Schutzpflichten i.w.S. schützt. Gleichwohl verliert die Unterscheidung zwischen vertragsexternen und vertragsinternen Risiken gerade in diesen Fällen nicht ihre Bedeutung. Vertragsinterne Vermögensinteressen können im Gegensatz zu vertragsexternen Umweltinteressen stehen. Private Interessen sind grundsätzlich verfügbar, Vergleichen und Verzichten regelmäßig zugänglich, während dies für Kollektivgüter wie die Umwelt durchgängig eher zweifelhaft ist. Schließlich kann die Verletzung privater Rechtsgüter oftmals durch Geldleistungen kompensiert werden, dies dürfte bei Umweltschäden bereits wegen der bekannten Zuordnungs- und Monetarisierungsprobleme nicht immer möglich und nicht immer wünschenswert sein, da der beste Schutz wäre, der Realisierung einer überindividuellen Gefahr selbst durch Versagung des Rechtsschutzes und Untersagung des Güteraustausches Vorkehr zu leisten.

II. Überblick

Gegenständlich dominieren Konflikte, die im Kontext sogenannter Wohn- und Umweltgifte wie Formaldehyd[5], Perchlorethylen (PER)[6], Lindan[7],

---

[4] Kloepfer, Umweltrecht, § 1 Rdnr. 59 m.w.N.

[5] AG Hamburg, WuM 1989, 368; AG Hamburg, VuR 1989, 363; AG Köln, NJW-RR 1987, 972; AG Mettmann, VuR 1990, 208; LG Ansbach, VuR 1990, 35 ff.; LG Duisburg, VuR 1987, 43 f.; LG Frankfurt, NJW-RR 1991, 225; LG Hamburg, WuM 1989, 368; LG Hanau, VuR 1991, 127; LG Karsruhe, VuR 1989, 283; LG München I, NJW-RR 1991, 975; LG Nürnberg-Fürth, NJW-RR 1986, 1466; OLG Düsseldorf, NJW-RR 1991, 1495; OLG Köln, NJW-RR 1991, 1077 ff.; OLG Nürnberg, NJW-RR 1993, 1300; OLG Saarbrücken, NJW-RR 1987, 470; OLG Stuttgart, NJW-RR 1992, 187.

Pentachlorphenol (PCP)[8] und einiger Holzschutzmittelingredienzen[9] angesiedelt sind. Namentlich in mietvertraglichen Auseinandersetzungen geht es auch um die Qualität von Trinkwasser, das mit Blei[10] oder Nitraten[11] belastetet ist. Im übrigen haben in die Entscheidungspraxis der Gerichte Eingang gefunden: Lärmbelästigungen von Mietern[12], die Auswirkungen verseuchter, gesundheitsgefährdender Lebensmittel (diethylenglykolversetzter Wein[13]; radioaktive Babynahrung[14]), Ölschäden[15], Asbest[16], giftige Gase entzündbarer Styroporplatten[17], altlastenbergende Baugrundstücke[18], Schadstoffreduzierung von Kraftfahrzeugen[19], PCB-haltige Transformatoren[20], ionisierende Wasserenthärtungsanlagen[21], Nichtraucherzonen in Reisebus[22] und Linien-

---

[6] KG, VuR 1988, 337 (Ls.); LG Hamburg 316 S 261/88; LG Hamburg, WuM 1989, 368; LG Hannover, NJW-RR 1990, 972.

[7] LG Ansbach, VuR 1990, 35 ff.; OLG Nürnberg, NJW-RR 1993, 1300.

[8] AG Bielefeld, VuR 1991, 123; AG Erkelenz, VuR 1988, 339; AG Euskirchen, VuR 1988, 341; AG Kassel, VuR 1987, 39 f.; AG Rheinbach, VuR 1990, 212; BayVG Würzburg, ZUR 1995, 36; LG Mönchengladbach, VuR 1988, 341; LG Traunstein, NJW-RR 1994, 1423.

[9] AG Bielefeld, VuR 1991, 123; AG Kassel, VuR 1987, 39; AG Lindau, VuR 1988, 344; LG Hannover, VuR 1990, 40; LG Hildesheim, VuR 1989, 280; LG Saarbrücken, WuM 1991, 91; OLG Saarbrücken, NJW-RR 1987, 470. Siehe auch AG Aachen, NJW-RR 1995, 50 - Kohlibakterien im Trinkwasser.

[10] AG Berlin-Schöneberg, NJW-RR 1991, 782; AG Hamburg, NJW 1988, 914; AG Hamburg, WuM 1992, 11; AG Hamburg, WuM 1990, 383; AG Hamburg, WuM 1991, 113 (Ls.); LG Frankfurt, WuM 1990, 384; LG Hamburg, WuM 1991, 161; OLG Hamm, NJW-RR 1991, 221; OLG Köln, NJW 1992, 51.

[11] AG Brühl, WuM 1990, 382; AG Osnabrück, NJW-RR 1987, 971; BGH, NJW 1983, 2935; LG Köln, ZMR 1991, 223-225.

[12] Etwa: BGHZ 29, 289; BayObLG, NJW 1987, 1950; LG Hamburg, NJW 1973, 2254; LG Kassel, NJW-RR 1989, 1292.

[13] AG Bad Kreuznach, NJW-RR 1987, 971; AG Lemgo, MDR 1988, 1055; AG Wolfsburg, NJW-RR 1986, 989; BGH, NJW 1989, 218; LG Lübeck, NJW-RR 1987, 243.

[14] AG Kiel, NJW 1987, 2748.

[15] BGH, BB 1986, 2289; VersR 1964, 632; VersR 1978, 840; UPR 1993, 440; LG Bielefeld; NJW 1969, 512; LG Dortmund, VersR 1979, 455; LG Freiburg, VersR 1988, 357; LG Köln; BB 1984, 2025; LG Krefeld, VersR 1978, 1050; OLG Bremen, VersR 1979, 450; OLG Frankfurt, VersR 1988, 355; OLG Saarbrücken, VersR 1988, 356.

[16] AG Bonn, WuM 1991, 543; siehe auch OVG Hamburg, WuM 1991, 540-543.

[17] LG Bad Kreuznach, WuM 1990, 292; siehe auch AG Unna, DWW 1990, 53 f. - Styrol- und tonolhaltige Spachtelmasse.

[18] BGH, ZIP 1991, 1291; LG Bochum, BB 1989, 651; LG Heidelberg, ESUR (BGB) 6/1-6/8; OLG Düsseldorf, NJW 1988, 2389; OLG Hamm, WuM 1987, 248; OLG Hamm, NJW-RR 1992, 347 f.; OLG Karlsruhe, ESUR (BGB) 6/8-6/15; OLG Karlsruhe, NJW 1991, 1836.

[19] AG Essen, NJW-RR 1987, 828 f.; AG Witten, DAR 1988, 424; LG Stuttgart, NJW-RR 1989, 1083; OLG Hamm, OLGZ 1991, 99-101.

[20] LG Düsseldorf, RdE 1991, 180-185.

[21] LG Berlin, NJW-RR 1989, 504.

[22] AG Borken, NJW-RR 1991, 377.

flugzeug[23] sowie schließlich sogar die Auswirkungen der Tschernobyl-Katastrophe[24].

Als Instrumente einer vertragsrechtlichen Bearbeitung umweltbezogener Konflikte bieten sich an[25]: Qualitätsanforderungen über Sachmängelgewährleistungsregeln und Erfüllungsrecht, Statuierung vorvertraglicher, vertraglicher und nachvertraglicher Informations- und Schutzpflichten, Verpflichtungen zur Anpassung der Vertrags(geschäfts)grundlage sowie schließlich zivilistische Verkehrsverbote über §§ 134 und 138 BGB. In der Rechtsprechungspraxis dominiert eindeutig eine Lösung über das jeweilige Gewährleistungsrecht, so daß im Zentrum der Erörterungen zumeist die Konkretisierung des Fehlerbegriffs im Hinblick auf Gesundheitsgefahren und - eher randständig - Umwelttauglichkeiten steht. Im übrigen wird auch auf Informationserfordernisse über zu befürchtende Gefahren im Rahmen von § 123 BGB oder als positive vertragliche Schutzpflicht abgestellt. So gut wie keine Bedeutung kommt bislang etwaigen Pflichten zur Anpassung des Vertrages an Veränderungen der Umwelt oder neue Risikolagen zu. Zivilistische Verkehrsverbote werden de facto weder im Zusammenspiel mit öffentlichrechtlichen Regelungen (§ 134 BGB) noch als eigenständig begründete, umweltbezogene Sittenwidrigkeit (§ 138 Abs. 1 BGB) behandelt.

Risiken	vertragsintern	vertragsextern
bekannte	Vereinbarung, Auslegung, objektive Standards	Vereinbarung, AGBG, §§ 134, 138 BGB
vermutete	Gattungsbegriff, Fehler, Zusicherung	Garantie,§ 138 BGB (evtl. § 134 BGB bei öff. Regulierung)
unbekannte (objektiv)	besondere Zusicherung? (nachvertragliche Pflichten)	besondere Garantie? (nachvertragliche Pflichten)

Quelle: Hart, KritVj 1991, 365

III. Gewährleistungsrecht

Umweltschädlichkeiten werden im Schuldvertragsrecht durchgängig *vermittelt* über individuelle Gesundheitsbelange und Sicherheitsinteressen thematisiert. Dies erstaunt insofern nicht, als das auf Zweipoligkeit ausgerichtete Vertragsrecht primär Flankenschutz für die ordnungsgemäße Erfüllung versprochener Leistungen gewährt. Schadstoffbelastete Produkte, Gifte in Mietwohnungen, Kontaminierungen von Wasser, Boden und Lebensmitteln werden vertragsrechtlich zuvorderst als Einwirkung auf die jeweils geschuldete

23 OLG Stuttgart v. 19.2.1992, Aktz.: 3 U 160/1991.

24 AG Kiel, NJW 1987, 2748; BGH, NJW 1990, 572.

25 Vgl. Hart, KritVj 1991, 363 (369 ff.); ders., Towards Risk Management in Contract Law?, in: Wilhelmsson (Ed.), Perspectives of critical contract law, 123 (135 ff.); Köck/Meier, JZ 1992, 548 (549).

Leistung, als Mangel der versprochenen Qualität gedacht. Namentlich im Kauf-, Werk-, Miet- und Reisevertragsrecht finden sich Erörterungen zu den Beschaffenheitsanforderungen im Hinblick auf umwelt- und sicherheitsrelevante Eigenschaften der Vertragsleistung.

1. Falsch- oder Schlechtlieferung

Für umweltfeindliche Leistungen ist nicht immer zweifelsfrei, ob diese überhaupt erfüllungstauglich sind. Für Gattungsschulden verweist § 243 Abs. 1 BGB auf die mittlere Art und Güte, womit ein objektivierender Vergleichsmaßstab gewählt ist. In diesem Sinne könnte umweltbeeinträchtigenden und/oder gesundheitsgefährdenden Produkten die Erfüllungstauglichkeit abgesprochen werden, wenn das Produkt auch umwelttauglich und/oder sicher verfügbar ist[26]. Für den praktisch wichtigsten Fall, den Gattungskauf, wird von einem aliud allerdings nur bei größeren Abweichungen von der Sollbeschaffenheit ausgegangen, wobei Einzelheiten und Abgrenzungskriterien von Falsch- und Schlechtlieferung umstritten sind[27].

Glykolversetzter Wein war für einige Gerichte Anlaß, die Erfüllungstauglichkeit einer solchen Ware - vor dem Hintergrund einer ansonsten eingetretenen Verjährung nach § 477 BGB - zu diskutieren. Das AG Wolfsburg[28] und das LG Lübeck[29] sahen mit Diethylenglykol versetzten Wein als mangelhaft an, da die Abweichung der bestellten von der gelieferten Ware im Hinblick auf den Verwendungszweck (sic !) nicht so erheblich gewesen sei, daß die Gattungsbezeichnung gar nicht mehr zugetroffen habe. Demgegenüber hat der Bundesgerichtshof[30], wie vor ihm schon mehrere Amtsgerichte[31], den glykolhaltigen Wein als aliud eingestuft. Die Gattung Wein der Qualitätsstufe „Auslese" sei geschuldet gewesen. Diese Gattung habe der Wein jedoch nur unter Zusetzung von Glykol erreicht, so daß es sich nicht um eine fehlerhafte Auslese, sondern überhaupt nicht um einen Wein der Spezies Auslese gehandelt habe, dessen Ablieferung zudem unter keinen Umständen als genehmigungsfähig anzusehen gewesen sei. - Drastischer formuliert das AG Lemgo[32]: Selbstverständlich gehöre es zu den notwendigen Eigenschaften eines Weines, für den menschli-

---

26 Dahingehende Überlegungen finden sich bei LG Hanau, VuR 1991, 127 (128); AG Bielefeld, VuR 1991, 123 (126). Siehe auch Esser/Schmidt, SchuldR AT, Tb. 1, § 2 V.

27 Überblick des Meinungsstandes bei Soergel/Huber, Vor § 459 Rdnr. 106 ff. Siehe noch unter § 5 II und § 6 III 3 a) (2).

28 NJW-RR 1986, 989.

29 NJW-RR 1987, 243.

30 NJW 1989, 218 ff. Im Schrifttum ist diese Entscheidung auf Kritik gestoßen: Köhler, EWiR 1989, 238; MünchKomm/Westermann, § 459 Rdnr. 20; Soergel/Huber, Vor § 459 Rdnr. 112 u. Fußn. 20; - zustimmend aber Köck/Meier, JZ 1992, 548 (556); Wank, JuS 1990, 95, 98 und wohl auch Esser/Weyers, SchuldR BT, § 5 IV 3, S. 58.

31 AG Bad Kreuznach, NJW-RR 1987, 242; AG Lemgo, MDR 1988, 1055.

32 MDR 1988, 1055.

chen Verzehr geeignet zu sein. Dies sei glykolhaltiger Wein nicht, es handele sich dabei lediglich um eine „als Wein bezeichnete Flüssigkeit“[33].

2. Fehlerbestimmung

a) Herkömmliche Bestimmung: Abweichung der Ist- von der Sollbeschaffenheit

Im Kauf-, Werk-, Miet- und Reisevertragsrecht ist bei der Definition des Fehlers weitgehend kongruent auf das Abweichen der Ist- von der Sollbeschaffenheit abzustellen. In Betracht kommen zur Feststellung von Ist und Sollbeschaffenheit Leistungsqualitätsanforderungen nach den konkreten vertraglichen Vereinbarungen sowie nach den gewöhnlichen Erwartungen (sog. subjektiv-objektiver Fehlerbegriff)[34]. Der tatsächliche Zustand der vertraglich geschuldeten Leistung darf von dem konkret vorausgesetzten und/oder gewöhnlich zu erwartenden Zustand nicht derart abweichen, daß der Wert oder der Gebrauch bzw. Nutzen für den Vertragspartner eingeschränkt oder beseitigt wird[35]. In der Vertragspraxis, ganz besonders im Kaufrecht, kommt konkreten Vereinbarungen und Verhandlungen über die nähere Beschaffenheit des Leistungsobjektes allerdings eine nur randständige Relevanz zu; regelmäßig bestimmt sich die Sollbeschaffenheit nach der *gewöhnlichen*, das heißt nach der normalen, durchschnittlichen Beschaffenheit der Vertragsleistung.

Es kommt auf die konkrete Aufhebung oder Minderung des Wertes oder der Gebrauchstauglichkeit an. Die Beeinträchtigung lediglich individueller *Wertschätzung* einer Sache, die wegen des allgemein gestiegenen Umweltbewußtseins von besonderer Bedeutung sein könnte, fällt darunter nach einhelliger Meinung indes nicht, da mit Wert lediglich der Tauschwert gemeint ist[36]. Umweltrisiken können deshalb im Rahmen der Fehlergewährleistung nur vermittelt über die Beeinträchtigungen individueller Belange geschützt sein.

Bei den in Rede stehenden Sachverhalten liegt das eigentliche Dilemma in der *tatsächlichen* Bestimmung von Fehlern: Die für die Annahme eines Fehlers maßgebliche *Normalität/Durchschnittlichkeit* einer Leistung hat an Aussagekraft verloren. Potentiell gesundheits- und umweltbeeinträchtigende Belastungen etwa von Lebensmitteln und Lebensräumen können *normal* sein, ohne daß damit zugleich geklärt ist, ob ein solcher Normalwert auch hingenommen werden kann. In einem Gutachten zu der Frage, wann eine Lindanbelastung des

---

[33] Siehe im einzelnen unten § 6 III 3 a) (2).

[34] Esser/Weyers, SchuldR BT, § 15 I 2a, § 32 II 2a, § 5 I 1b; Palandt/Putzo, § 459 Rdnr. 8, § 537 Rdnr. 12; Palandt/Thomas, § 633 Rdnr. 2, § 651c Rdnr. 2; Siegburg, Gewährleistung beim Bauvertrag, Rdnr. 62.

[35] Esser/Weyers, SchuldR BT, § 15 I 2a, § 32 II 2a, § 5 I 1b; Palandt/Putzo, § 459 Rdnr. 8, § 537 Rdnr. 12, § 633 Rdnr. 2.

[36] Siehe nur Soergel/Huber, § 459 Rdnr. 61.

menschlichen Körpers bedenklich sei, heißt es: „Der 'Normalwert' für Lindan im menschlichen Organismus ist nach wie vor NULL. Jeder höhere Wert weist auf eine - wie auch immer zu bewertende - Belastung mit diesem Pestizid hin“.[37] Ebenso verhält es sich mit dem Maßstab der Durchschnittlichkeit: wenn durchschnittliche Belastungen zu Gesundheitsbeeinträchtigungen führen, wird auch eine durchschnittliche Belastung kaum mehr hinnehmbar sein[38]. Erschwert wird die Orientierung an Kriterien der Normalität und Durchschnittlichkeit noch dadurch, daß ihnen in mehrfacher Hinsicht ein *dynamischer Aspekt* innewohnt. Sie können beispielsweise ortsabhängig differieren, geschlechts- oder personenbedingt zu unterscheiden sein und sind im übrigen stets von der aktuellen Wissensbasis über ihr Vorhandensein und ihre Wirkungen abhängig.

Auf der anderen Seite wird jedoch auch nicht jede Intoxikation, jede Umweltbelastung und jede potentielle Gesundheitsgefährlichkeit zur Fehlerhaftigkeit, Erfüllungs- oder Verkehrsuntauglichkeit führen. Das „Null-Risiko“ kann kein tragfähiges Konzept ausgangs des 20. Jahrhunderts sein, vielmehr stehen insgesamt Versuche einer Kompatibilisierung ganz unterschiedlicher Interessen im Vordergrund: Die Hinnahme von Umweltrisiken bestimmt sich nicht nur nach Maß und Wahrscheinlichkeit der zu befürchtenden Beeinträchtigungen, sondern beispielsweise auch nach wirtschaftlichen Notwendigkeiten und gesellschaftlicher wie individueller Akzeptanz.

Ein weiteres Dilemma liegt in der Feststellung relevanter Intoxikationen. Wann ein Schadstoff dem Menschen oder der Umwelt gefährlich werden kann, ist teils nicht oder nicht mit absoluten wissenschaftlichen Graden verifizierbar. Für viele Schadstoffe gibt es nicht einmal Meßverfahren und so manches Gift ist überhaupt als solches nicht erkannt. Hier mag als Beispiel auf die jüngst bekannt gewordene Kanzerogenität bestimmter Mineralfasern verwiesen werden, die einst als hervorragender Asbestersatz galten, diesem Stoff nach neueren Erkenntnissen in ihrer Gefährlichkeit teilweise um wenig nachstehen[39]. Wenn es jedoch selbst naturwissenschaftlichen Experten unmöglich ist, verläßliche und verwertbare Angaben über die Gefährlichkeit ökologischer Risikostoffe zu konstatieren, wie soll dann dem Richter im Einzelfall die letzte Kompetenz hierfür zufallen?

Die vorderhand so prägnante Definitionsformel „Abweichung der Ist- von der Sollbeschaffenheit“ hat daher an Aussagewert und Anhaltspunkten für die zu treffenden Entscheidungen verloren, da oftmals weder Ist- noch Sollbeschaffenheit zweifelsfrei zu bestimmen sind.

---

[37] Zit. nach OLG Nürnberg, 9 U 3700 vom 15.1.1992, S. 84 (nicht abgedruckt in NJW-RR 1993, 1300 und VuR 1992, 316).

[38] Vgl. OLG Nürnberg, NJW-RR 1993, 1300 (1301) = VuR 1992, 316 (318 f.); siehe noch Winter, Einführung, in: ders., Grenzwerte, insbes. 14 ff.

[39] Vgl. Vorholz, Die Zeit 38/1993, 35.

b) „Umwelt-Fehler"

(1) Ausweitung des Fehlerbegriffs auf Gefahr-Besorgnis

Angesichts der bei „neuen Risiken" oftmals brüchigen Erkenntnisbasis über Gefahren für Gesundheit und Umwelt sowie der allgemeinen Schwierigkeiten, bestimmte Intoxikationen nachzuweisen, kommt der Frage besondere Bedeutung zu, ob der bloße Verdacht einer Gefahr ausreicht. In bezug auf Gesundheitsgefährdungen sind namentlich Fallgestaltungen aufschlußreich, in denen Lebensmittel in Verkehr gebracht wurden, die mit artfremden Stoffen vermischt bzw. Bakterien infiziert waren. Diesbezüglich entschied der Bundesgerichtshof im Hinblick auf *möglicherweise* salmonellenverseuchtes Hasenfleisch, daß bereits der Verdacht der Gesundheitsgefahr - zurückgehend auf den Salmonellenbefall einiger (anderer) Posten gleicher Provenienz - einen Fehler des Fleisches darstelle[40]. Es müsse nicht nachgewiesen werden, daß gerade dieses Fleisch befallen sei. Sogar wenn sich nachträglich herausstelle, daß das Hasenfleisch nicht mit Salmonellen verseucht sei, so habe wegen des Infektionsverdachtes zum maßgeblichen Zeitpunkt der Übergabe doch ein Mangel bestanden, nämlich der hinreichend konkrete Verdacht der Infizierung[41]. Letzteres hat der Bundesgerichtshof in der „Glykol-Entscheidung" allerdings zum Teil zurückgenommen: Danach bilde der Verdacht einer gesundheitsschädlichen Beschaffenheit gegenüber dem Zwischenhändler keinen Sachmangel, wenn die Befürchtung sich nachträglich als unbegründet erweise[42].

Der auf den Gefahrenverdacht erweiterte Fehlerbegriff findet sich - relativ unabhängig von dem je behandelten Vertragstyp - auch bei Konflikten mit Umweltbezügen wieder. Für das Mietrecht vertritt das OLG Hamm[43] die Auffassung, eine Mietsache mit Beziehung zu einer Gefahrenquelle (Grundstück mit krebserzeugenden Kokereirückständen) gelte „nicht erst dann als mangelhaft, wenn der Mieter wirklich Schäden erleide, sondern schon dann und deshalb, wenn und weil er sie nur in der Befürchtung der Gefahrverwirklichung benutzen" könne. Auszuscheiden seien jedoch haltlose Befürchtungen[44]. Im Grunde noch weitgehender hat der Bundesgerichtshof[45] kürzlich angenommen, daß ein Grundstück mangelhaft sei, das jahrelang als „wilde" Müllkippe diente. Denn es müsse damit gerechnet werden, daß gesundheitsgefährlicher Sondermüll dort angelagert worden sei, der das Wohnen auf dem Grundstück zumindest beeinträchtige. Eine sachverständige Analyse auftretender Schad-

---

[40] BGH, NJW 1972, 1462 f.

[41] BGH, NJW 1972, 1462 f.

[42] BGH, NJW 1989, 218 (219 f.). Ausdrücklich offengelassen hat der Bundesgerichtshof, ob dies auch gegenüber Endkonsumenten gilt.

[43] WuM 1987, 248.

[44] OLG Hamm, WuM 1987, 248.

[45] ZIP 1991, 1291 f.

stoffemissionen zur Konkretisierung der potentiellen Gefahrenlage hielt der Bundesgerichtshof für nicht erforderlich.

Obzwar auch der Verdacht im einzelnen schwierig nachzuweisen sein kann, kommt es der je betroffenen Prozeßpartei doch weitreichend entgegen. Erforderlich ist damit nicht der Nachweis einer Gefahr, sondern die (begründete) Befürchtung, gefährdet zu sein. Erforderlich ist nicht die Erweislichkeit einer Beeinträchtigung, sondern der (begründete) Verdacht, in einer rechtlich beachtenswerten Weise beeinträchtigt zu sein. Die Abgrenzung, wann eine *haltlose Befürchtung* und wann eine *ernstzunehmende Gefahr* vorliegt, ist allerdings äußerst schwierig zu treffen: vieles ist wissenschaftlich nicht verifiziert. Muß also der Gefahrenverdacht bewiesen sein, muß eine gewisse Wahrscheinlichkeit für den Verdacht bestehen oder genügt beispielsweise schon ein von einzelnen Naturwissenschaftlern geäußerter Verdacht? Die Gerichte bemühen sich um eine spezifischere Abgrenzung kaum. In einer Entscheidung vom 26.9.1991 führt das OLG Hamm bei einem möglicherweise mit Schadstoffen kontaminierten Grundstück aus, dieses sei ob des Gefahrenverdachts mit einem Fehler (i.S.d. § 633 BGB) behaftet, da „nicht *mit letzter Sicherheit* auszuschließen (ist), daß von der verwendeten Müllverbrennungsasche (...) Gefahren für den Menschen und das Grundwasser ausgehen."[46]

Steht die mutmaßliche Gefahr auf einer tönernen Wissensbasis, bleibt Ausgangspunkt der zu bestimmende Grad der Gefahr-Besorgnis, die von den Gerichten einzelfallbezogen und eher diffus irgendwo zwischen „sicherer Erkenntnis" und „haltloser Behauptung" angesiedelt ist. Aufschlußreich könnte es unter Umstönden sein, auf die im Polizeirecht ausgeprägtere Begrifflichkeit und Dogmatik des Gefahrenverdachts zurückzugreifen[47]. Gefahrenverdacht wird bei Unsicherheiten über die tatsächlichen Gegebenheiten oder Kausalitätsprognosen angenommen[48]. Die Befugnis zum Einschreiten richtet sich nach einer gegenläufigen Proportionalität: Je größer und folgenschwerer der möglicherweise entstehende Schaden ist, desto geringer sind die Anforderungen, die an die Wahrscheinlichkeit gestellt werden müssen[49]. Deutlich wird allerdings, daß auch ein solcher Rückgriff auf öffentlichrechtliche Dogmatik Ungewißheiten kaum auszuräumen vermag.

(2) Ausweitung des Fehlerbegriffs auf das Umfeld der Leistung

Bei allen Schuldvertragstypen kommen neben unmittelbaren (körperlichen) Eigenschaftsabweichungen auch - bei den einzelnen Vertragstypen leicht

---

[46] OLG Hamm, NJW-RR 1992, 347 (Hervorhebung nicht im Original).

[47] So namentlich Köck, Anmerkung [zur „Forsthaus-Entscheidung" des BayVG Würzburg, ZUR 1995, 36 ff.], ZUR 1995, 42 m.w.N. in Fußn. 9 ff.

[48] Etwa Drews/Wacke/Vogel/Martens, Gefahrenabwehr, 225 ff. m.w.N.

[49] Siehe hierzu insbes. di Fabio, Risikoentscheidungen im Rechtsstaat, 35 ff., 68, 76, 259. Di Fabio hält interessanterweise gerade die alten Gefahr-Dogmatiken bei „neuen Risiken" für unpassend und bemüht sich um die Begründung eines „Risikoverwaltungsrechts".

differierende - tatsächliche, rechtliche, soziale und wirtschaftliche Beziehungen zum Umfeld der Leistung, die den Wert oder die Tauglichkeit der Leistung unmittelbar beeinflussen, als Fehler in Betracht[50]. Die Hinzurechnung nachteiliger Umweltbeziehungen i.w.S. ist vorliegend bedeutsam. Sei es, daß Wein wegen des bloßen Glykolverdachts unverkäuflich ist, oder daß eine gemietete Wohnung nahe einer Reinigung mit PER kontaminiert ist, jeweils können diese Problematiken im Umfeld der Leistung diese selbst als fehlerhaft erscheinen lassen.

Hierbei findet allerdings eine zweifache Begrenzung statt: Die Umweltbeziehungen dürfen sich einerseits nicht erst und allein durch Umstände ergeben, die außerhalb des Leistungsgegenstandes liegen[51]. Andererseits sind die Umweltbedingungen stets im Kontext der ausdrücklichen und konkludenten Voraussetzungen des Vertrages zu sehen. So muß beispielshalber derjenige, der eine an einer Hauptstraße gelegene Wohnung anmietet, mit gewissen Lärmbeeinträchtigungen rechnen[52]. Klar dürfte dabei zugleich sein, auch wer von Störungen weiß, stimmt damit nicht zugleich *jeder* Störung zu[53]. Größere Schwierigkeiten bereitet allerdings die Feststellung, in welche Beeinträchtigungen der Vertragspartner nicht mehr einwilligt. Wer seine Wohnung in unmittelbarer Nähe zu einer Chemischreinigung nimmt, wird möglicherweise mit gewissen Geruchsbelästigungen rechnen müssen, jedoch nicht damit, daß er sich potentiell gesundheitsschädlichen PER-Immissionen ausgesetzt sieht.

(3) Grenzwert-Überschreitung als Fehlerindikator

Soweit Grenzwerte, oder was dafür gehalten wird, in Form legislativ festgesetzter Schadstoffhöchstmengenkonzentration, privater oder öffentlich normierter Maximalwerte, aber auch nur durch Empfehlung (!) eines öffentliches Amtes, insbesondere des früheren Bundesgesundheitsamtes, bestehen, neigen die Gerichte im allgemeinen dazu, bei bloßer Überschreitung solcher Werte die Vertragsleistung als mit einem Fehler behaftet anzusehen. In vielen Entscheidungen heißt es ohne weitere rechtliche Darlegung und Begründung schlicht, die Nichteinhaltung des Grenzwertes allein konstituiere einen (Miet-, Kauf-, Werk-)Mangel[54].

Tatsächlich ist die Zugrundelegung teils staatlicher, teils privater Empfehlungen und Normierungen jedoch nicht unproblematisch. Die Festlegung von

---

[50] AG Osnabrück, NJW-RR 1987, 971; BGH, NJW 1983, 2935; BGH, NJW-RR 1990, 970 f.; LG Hamburg, WuM 1990, 33; OLG Hamm, WuM 1987, 248. Vgl. noch Larenz, SchuldR BT, Bd. 1, 1. Tb., § 41 I.

[51] Siehe nur BGH, NJW-RR 1988, 11. Inwieweit diese Aussage auch für das Miet- und Reisevertragsrecht gilt, ist jeweils umstritten.

[52] Siehe etwa AG Bonn, WuM 1990, 71.

[53] Etwa AG Köln, WuM 1990, 291; LG Hamburg WuM 1988, 262.

[54] AG Köln, NJW-RR 1987, 972.; AG Mettmann, VuR 1990, 208; LG Hanau, VuR 1991, 127; LG Traunstein, NJW-RR 1994, 1423; OLG Frankfurt, NJW-RR 1988, 1328 f.

Grenzwerten ist eine „letztlich politische Willensentscheidung“[55]. Entsprechend muß die angegebene Konzentration weder als Maximalwert zu verstehen sein, dessen Überschreitung also in jedem Falle Gefahren für Mensch oder Umwelt mit sich bringt, noch muß es sich um einen Minimalwert handeln, dessen Unterschreitung die Gefahrlosigkeit indiziert. Grenzwerte können zu „hoch“ sein, weil Vorbelastungen, Synergismen oder subjektive Empfindlichkeiten nicht immer berücksichtigt werden (können). Andererseits muß der Wert überhaupt nicht auf Besorgnis vor Umwelt- oder Gesundheitsgefahren beruhen, sondern kann allein technisch machbare Standards zum Gegenstand haben[56]. Und manche Grenzwerte stellen sich als bloße Richtwerte dar, die sicherstellen sollen, daß selbst minimale Schadstoffmengen bei permanenter und langdauernder Einwirkung nicht zu gesundheitlichen Risiken führen[57].

Ein Blick auf einschlägige Fallgestaltungen soll die Schwierigkeiten verdeutlichen, einen verbindlichen Grenzwert festzulegen:

- Formaldehyd. Ein Stoff der unter anderem vielfach in Spanplatten, Dämmschäumen, Teppichen, Lacken und Farben enthalten ist und der zu Reizungen der Schleimhäute und Augen, Allergien, Infektionskrankheiten und Leistungsabfall führen kann: Hier existiert eine BGA-Empfehlung aus dem Jahre 1977, wonach die Formaldehydraumluftkonzentration 0,1 ppm (ml/cbm) nicht überschreiten soll. Eben dieser Wert liegt § 9 Abs. 3 und 4 GefStoffVO als Höchstwert für Möbel zugrunde. Die Weltgesundheitsorganisation (WHO) legt einen weiteren Wert von 0,05 ppm nahe. Schließlich beträgt der Wert für maximale Schadstoffkonzentration am Arbeitsplatz (sog. MAK-Wert) 0,5 ppm (bis 1990: 1,0 ppm). Mittels bloßer Arithmetik kommen das LG Ansbach und das OLG Nürnberg über Sachverständigengutachten dazu, daß der Grenzwert bei 0,025 ppm festgelegt werden müsse, schließlich halte man sich nur eine begrenzte Zeit am Arbeitsplatz auf, und nach einer anerkannten Formel sei der MAK-Wert für maximale Immissionskonzentration (sog. MIK-Wert) auf 1/20 zu reduzieren[58]..
- Tetrachlorethen (auch Perchlorethylen, kurz: PER). Dieser Giftstoff ist in der Umgebung von Chemischreinigungen anzutreffen. PER ist krebserregend und kann zu Krämpfen, Kopfschmerzen sowie Magen- und Kreislaufbeschwerden führen: Im Jahre 1988 hat das BGA für PER einen Vorsorgerichtwert von 0,1 mg je cbm Raumluft empfohlen, bei 5 mg/cbm bestehe eine Gefährdung der Gesundheit, dieser Wert solle nicht überschritten werden[59]. Der MAK-Wert ist sage und schreibe über 3000mal so hoch wie der Vorsorgewert (345 mg/cbm). Nach § 15 II der 2. BImSchVO 1990 sind bei einer Konzentration von 0,1 mg Tetrachlorethen je cbm Raumluft in Räumen, die dem Aufenthalt von Menschen dienen, Anlagenbetreiber verpflichtet, dagegen Maßnahmen zu ergreifen.

Es stellt sich demnach die Frage, ob überhaupt ein und wenn ja, welcher Wert jeweils gewährleistungsrechtlich relevant ist und wie sich diese Relevanz juristisch begründen läßt. Ausdrücklich finden sich nähere Begründungen nur in

---

[55] OVG Lüneburg NVwZ 1985, 357 - Buschhaus. So auch Schläger, ZMR 1992, 88; Gerlach, JZ 1988, 161 (164); Winter, in: Grenzwerte, 22.

[56] Winter, Einführung, in: ders., Grenzwerte, 10 ff.

[57] Winter, Einführung, in: ders., Grenzwerte, 12; OLG Düsseldorf, NJW-RR 1991, 1495 (1496).

[58] OLG Nürnberg, NJW-RR 1993, 1300 (1302) = VuR 1992, 316 (318 f.); LG Ansbach, VuR 1990, 36 f.

[59] Siehe Empfehlung des BGA zu Tetrachlorethen in der Innenraumluft, Bundesgesundheitsbl. 1988, 99 f.

wenigen Entscheidungen. Zumeist wird die Grenzwerte-Rezeption wie selbstverständlich vollzogen[60] oder es findet sich das pragmatische Argument, aus Gründen der Rechtssicherheit und Rechtsklarheit seien Grenzwerte am ehesten *geeignet*, die normativen Voraussetzungen für eine Gesundheitsgefährdung festzulegen[61].

Meßlatte für das Vorliegen eines Fehlers ist die *gesollte* Beschaffenheit der Vertragsleistung, die sich zumeist mangels konkreter Absprachen an den *objektiven* Erwartungen des betroffenen Verkehrs orientiert. Zu den normalen Erwartungen im rechtsgeschäftlichen Verkehr zählt, daß der Vertragspartner die an ihn gerichteten oder sonst bestehenden Vorschriften und Hinweise einhält[62]. Da mit einer Überschreitung von Grenzwerten - jedenfalls nach allgemeiner, teils laienhafter Vorstellung - auch gewisse Sicherheitsdefizite einhergehen, markieren diese die Untergrenze des geschuldeten Sicherheitsniveaus[63]. Grenzwerte bilden einen objektiven Standard grundsätzlich vorausgesetzter Beschaffenheit der Vertragsleistung. Für die in der Trinkwasserverordnung festgesetzten Maximalstoffkonzentrationen bringt dies das LG Köln[64] in bemerkenswerter Klarheit auf den Punkt: „Der Mangel der Mietsache ergibt sich (...) aus der unstreitigen Überschreitung der in der Trinkwasserverordnung festgesetzten Grenzwerte. Ob dadurch tatsächlich objektiv eine Gesundheitsgefahr gegeben war oder nicht, ist demgegenüber unerheblich. (...) Entscheidend ist nämlich, daß eine festgestellte Nitratbelastung oberhalb der Grenzwerte der Trinkwasserverordnung in der laienhaften Vorstellung des Verbrauchers erhebliche Befürchtungen für seine Gesundheit wecken kann. Daran kann auch ein Sachverständigengutachten nichts ändern, das im Einzelfall zum Ergebnis kommt, daß eine konkrete Gesundheitsgefahr nicht vorliegt. (...) Es mag auch sein, daß die Werte der Trinkwasserverordnung Sicherheitszuschläge enthalten und Gesundheitsgefahren erst jenseits dieser Sicherheitszuschläge beginnen. Auch dies spielt keine Rolle, weil einem Mieter nicht zugemutet werden kann, bei der Benutzung belasteten Trinkwassers auf mögliche Sicherheitszuschläge zu verzichten."

Daneben können Grenzwerte *anerkannte Regeln der Technik* darstellen, die jedenfalls nach VOB/B für den Unternehmer bindend sind und unabhängig von nachweisbaren Nachteilen für den Besteller einen Werkmangel begründen. Nach einer Entscheidung des OLG Düsseldorf[65] ist eine Formaldehydkonzen-

60 Beispielsweise LG München I, NJW-RR 1991, 975 f. (Grenzwert ohne Begründung als „Auslegungshilfe" herangezogen).

61 LG Hamburg 316 S 261/88 v. 17.9.1991, in dieser Entscheidung legte das LG sodann den „niedrigen" PER-Wert von 0,1 mg/cbm zugrunde. Siehe auch LG Hamburg, WuM 1991, 161 (Bleiintoxikation).

62 Deutlich: OLG Köln, NJW-RR 1991, 1077 (1078).

63 OLG Hamm, ZMR 1987, 267.

64 ZMR 1991, 224.

65 NJW-RR 1991, 1495; vgl. noch OLG Köln, NJW-RR 1991, 1077; OLG Hamm, NJW-RR 1995, 17.

tration von 0,1 ppm durch die ETB-Richtlinie von 1980 „Über die Verwendung von Spanplatten hinsichtlich der Vermeidung unzumutbarer Formaldehydkonzentration in der Raumluft“ zur anerkannten Regel der Technik geworden. Zumindest werkvertraglich waren damit die Werkunternehmer ab dem Inkrafttreten der Richtlinie zur Einhaltung des Wertes gezwungen. Ob über den Geltungsbereich der VOB/B hinaus anerkannte Regeln der Technik einen Fehler i.S.d. BGB-Werk- und Kaufvertragsrechts begründen, ist sehr umstritten[66]. Im wesentlichen einig ist man sich allerdings, daß die Nichtbeobachtung der anerkannten Regeln der Technik zumindest Indizierungswirkungen in bezug auf die Annahme eines Fehlers hat, was auch hier mit den Anschauungen der betroffenen Verkehrskreise begründet wird[67].

Insgesamt ist zu konstatieren, daß in der Regel die Überschreitung des für einschlägig befundenen Grenzwertes als Fehlerbestimmungskriterium genügt, was einerseits zu einer Parallelisierung von Gefahrstoffrecht und Gewährleistungsrecht und andererseits zu einer weiteren Objektivierung des Fehlerbegriffes führt. Mithilfe der Grenzwerte-Rezeption setzt die Rechtspraxis die Gefahr-Besorgnis als Kriterium der Fehlerbestimmung durch. Abweichende Entscheide finden sich lediglich dann, wenn die Grenzwerteüberschreitung unsicher ist[68] oder durch einfache Maßnahmen wieder gesenkt werden kann. In mietrechtlichen Entscheidungen sind vereinzelt Minderungsansprüche verneint worden, wenn die Schadstoffkonzentration durch kurzzeitiges Ablaufenlassen von Standwasser oder Lüften eines Wohnraumes auf einen geringeren Wert, als durch normierte Werte vorgeschrieben, gesenkt werden konnte[69]. Im übrigen wurde aber bezüglich solcher „Mitwirkungspflichten“ des Bestellers, Mieters oder Käufers Zurückhaltung geübt[70].

(4) Sinnliche Wahrnehmbarkeit als Fehlerindikator

Kann man die Schadstoffemissionen eines Raumes oder Produktes sehen, fühlen oder riechen und besteht zumindest die Möglichkeit toxischer Auswirkungen, gelangen die Gerichte regelmäßig allein aufgrund der sinnlichen Wahrnehmbarkeit zur Fehlerfeststellung[71]. Sind Beeinträchtigungen bereits

---

66 Bejahend z.B. Siegburg, Gewährleistung beim Bauvertrag, Rdnr. 80; ablehnend z.B. MünchKomm/Soergel § 633 Rdnr. 34, jew. m.w.N.

67 MünchKomm/Soergel § 633 Rdnr. 41 ff.

68 OLG Düsseldorf, NJW-RR 1991, 1496.

69 LG Hamburg, WuM 1991, 161 - Bleiwasserleitung (Minderungsrelevanter Fehler verneint, aber ein Beseitigungsanspruch wurde bejaht!); OLG Hamm, NJW-RR 1991, 221 f. - Kupferwasserleitung. Ausdrücklich offengelassen in AG Bonn, WuM 1991, 543 - Asbest).

70 Dies verneinen explizit: AG Hamburg, NJW 1988, 914; AG München, VuR 1989, 335 f.; AG Schöneberg, NJW-RR 1991, 782; LG München I, NJW-RR 1991, 975 f.; OLG Nürnberg 9 U 3700 v. 15.1.1992, S. 126 ff. (nicht abgedruckt in: NJW-RR 1993, 1300 und VuR 1992, 316); OLG Stuttgart, NJW-RR 1992, 187; OLG Köln, NJW 1992, 51.

71 Siehe bereits RGZ 88, 168: Dauerndes Eindringen unerträglicher Gerüche berechtige sogar zur fristlosen Kündigung wegen Gesundheitsgefährdung nach § 544 BGB.

sinnlich feststellbar, kommt es grundsätzlich nicht mehr darauf an, ob ein Grenzwert überschritten ist oder nicht[72]. Es wird aber, ohne daß dieses jeweils expressis verbis formuliert wurde, eine gewisse Intensität vorliegen müssen. Dies ist relativ unproblematisch für den Fall, daß noch nach elf Jahren der stechende Geruch von Monochlornaphtalin wahrnehmbar ist. Diese Emission stellt einen Mangel einer Werkleistung dar[73]. Auch Ausdünstungen, die - je nach persönlicher Empfindlichkeit - Beschwerden wie Augen- und Rachenreizungen, Hustenanfälle auslösende Beeinträchtigungen der oberen Atemwege, Gliederschmerzen, Mattigkeit, Hautjuckreize sowie Konzentrationsstörungen auslösen oder - wiederum subjektiv - als beißend, modrig, stechend, jedenfalls objektiv als sehr unangenehm empfunden werden und deshalb ein längerer Aufenthalt in Räumen nicht erträglich ist, führen ebenfalls - eher unproblematisch - zur Annahme der Fehlerhaftigkeit der Vertragsleistung[74].

Problematischer ist hingegen die Festlegung, wann und in welchem Umfang besondere (subjektive) Empfindsamkeiten sich bei der Fehlerbestimmung auswirken. Beispielhaft liest sich hierzu das Urteil des OLG Nürnberg vom 15.1.1992 zu riechbaren Formaldehydausdünstungen. Das Oberlandesgericht hörte etliche Zeugen und Sachverständige zu der sinnlichen Wahrnehmbarkeit und den Folgen der Formaldehydemissionen. Obwohl nach den Aussagen nicht auszuschließen war, daß im Hinblick auf die Beeinträchtigungen besondere Empfindlichkeiten eine gewisse Rolle spielten, bejahte das Oberlandesgericht allein wegen des objektiv wahrnehmbaren und unangenehmen Geruches von Formaldehyd und Lindan einen Fehler[75]. Hingegen nahm das OLG Düsseldorf an, daß Formaldehydausgasungen, die nur bei besonders empfindlichen Personen zu Beeinträchtigungen führen, bei dem weitaus größten Teil der Bevölkerung jedoch nicht, keinen (Werk-)Mangel darstellen würden[76]. Letztere Entscheidung ist nicht unproblematisch. Davon zu trennen wären jedenfalls solche Fälle, in denen aufgrund konkreter Empfindlichkeiten (Kinder, Kranke oder Schwache) von den Emissionen zugleich Gesundheitsgefahren bzw. nachvollziehbare Gefahr-Besorgnisse ausgehen[77].

Hinzunehmen sind dagegen sinnliche Beeinträchtigungen, die nicht toxisch sind und aus wirtschaftlichen oder ökologischen Gründen unvermeidbar

---

[72] OLG Hamm, WuM 1987, 248; OLG Nürnberg, NJW-RR 1993, 1300 = VuR 1992, 316 f.; OLG Saarbrücken, NJW-RR 1987, 470 f.; OLG Stuttgart, NJW-RR 1992, 187.

[73] LG Hildesheim, VuR 1989, 280.

[74] LG Nürnberg-Fürth, NJW-RR 1986, 1466 f.; OLG Nürnberg, 9 U 3700 v. 15.1.1992, S. 19 (eine umfassende Beweiswürdigung auf den Seiten 19-59), nur z.T. in: NJW-RR 1993,1300 = VuR 1992, 316 f.).

[75] S. 19.

[76] NJW-RR 1991, 1496.

[77] AG Hamburg, WuM 1992, 11 (besondere Gefährdung eines Säuglings); LG Nürnberg-Fürth, NJW-RR 1986, 1466 f.; OLG Nürnberg, NJW-RR 1993, 1300 = VuR 1992, 316 f.; OLG Hamm, ZMR 1987, 267 (besondere Auswirkungen auf Kinder des Mieters). - Ohne nähere Begründung lehnt dies Schläger (ZMR 1992, 89) als „unzulässige Subjektivierung" ab.

scheinen. Nichttoxische Geschmacksbeeinträchtigungen des Trinkwassers durch Kupfer emittierende Wasserleitungen stellen nach OLG Hamm[78] keinen Mangel dar, weil es zur Zeit keinen besseren Werkstoff gebe und man abgestandenes Wasser ablaufen lassen könne. Auch der bei Katalysatoren nach dem Stand der Technik unvermeidlich entstehende, allerdings ungefährliche Geruch nach „faulen Eiern" durch Schwefelwasserstoff sei im Interesse der Verringerung von Schadstoffemissionen hinzunehmen[79]. Auch hier wird deutlich, daß die Fehlerbestimmung dynamisch ist, sich unter anderem mit der technischen Entwicklung und den vorhandenen Kenntnissen verändern kann.

Tendenziell ist festzustellen, daß sinnlich wahrnehmbare Beeinträchtigungen in aller Regel einen Fehler darstellen, unabhängig davon, ob die Vertragsleistung nachgewiesenermaßen schädlich ist. Auch wenn zu der Fallgruppe der sinnlich wahrnehmbaren Risiken einige Judikate vorliegen, ist darin kein allgemein herausragender Praxisbereich zu erkennen. Zum ganz überwiegenden Teil sind die hier in Rede stehenden umweltgefährdenden und giftigen Substanzen sinnlich nicht wahrnehmbar, sondern wirken schleichend, zunächst unmerklich.

(5) Fehlerbestimmung abseits bestehender Grenzwerte und sinnlicher Wahrnehmbarkeit

In der Praxis dürfte Belastungen mit (öko-)toxischen Substanzen, für die bislang keine oder keine verläßlichen Meßverfahren verfügbar sind, die mit Abstand größte Bedeutung zukommen[80]. Einen entsprechenden Widerhall hat dies in der Rechtsprechungspraxis bislang aber nicht gefunden. Dieses überrascht wenig, denn der einzelne kann kaum die Risiken erkennen und dagegen vorgehen, wenn noch nicht einmal eine annähernde naturwissenschaftliche Fundierung gegeben ist und er überdies eine Bindung an die kurzen Verjährungsfristen der §§ 477, 638, 558, 651g BGB erfährt.

Besteht in bezug auf bestimmte Stoffe oder Produkte eine *öffentliche Warnung*, wird in den hierzu einschlägigen Entscheidungen auf nähere Darlegungen und auf eine weitere sachverständige Untersuchung im Hinblick auf die spezifische Gefährlichkeit des gerade betroffenen Leistungsgegenstandes regelmäßig verzichtet. Allein die Warnung ist in der Regel Grund genug, den für die Fehlerbestimmung notwendigen Gefahren*verdacht* für begründet zu erachten[81].

---

[78] NJW-RR 1991, 221 f.

[79] LG Stuttgart, NJW-RR 1989, 1083.

[80] Nach Griefahn sind lediglich für 3.500 von 100.116 zugelassenen Chemikalien in der EG überhaupt zuverlässige Meßverfahren entwickelt (siehe Interview Monika Griefhahn, mm-Spezial 2/1991 „Umweltmanagement", 32).

[81] Siehe etwa die „Glykol-Fälle": AG Bad Kreuznach, NJW-RR 1987, 971; AG Wolfsburg, NJW-RR 1986, 989; BGH, NJW 1989, 218 ff.; LG Lübeck, NJW-RR 1987, 243.

Ansonsten kommt den Sachverständigen im Zivilprozeß eine erstrangige Bedeutung zu. Fehlende Grenzwerte sind als solches jedenfalls noch kein Grund, eine mögliche Gefährdung abzulehnen[82]. Die zivilprozessuale Schlüsselrolle fällt in diesen Fällen meist Sachverständigen zu. Diesen obliegt es, die Gerichte von der potentiellen Riskantheit der Vertragsleistung zu überzeugen. Im vorhinein sind für solche Sachverhalte angesichts brüchiger Erkenntnisbasen kaum zuverlässige Prognosen zu treffen. Das Dilemma wird beispielhaft in Entscheidungen ersichtlich, die sich gegenständlich mit formaldehydbelasteten Vertragsleistungen auseinanderzusetzen hatten. So überzeugte ein Sachverständiger das OLG Nürnberg[83], daß der Grenzwert für Formaldehyd in der Raumluft bei 0,025 ppm festgelegt werden müsse. Dagegen hatte das OLG Düsseldorf seiner Entscheidung vom 26.10.1990[84] aufgrund der Ausführungen eines Sachverständigen erstrangig einen Wert von 0,5 ppm, also die zwanzigfache Belastung gegenüber dem Entscheid des OLG Nürnberg, zugrunde gelegt.

In mehreren Judikaten wird - soweit ein solcher vorliegt - der normierte oder empfohlene Wert zumindest als relativer Maßstab genommen, dessen Unterschreitung einen Fehler ausschließe oder ausschließen könne[85]. Besonders kraß wird im Leitsatz zum Urteil des OLG Düsseldorf vom 26.10.1990 ausgeführt, Formaldehydausgasungen unterhalb der BGA-Empfehlung von 0,1 ppm könnten keinen Mangel darstellen[86]. Angesprochen ist damit das insgesamt sehr problematische und streitige Verhältnis von öffentlich-rechtlicher Erlaubnis via Einhaltung gesetzter Standards, Genehmigung und zivilrechtlicher Rechtswidrigkeit i.w.S.[87]. Nach zutreffender Auffassung ist öffentlichrechtlichen Grenzwerten nur sehr eingeschränkte Indikationswirkung *gegen* das Vorliegen einer Gefahr-Besorgnis zuzubilligen. Das vertraglich geschuldete, *konkrete* Sicherheitsniveau muß nicht den abstrakten staatlichen oder behördlichen Vorsorgewerten entsprechen[88]. Auch bei Einhaltung der Grenzwerte kann einem Produkt der begründete Verdacht einer Gesundheitsgefährlichkeit anhaften. Öffentlichrechtlichen Grenzwerten und administrativen Grenzwert-

---

82 Vgl. z.B. AG Euskirchen, VuR 1988, 341 ff.; AG Rheinbach, VuR 1990, 212 ff. Insgesamt ist die zivilistische Bedeutung gesetzlicher und untergesetzlicher Normierungen des öffentlichen Rechts sehr umstritten. Siehe dazu im einzelnen Sach, Genehmigung als Schutzschild, § 6, S. 196 ff.; 225 ff.

83 NJW-RR 1993, 1300 (1301) = VuR 1992, 316 (318 f.); ebenso LG Ansbach, VuR 1990, 35 f.

84 NJW-RR 1991, 1495 (1496).

85 AG Erkelenz, VuR 1988, 339 ff.; AG Lindau, VuR 1988, 344 f.; LG Frankfurt ZMR 1990, 17; LG Traunstein, NJW-RR 1994, 1423.

86 OLG Düsseldorf, NJW-RR 1991, 1495 (1496). Tatsächlich wird diese apodiktische Formel im Urteil selbst allerdings nicht gehalten, vielmehr heißt es wörtlich: „Nach den Ausführungen des Sachverständigen (gibt) es keinerlei Erfahrungen, die die Annahme rechtfertigen, Formaldehyd (unterhalb von 0,1 ppm) habe zu gesundheitlichen Beeinträchtigungen geführt."

87 Einen guten Überblick gewähren Wagner, Öffentlich-rechtliche Genehmigung und zivilrechtliche Rechtswidrigkeit, 9 ff, und Sach, Genehmigung als Schutzschild, § 6.

88 Sach, Genehmigung als Schutzschild, 211 f.

Empfehlungen kommt deshalb keine absolute Bedeutung zu, ihnen können allenfalls indizielle Wirkungen zukommen[89]. Vereinzelt kommt es dementsprechend auch vor, daß Gerichte davon überzeugt werden, daß einschlägige Grenzwerte für den zu entscheidenden Fall nicht (mehr) haltbar sind[90]. Am Beispiel der Gefahrstoffverordnung: § 9 Abs. 2 GefStoffVO a.F. (jetzt § 1 ChemVerbotsVO i.V.m. Anh (zu § 1) Abschnitt 3) bestimmte, daß Spanplatten mit mehr als 0,1 ppm nicht in den Verkehr gebracht werden dürfen. Die Gefahrstoffverordnung regelt damit nicht unmittelbar die Anforderungen, die bei einem Werkvertrag an die Sollbeschaffenheit zu stellen seien, sondern richtet sich zur öffentlichen Gesundheitsvorsorge an die Hersteller und/oder Vertreiber von Holzwerkstoffen[91]. Gewährleistungsrechtlich kommt es hingegen darauf an, ob die konkrete Formaldehydkonzentration die Besorgnis einer Gesundheitsbeeinträchtigung mit sich bringt.

(6) Gefahrübergang

Maßgeblicher Zeitpunkt für das Vorhandensein von Fehlern wie für das Fehlen zugesicherter Eigenschaften ist gem. § 459 BGB der Gefahrenübergang, in der Regel also die Übergabe, gem. § 644 BGB die Abnahme. Im Miet- und Reisevertragsrecht genügt eine Entstehung während der Leistungserbringung, wobei im Mietrecht der Frage, ob ein Mangel von Anfang an vorgelegen hat, wegen der Garantiehaftung für anfängliche Mängel noch eine herausragende Bedeutung zukommt[92].

Eine andere Frage ist, ob individuelle oder generelle Erkenntnismöglichkeiten für die spätere (prozessuale) Feststellung des Fehlers von Bedeutung sind. Überwiegend wird angenommen, daß zur Determinierung spezifischer Gefährlichkeiten nicht auf den Zeitpunkt der Übergabe bzw. Abnahme, sondern auf den Zeitpunkt der letzten mündlichen Verhandlung abzustellen ist[93]. In dem „Glykol-Urteil" des Bundesgerichthofes (NJW 1989, 218 f.) wird in eben diesem Sinne verfahren, freilich dort mit der Folge, daß ein Verdacht auch nachträglich ausgeräumt werden kann.

Es kommt vor, daß die potentielle Gefahr zum Zeitpunkt der Übergabe von den Vertragsparteien nicht erkannt werden konnte oder - mangels verfügbaren Wissens - sogar für niemanden erkennbar war und erst aus späteren (wissenschaftlichen) Erkenntnissen die Bedenklichkeit resultiert: Unter anderem basieren hierauf Entscheidungen zu Altlasten, bleihaltigem Trinkwasser und

---

89 Siehe mit vielen Nachweisen aus Rechtsprechung und Schrifttum: Gerlach, JZ 1988, 161 (163 ff.); ders., Privatrecht und Umweltschutz, 43 ff.; Sach, Genehmigung als Schutzschild, 211 f. sowie aus der Rechtsprechung BGHZ 70, 102 (109); 97, 112 (114); 97, 361 (365).

90 LG Ansbach, VuR 1990, 35 (37). Siehe auch AG Kiel, NJW 1987, 2748.

91 OLG Köln, NJW-RR 1991, 1077 (1078); OLG Nürnberg, NJW-RR 1993, 1300 (1301).

92 Dazu sogleich unter (7).

93 Grundlegend für die in Rede stehenden Konflikte: OLG Celle, WuM 1985, 9; OLG Köln, NJW-RR 1991, 1077 (1078 f.).

formaldehydausgasenden Möbeln. Auch in diesen Fällen sind die Leistungen durchweg als von Anfang an fehlerhaft charakterisiert worden[94]. Die Gefährlichkeit bzw. der Gefahrenverdacht hat schließlich von Anfang an unabhängig von den individuellen Erkenntnismöglichkeiten vorgelegen; zumindest latent war die mögliche Gefahr stets gegeben. Den nicht vorwerfbaren Wissensdefiziten der Vertragsparteien kann erst auf der Verschuldensebene eine Bedeutung zukommen. Deutlich hier das OLG Köln[95]: Für die Bewertung der Beschaffenheit seien auch noch nachträglich erzielte, neuere wissenschaftliche und/oder technische Erkenntnisse zu berücksichtigen. Aufgrund der Erfolgshaftung habe der Unternehmer dafür einzustehen, daß seine Werkleistung zum Zeitpunkt der Abnahme nicht mit einem Mangel behaftet sei, auch wenn sich solches erst aufgrund späterer Erkenntnisse herausstelle. - Eine entgegengesetzte Auffassung vertritt wohl das LG Bochum[96]. Soweit die *Bebaubarkeit* eines (gekauften) Grundstückes auf dem Gelände einer ehemaligen Kokerei erst durch spätere Erkenntnisse und Einsichten unmöglich gemacht bzw. erheblich eingeschränkt worden sei, habe zum Zeitpunkt der Übergabe kein Mangel vorgelegen. Der Schwerpunkt wurde bei dieser Entscheidung auf die - bei Gefahrenübergang angeblich noch gegebene - Bebaubarkeit nach öffentlichem Recht gelegt. (Von dem Landgericht wurde allerdings übersehen, daß richtigerweise bereits die unstreitige Kontaminierung des Grundstückes wegen des damit verbundenen Gefahrenverdachtes für die Fehlerhaftigkeit hätte genügen können.) Fehl geht auch die Annahme des LG Traunstein[97], wonach die Verwendung von PCP-haltigen Holzschutzmitteln mietvertraglich selbst bei gesundheitsschädlichen Auswirkungen keinen Mangel darstellen können, wenn die Konzentration unterhalb der damals „geltenden" BGA-Empfehlung lag. Eine solche bindende Wirkung kann einer unverbindlich wirkenden Empfehlung offensichtlich nicht zukommen und findet auch keinen Rückhalt in der verschuldensunabhängigen Haftung des § 537 BGB. Beirren ließ sich das LG nichteinmal dadurch, daß die spätere BGA-Empfehlung um ein vielfaches unter den gemessenen Werten lag.

(7) Besonderheiten des Mietrechtes

(a) Mit der Garantiehaftung des Vermieters nach § 538 BGB auf Schadenersatz für schon bei Abschluß des Mietvertrages vorliegende Mängel hält das Mietrecht eine Besonderheit vor. Es kommt für die weitgehende Haftung nach ständiger Rechtsprechung nicht auf die Erkennbarkeit und Vorhersehbarkeit an[98]. Dies kann zu dem Ergebnis führen, daß der Vermieter alle Schäden des Mieters, also beispielsweise auch langwierige gesundheitliche Schädigungen,

---

94 Z.B. OLG Hamm, WuM 1987, 248; OLG Köln, NJW-RR 1991, 1077 (1078).

95 NJW-RR 1991, 1078.

96 BB 1989, 651.

97 NJW-RR 1994, 1423.

98 Siehe nur BGHZ 9, 320 (321); 63, 633 (635); 68, 294.

ersetzen muß; jener selbst indessen gegen den Erbauer des Hauses und den Produzenten schädlicher Baustoffe möglicherweise keine vertraglichen oder deliktischen Ansprüche geltend machen kann. Falls eine Durchsetzung solcher Ansprüche nicht (mehr) möglich ist, können Vermieter in Anbetracht der zu erwartenden Höhe von Schadenersatz vor dem Ruin stehen. Gerade im hier diskutierten Kontext wurde deshalb im Schrifttum mehrfach eine Reduktion des § 538 BGB dahin gefordert, daß die Mängel überhaupt erkennbar sein müßten[99]. In der Rechtsprechung ist solches dagegen stets abgelehnt worden[100]. Das OLG Hamm[101] hat dies auch für ökologische Risiken ausdrücklich bestätigt: Angesichts der eindeutigen Gesetzeslage komme eine richterliche Korrektur des § 538 BGB nicht in Betracht. Eine Milderung geschehe allein durch die angemessene Eingrenzung des Fehlerbegriffes nach § 537 BGB, was etwa bedeute, haltlose Befürchtungen auszuscheiden.

(b) § 544 BGB stellt eine Spezialnorm in bezug auf Gefährdungen der Integrität eines Vertragspartners dar. Danach steht es dem Mieter zu, ein Mietverhältnis fristlos zu kündigen, wenn die Benutzung mit erheblichen Gesundheitsgefahren verbunden ist. Nicht einmal eine anfängliche Kenntnis des Gefahr oder ein gerade darauf ausgeübter Verzicht können dieses Mieterrecht beschränken[102]. Entsprechend der Einschlägigkeit für die in Rede stehenden Fallgestaltungen hat § 544 BGB an Bedeutung gewonnen. Eine Vielzahl der mietrechtlichen Fälle steht vor dem Hintergrund einer derartigen Kündigung[103]. Die Voraussetzungen des § 544 BGB sind auch dann anzunehmen, wenn es sich lediglich um den begründeten Verdacht einer Gesundheitsgefährdung handelt[104]. Es wird dazu nicht danach unterschieden, ob die Gesundheitsgefährdung dem Wohnraum immanent ist oder von außen herrührt, eine Konstellation, die namentlich in Fällen akut geworden ist, in denen Wohnungen nahe einer PER-emittierenden Reinigung gelegen waren[105].

---

[99] Unter anderem Fikentscher, SchuldR § 74 II 6; Larenz, SchuldR BT, Bd. 1, Tb. 1, § 48 III b); - auf Umweltrisiken bezogen: Derleder, Miete und Umwelt, in: Miete und Umwelt, 13 (32 f.). - Die Absicht einer Reduktion liegt offenbar der (inhaltlich problematischen) Entscheidung des LG Traunstein, NJW-RR 1994, 1423, zugrunde.

[100] BGH, LM Nr. 20 zu § 537 BGB; LM Nr. 47 zu § 535 BGB, Bl. 2R.

[101] WuM 1987, 248.

[102] Allg. Meinung, siehe nur Palandt/Putzo § 544 Rdnr. 1.

[103] Z.B. AG Erkelenz, VuR 1988, 339 ff.; AG Euskirchen, VuR 1988, 341 ff.; AG Köln, NJW-RR 1987, 972; AG Lindau, VuR 1988, 344 f.; AG Mettmann, VuR 1990, 208; LG Hamburg, WuM 1991, 161; LG München I, NJW-RR 1991, 975 f. - Vgl. auch die Auflistung bei Staudinger/Emmerich, § 544 Rdnr. 14.

[104] AG Köln, NJW-RR 1987, 972; AG Lindau, VuR 1988, 344 f.; AG Mettmann, VuR 1990, 208; AG München, VuR 1989, 335; LG Saarbrücken, WuM 1991, 91.

[105] KG, VuR 1988, 337 (Ls.); LG Hamburg 316 S 261/88 v. 17.9.1991; LG Hamburg, WuM 1989, 368; LG Hannover, NJW-RR 1990, 972.

3. *Zusicherung*

Angesichts der gestiegenen Konsumentenerwartungen in bezug auf die (allgemeine) Umweltverträglichkeit von Produkten[106] sowie dem allseits festzustellenden Bemühen von Unternehmen, sich und ihre Produkte als besonders umweltfreundlich herauszustellen, liegt die Vermutung nahe, daß im Rahmen von Vertragsverhandlungen bestimmte Umweltstandards ausgehandelt bzw. ökologische Tauglichkeiten zugesichert werden. Dogmatisch bestünde keinerlei Schwierigkeit, auch Erklärungen als Zusicherung einer Eigenschaft anzunehmen, wenn die Eigenschaft in keinem unmittelbaren Bezug zur beabsichtigten Nutzung des Vertragspartners steht und etwa nur allgemeine (vertragsexterne) Umweltrisiken betrifft[107]. Die bislang veröffentlichten Entscheidungen stärken die Vermutung einer Zunahme umweltbezogener Zusicherungen aber nicht. Eine signifikante Häufung umweltbezogener Eigenschaftszusicherungen ist gegenwärtig nicht festzustellen[108] - ohne daß damit bereits eine Aussage über deren zukünftige Bedeutung getroffen wäre.

Eine Hürde liegt vermutlich in den Anforderungen, die an eine Zusicherung namentlich im Kaufvertragsrecht gestellt werden: Während im Kaufrecht nur bei Vorliegen einer Zusicherung (oder einer arglistigen Täuschung) nach §§ 480 Abs. 2 bzw. 463 BGB Schadenersatz verlangt werden kann, gewähren Miet-, Werk- und Reisevertragsrecht keine erweiterten Rechte gegenüber der Mängelhaftung. Entsprechend der weit geringeren Bedeutung sind auch die Erfordernisse an das Vorliegen einer Zusicherung bei letzterer Gruppe niedriger. Im Gegensatz zum Kaufvertragsrecht ist nicht erforderlich, daß der Leistungsschuldner erklärt, er werde *unbedingt* für eine bestimmte Eigenschaft einstehen, sondern es genügt das bloße Versprechen, die Vertragsleistung mit einer bestimmten Eigenschaft auszustatten[109].

Für die Sachmängelgewährleistung ist auf folgende Fälle kurz hinzuweisen: Verlangt ein Käufer ausdrücklich ein giftfreies und umweltfreundliches Holzschutzmittel und gibt der Verkäufer ihm ein Mittel, auf dem der Hinweis „frei von PCP und Lindan" befindet, so liegt darin die Zusicherung der Giftfreiheit[110]. - In der Angabe auf einem Verkaufsschild, ein Fahrzeug sei schadstoff-

---

106 Gärtner, JZ 1992, 73 (76); Hart/Köck, ZRP 1991, 61 (66 f.)

107 Gängige Definition: Eigenschaft ist „jedes dem Kaufgegenstand auf gewisse Dauer anhaftende Merkmal, das für den Wert, den vertraglich vorausgesetzten Gebrauch oder aus sonstigen Gründen für den Käufer erheblich ist" (Soergel/Huber, § 459 Rdnr. 142).

108 Damit ist nicht gesagt, daß „ökologische Zusicherungen" nicht doch immer wichtiger werden. In anderen Teilrechtsgebieten scheint eine solche Zunahme unabweisbar, so etwa wenn Kreditinstitute spezielle „Öko-Kredite" anbieten, mit denen sie für umweltschützende betriebliche Maßnahmen günstige Kreditkonditionen gewähren (hierzu: Perina, Die Zeit 20/1991 v. 10.5.91, 36.

109 Allgemeine Meinung, siehe beispielsweise BGHZ 96, 111 (114 f.) und OLG Nürnberg, NJW-RR 1993, 1300 (1302 f.).

110 AG Kassel, VuR 1987, 39 f.

arm und steuerbegünstigt, ist eine diesbezügliche Zusicherung zu sehen[111]. Dagegen liegt nach Meinung des LG Frankfurt in der Bezeichnung einer Sache als „Kindermöbel" nicht schon die Zusicherung der Giftfreiheit oder gesundheitlichen Unbedenklichkeit[112].

Für das Werk- und Reisevertragsrecht liegen Entscheidungen vor, in denen die Zusicherungshaftung eher weiter gezogen ist. Für das Werkvertragsrecht ist das Urteil des OLG Nürnberg vom 15.1.1992 herauszustellen:[113] Bei den Vertragsverhandlungen fragte ein Bauherr mehrfach nach den Schadstoffen und insbesondere nach Formaldehydbelastungen des zu schaffenden Bauwerkes. Der Vertreter händigte ihm daraufhin einen Prospekt für Spanplatten der Güteklasse E 1 aus, die eine maximale Formaldehydkonzentration von 0,016 ppm aufweisen. Der Kläger fragte ausdrücklich, ob er diese „E1-Spanplatten" auch bekomme. Dies bejahte der Vertreter. - Das Oberlandesgericht meinte, damit sei ein Formaldehydgrenzwert von 0,016 ppm zugesichert worden. Die besondere Wichtigkeit habe für den Besteller ersichtlich weniger in der Einordnung in die Emissionsklasse E1, sondern vielmehr für die im Prospekt mit 0,016 ppm angegebene Formaldehydkonzentration bestanden[114]. Im Reisevertragsrecht soll beispielsweise der Vermerk im Anmeldeformular „Nichtraucher vorne im Bus" eine Zusicherung darstellen, zu dessen Einhaltung und Einrichtung der Veranstalter verpflichtet sei[115]. - Erteile der Veranstalter auf eine Nachfrage in bezug auf die Algenpest die Auskunft, ein schwerer Sturm habe die Algen vertrieben und die Reisenden könnten ruhig anreisen, stelle dieses eine Zusicherung von Bademöglichkeiten im Meer dar[116].

Schlüsse lassen sich aus dem geringen Fallmaterial nur bedingt ziehen. Bemerkenswert ist allerdings, daß den *werblichen Angaben* „frei von PCP und Lindan" bzw. „schadstoffarm" Zusicherungscharakter zugesprochen wurde. Fürderhin wird namentlich bei der Sachmängelgewährleistung über eine gewisse Erleichterung der Zusicherungshaftung - wie sie in anderen Fallgruppen angenommen wird[117] - nachzudenken sein. Der Blick könnte auch insoweit in erster Linie auf die werblichen Aussagen der Hersteller und Händler gerichtet werden. Ein Gutteil der Produkte wird heutzutage mit Umweltprädikaten und Mitteilungen über Umwelttauglichkeiten beworben, die oftmals über einen rein anpreisenden Charakter hinausgehen und bestimmte (Umwelt-)Qualitäten der

---

111 AG Essen, NJW-RR 1987, 828 f.; AG Witten, DAR 1988, 424; vgl. zur arglistigen Täuschung über das Vorhandensein eines Katalysators: OLG Hamm, OLGZ 1991, 99 ff.

112 NJW-RR 1991, 225 ff.

113 NJW-RR 1993, 1300 (1302 f.)

114 OLG Nürnberg, NJW-RR 1993, 1300 (1302 f.).

115 AG Borken, NJW-RR 1991, 377.

116 LG Frankfurt, NJW-RR 1990, 761 ff.

117 Namentlich beim Gebrauchtwagenkauf: BGHZ 87, 302 (305); 103, 275 (280). Grund der dogmatisch fragwürdigen Differenzierung soll insbes. das Vertrauen des Käufers auf Angaben von fachkundigen Verkäufern sein. Vgl. i.e. Soergel/Huber § 459 Rdnr. 308 ff.

Ware versprechen[118]. Viele Verbraucher zahlen bereitwillig für die teureren Ökoprodukte einen höheren Preis. Die behaupteten ökologischen Vorzüge erweisen sich indessen nicht selten als Lug und Trug, weshalb namentlich im Lauterkeitsrecht die Werbung mit irreführenden Umweltangaben zu zahlreichen Untersagungen über §§ 3 und 1 UWG geführt hat[119]. Daß auch schuldvertragsrechtlich im Rahmen der Einstandspflicht für Zusicherungen zumindest diejenigen verpflichtet werden, die solche Angaben selbst tätigen, wäre angesichts der durch die Werbung anfallenden Umsatzsteigerungen nur konsequent[120].

4. Verjährung

Wegen der kurzen Verjährungsfristen im Schuldvertragsrecht werden vielfach Streitigkeiten gar nicht an die Gerichte herangetragen oder von diesen kurzerhand zurückgewiesen. Es erstaunt gerade deshalb nicht, daß lediglich eine Entscheidung aus dem Vertragsrecht zur Asbestproblematik ersichtlich ist[121], obwohl dieser Baustoff jahrzehntelang verwendet wurde und geschätzt wird, daß allein 5 bis 6 Millionen asbesthaltiger Speichergeräte noch in Benutzung sind[122].

Nach der ständigen Rechtsprechung des Bundesgerichtshofes kommt auch bei versteckten Mängeln, hierzu sind insonderheit eben ökologische Risiken zu zählen, eine Verlängerung der Verjährung wegen der eindeutigen Gesetzeslage nicht in Frage[123]. Beispielhaft für die vorliegend angesprochenen Konstellationen meint das LG Frankfurt a.M.[124]: Ansprüche aus Gewährleistungsrecht oder vertraglichen Nebenpflichten seien im Hinblick auf erworbene formaldehydhaltige Kinderzimmermöbel nach § 477 BGB verjährt, da der Mangel nicht allein das Integritätsinteresse, sondern auch die Kaufsache selbst, und damit das Äquivalenzinteresse, betroffen hätte. Eine Fortbildung gegen den klaren Wortlaut käme aus Beweis- und Rechtssicherheitsgründen nicht in Frage. Ebenso lehnt es das OLG Karlsruhe ausdrücklich ab, bei einem mit Schadstoffen kontaminierten Grundstück den Verjährungsbeginn an die *Erkennbarkeit* des Mangels zu schließen[125]. Im Mietrecht ist die Verjährungsfrist bei Umweltschäden durch den Mieter bzw. Pächter sogar auf die deliktischen Ansprüche

118 „Enthält kein FCKW", „100% abbaubar", „frei von Lindan".

119 Vgl. mit vielen weiteren Nachweisen Baumbach/Hefermehl, UWG § 1 Rdnr. 179 ff. - Siehe auch Ramthun, Die Zeit 33/1991, 21.

120 Esser/Schmidt, SchuldR AT, Tb. 1, § 1 IV 3, § 4 II 2.

121 AG Bonn, WuM 1991, 543.

122 Nasemann, SZ v. 15.4.1992, 47 unter Bezugnahme auf den Deutschen Mieterbund.

123 Z.B. BGHZ 110, 88 (92 ff.).

124 NJW-RR 1991, 225 ff.

125 NJW 1991, 1837.

ausgeweitet worden[126]. Gem. § 558 BGB sollen alle Ansprüche sechs Monate nach Rückgabe eines Miet- bzw. Pachtobjektes verjähren.

IV. Schutzpflichten

Nebenpflichten bestehen für den Leistungsschuldner in Form von Anzeige-, Aufklärungs- und Beratungspflichten, Auskunfts- und Rechenschaftspflichten, Fürsorge- und Obhutspflichten, Mitwirkungs-, Untersuchungs- und Unterlassungspflichten[127], u.a.m. Interessant sind hier namentlich Informationspflichten i.w.S. sowie sich ergebende Verpflichtungen des Leistungsschuldners zur Untersuchung der Ware auf Umweltverträglichkeiten.

1. Informationspflichten i.w.S.

Schuldvertragsrechtlich obliegt die Beschaffung von Informationen über allgemeine Vertragsrisiken jeder Partei grundsätzlich selbst[128]. Nach herkömmlicher Dogmatik bilden Informationspflichten eine tendenziell restriktiv zu handhabende Ausnahme, die unter anderem angenommen werden kann bei[129]

- Undurchschaubarkeit der Risiken für eine Partei bei gleichzeitiger (berufsmäßiger) Sachkunde der anderen Partei,
- der Bagatellisierung von Risiken und
- ausdrücklichen Nachfragen bestimmter Eigenschaften.

Der zurückhaltenden Aufstellung von Aufklärungspflichten liegt eine *ökonomische* Sichtweise zugrunde, nach der die Vertragsparteien prinzipiell dieselben Informationsmöglichkeiten über die Marktsituation, Einsatzmöglichkeiten der Vertragsleistung und Sachbeschaffenheiten haben[130], so daß eine generelle Informationsverpflichtung des Leistungsschuldners nicht angezeigt ist und wegen der Erhöhung der Informationskosten unökonomisch sein kann.

Ob die Restriktion der Statuierung von Informationsverpflichtungen auch für komplexe Produkte mit teilweise ungewissen Risiken (Arzneimittel, Chemikalien, Pflanzenschutzmittel, technisches Gerät) gilt, dürfte zumindest zweifelhaft sein. Gerade weil zwischen der Gefahr-Besorgnis und dem in den Anforderun-

---

126 Siehe hierzu BGH, BB 1986, 2289; OLG Düsseldorf, BB 1989, 2089; OLG Karlsruhe, ESUR (BGB), 6/8 ff. - Einschränkend auf den „nahen Bezug zum Mietobjekt": BGH, UPR 1994, 100.

127 Vgl. insbesondere Larenz, SchuldR AT, § 9 I.

128 Soergel/Wiedemann, Vor § 275 Rdnr. 165.

129 Larenz, SchuldR AT, § 9 I; Schünemann, BB 1987, 2243 (2244); Soergel/Teichmann, § 242 Rdnr. 152 ff.; Soergel/Wiedemann, Vor § 275 Rdnr. 165. BGHZ 40, 207 (211); 72, 92 (101); 87, 27; BGH, NJW 1980, 2756 (2757); ZIP 1984, 962 (965).

130 MünchKomm/Emmerich, Vor § 275 Rdnr. 43.

gen darunter liegenden „möglichen Sicherheitsrisiko“ ein Graubereich über Verkehrsverbote und Qualitätsanforderungen nicht erfaßter Risikoverteilung liegt, könnte qua Anforderungen an die zu tätigenden Informationen, die nur der einen Partei zugänglich sind, diese Lücke geschlossen werden. Informationsasymmetrien sind spätestens bedenklich, wenn damit Verletzungen, Gefährdungen und Bedrohungen für die Integrität verbunden sind. Es bleibt zwar - soweit nicht verboten - jedem zunächst selbst überlassen, welche gesundheitlichen Risiken er eingehen will. Indes ist die notwendige Voraussetzung für eine riskante *Entscheidung*, daß man um die Riskantheit seines Handelns weiß. Erst die Risiko-Information schafft die Voraussetzungen einer freien Entscheidung und damit vertragsautonomen Regulierung[131]. Für einen Teil umweltbezogener Konflikte könnte sich, vermittelt über Gesundheitsrisiken für den Vertragspartner (vertragsinterne Risiken), eine Lösung bei Ungewißheitslagen über Risikoinformationen finden lassen. Da es sich bei den Umweltrisiken überwiegend um solche handelt, die sowohl vertragsinterne als auch vertragsexterne Risiken in sich vereinen[132], kommt dieser Fragestellung beachtliche Relevanz zu.

Tatsächlich deutet sich bei der Aufklärung über *potentielle Gesundheitsgefahren* eine gewisse Forcierung von Informationsverpflichtungen an[133]. Hält der Leistungsschuldner ein Gesundheits- oder Sicherheitsrisiko der von ihm erbrachten Vertragsleistung für möglich oder mußte er ein solches für möglich halten, ist er aufklärungspflichtig, es sei denn, dem anderen mußte der Risikoverdacht ebenfalls bewußt sein[134]: Liefert ein Wasserversorger unüblich chloriertes Wasser, trifft ihn eine Hinweispflicht gegenüber Nutzern des Wassers[135]. Der Verkäufer kosmetischer Präparate (hier Abgabe eines Haartonicums) muß auch auf seltener auftretende Allergien sowie auf schädliche Wirkungen im Zusammenspiel mit anderen Präparaten hinweisen[136]. Ebenso besteht eine Pflicht zur Information über Risiken der gleichzeitigen Anwendung verschiedener Pflanzenschutzmittel[137]. Beim Kauf einer Wasserenthärtungsanlage, von deren Erwerb Behörden abgeraten haben, da die Anlage zu einer überhöhten Natrium-Konzentration des Wassers führe, besteht eine Verpflichtung des Verkäufers, auf die Produktkritik hinzuweisen, wenn er die Kritik kannte und für ihn erkennbar war, daß die negative Empfehlung für den Käufer von Interesse ist[138]. Beim Verkauf von Transformatoren, die mit einer

---

131 Köck/Meier, JZ 1992, 548 (554 f.).

132 Hart, KritVj 1991, 363 (366).

133 Siehe insbesondere Schünemann, BB 1987, 2243 (2244); Soergel/Wiedemann, Vor § 275 Rdnr. 169 und 474 m.w.N.

134 Soergel/Wiedemann, Vor § 275 Rdnr. 169.

135 BGHZ 17, 191 (193).

136 BGHZ 64, 46 (49); OLG Zweibrücken, OLGZ 1966, 8.

137 BGH, JZ 1977, 757.

138 LG Berlin, NJW-RR 1989, 504.

PCB-haltigen Kühlflüssigkeit betrieben werden, muß der Verkäufer nicht nur über die PCB-Haltigkeit informieren, sondern auch über die Möglichkeit, daß bei außergewöhnlicher Hitzeeinwirkung auf die Transformatoren ultratoxische Stoffe entstehen können, die gemeinhin unter den Schlagworten „Dioxin“ und „Seveso-Gift“ bekannt sind[139]. Der Verkäufer eines Grundstückes verschweigt arglistig einen Mangel, wenn er weiß oder auch nur ahnt, daß auf dem Grundstück eine „wilde“ Müllkippe angesiedelt war, und gleichwohl den Käufer hierüber nicht aufklärt[140].

Erfährt der Leistungsschuldner nachträglich von ernstzunehmenden Gefahren, so ist er zur (nach-)vertraglichen Aufklärung verpflichtet[141]. Eingeschränkt sind die Informationsverpflichtungen allerdings auf Risiken, die sich durch den bestimmungsgemäßen bzw. den naheliegenden bestimmungswidrigen Gebrauch ergeben. Dieser Grundsatz, der im Rahmen der deliktischen Produkthaftung anerkannt ist[142], läßt sich auf vertragliche Aufklärungen zwanglos übertragen.

Ausdrückliche Verpflichtungen zur Information über Gesundheitsrisiken finden sich zunehmend noch im Gesundheits- und Sicherheitsrecht (beispielsweise §§ 10, 11, 11a ArzneimittelG). Solche öffentlichen Informationspflichten stehen neben den vertragsrechtlichen, greifen gleicherweise (typischerweise) vorliegende Informationsasymmetrien auf und bezwecken ebenso Patienten-/Konsumenten(gesundheits)schutz. Auch hier ist also eine Parallelisierung von öffentlichem Gesundheits-/Sicherheitsrecht und privatem „Risiko-Vertragsrecht“ angedeutet, die sich - wie gezeigt - auch bei der Grenzwerte-Rezeption im Gewährleistungsrecht nachweisen läßt.

Offen ist aber die Frage, ob und unter welchen Voraussetzungen über Umweltaspekte von Produkten aufgeklärt werden muß, die sich nicht oder nur partiell in den vertragsinternen gesundheits- und sicherheitsbezogenen Risiken niederschlagen. Fallmaterial liegt hierzu nicht vor.

Informationspflichten können bereits außervertragsrechtlich begründet sein. Im öffentlichen Umweltrecht sind Informationspflichten zunehmend geregelt. Die zahlreichen Kennzeichnungsvorschriften stechen dabei sicherlich hervor[143]. Daß zumindest derjenige, an den sich die jeweilige Regelung wendet, die Vorschriften auch vertragsintern wahren muß, dürfte gewiß sein.

---

[139] LG Düsseldorf, RdE 1991, 180.

[140] BGH, ZIP 1991, 1291.

[141] Hierzu v. Bar, AcP 179, 452 ff.; Esser/Schmidt, SchuldR AT, Tb. 1, § 6 V

[142] BGH, NJW 1981, 2514; BGH, NJW-RR 1987, 664.

[143] Vgl. zur „Kennzeichnung als Instrument des produktbezogenen Umweltschutzes“ den gleichnamigen Aufsatz von Schiffer/Delbrück, DB 1991, 1002. - Kennzeichnungen sind vorgesehen beispielsweise in § 3 DüngelmittelG, § 4 PCB-Erzeugnisse, § 7 FCKW-Halon-Verbots-V, § 9 BArtenschutzV sowie z.B. in diversen auf § 14 I AbfG und §§ 32 II, 35 III BImSchG beruhenden Verordnungen.

Darüber hinaus ergeben sich Informationsverpflichtungen in bezug auf allgemeine Umweltverträglichkeiten, wenn lediglich dem Leistungsschuldner die Information aufgrund besonderer Sach- und Fachkunde bekannt sein mußte und anzunehmen ist, daß die Entscheidung zum Vertragsschluß von der Information maßgeblich beeinflußt worden wäre. Warn- und Beratungspflichten sollen bewirken, daß die den Vertragsparteien zugestandene Autonomie auch ausgeübt werden kann, weshalb die für den Leistungsgläubiger maßgeblichen Informationen gegeben sein müssen. Dabei sind alle Tatsachen von Belang, die das Tauschinteresse beeinflussen - und das sind bei der gestiegenen Umweltbewußtheit von Verbrauchern und Unternehmen gerade auch ökologische Bedenklichkeiten -, so daß keine inhaltliche Begrenzung auf (vertragsinterne) Vermögens- oder Integritätsinteressen vorgenommen werden muß. In diesem Sinne spricht einiges dafür, daß bei einer Informationsasymmetrie zugunsten des Leistungsschuldners eine Pflicht zur Aufklärung über allgemeine Risiken für die natürliche Umwelt besteht. Mehr als angedeutet werden kann die Frage im Rahmen dieser Untersuchung freilich nicht.

2. *Umweltbeobachtungspflicht des Reiseveranstalters*

Eine besondere informationsbezogene Nebenpflicht scheint sich im Reisevertragsrecht in Form einer Umweltbeobachtungspflicht des Reiseveranstalters herauszubilden[144]. Die Statuierung dieses Obligo hängt unmittelbar mit der Frage zusammen, ob man den Rechtsbegriff des Reisefehlers extensiv auslegt, womit der Veranstalter ohnehin für Mängel des Umfeldes der Reiseleistung Gewähr leistet, oder ob der Fehlerbegriff des § 651c BGB restriktiv zu bestimmen ist[145]. Geht man mit der wohl herrschenden Lehre von einem engen Fehlerbegriff aus, sind Probleme des Reiseumfeldes, soweit sie sich nicht unmittelbar auf die geschuldete Leistung auswirken, nur ausnahmsweise über Informationsverpflichtungen des Reiseveranstalters einbezogen. Diesbezüglich wird angenommen, den Veranstalter träfen im Hinblick auf Umweltbelastungen und spezifische Gefährlichkeiten des Urlaubsortes sowie bevorstehende Naturereignisse Erkundigungs- und Informationspflichten, die namentlich in einer Verpflichtung mündeten, den Urlaubsort schon vor Antritt der Reise durch den Reisenden ständig zu beobachten[146]. Ein gesonderter Hinweis des Reisenden auf Beeinträchtigungen soll allerdings nicht erforderlich sein, wenn durch umfangreiche Berichterstattung in den Medien das Ereignis als allgemein bekannt vorausgesetzt werden könne[147].

---

144 Vgl. hierzu Führich, NJW 1991, 2192 ff.; Peter/Tonner, NJW 1992, 1794 (1796 f.).

145 Zum Streitstand MünchKomm/Wolter, § 651c Rdnr. 36 ff.

146 LG Frankfurt, NJW-RR 1991, 313 f.; sowie schon angedeutet in LG Frankfurt, NJW-RR 1990, 761 (762).

147 LG Hannover, NJW-RR 1986, 280.

3. Untersuchungspflichten

Untersuchungspflichten haben eine zweifache Aufgabenzuweisung, sie sollen den Vertragszweck sichern und den Vertragspartner schützen[148]. Untersuchungspflichten werden ebenso wie Informationspflichten nur für Ausnahmefälle angenommen. Ausnahmen liegen auch hier insbesondere dann vor, wenn der Leistungsschuldner aufgrund besonderer Sach- und Fachkunde mit der Gefahrträchtigkeit der Vertragsleistung rechnen und diese aufgrund einer Nachforschung erkennen kann[149]. In bezug auf Gesundheitsgefahren durch Lebensmittel ist beispielsweise eine Untersuchungspflicht des Verkäufers anzunehmen, wenn das Mindesthaltbarkeitsdatum überschritten ist und durch den Verderb Gefahren zu besorgen sind[150].

Untersuchungspflichten mit ökologischem Bezug sind in der „Öltankrechtsprechung“[151] thematisiert worden. Ölanlieferer müssen danach grundsätzlich Füllanlagen auf ihre Tauglichkeit und Kapazität untersuchen, wobei an das Kontrollobligo hohe Anforderungen gestellt werden[152]. Eine wesentliche Einschränkung geschieht indes durch die vom Bundesgerichtshof postulierte und von den anderen Gerichten übernommene Anforderung, die fehlende Kapazität oder Tauglichkeit müsse für den Befüller visuell erkennbar gewesen sein[153]. Neben dieser zwischenzeitlich ausgefeilten Rechtsprechung zu den Sorgfalts- und Untersuchungspflichten von Ölanlieferern sucht man vergebens nach weiteren rechtspraktischen Beispielen. Allerdings nimmt bauordnungsrechtlich das OVG Hamburg[154] eine Verpflichtung des Vermieters an, asbesthaltige Nachtstromspeichergeräte auf ihre Gefährlichkeit hin begutachten zu lassen. Offen ist, ob entsprechend ein parallel gestalteter, vertraglicher Untersuchungsanspruch des Mieters besteht[155].

V. Vertragsanpassung

Zu den dogmatisch umstrittensten Schuldrechtsfiguren zählt sicher die Lehre vom Wegfall der Geschäftsgrundlage. Sehr verkürzt wiedergegeben kann danach infolge nachträglicher Ereignisse die - erkennbar einseitig oder gemein-

---

148 Soergel/Wiedemann, Vor § 275 Rdnr. 476.

149 Soergel/Wiedemann, Vor § 275 Rdnr. 476.

150 Siehe Köhler, DB 1985, 215 (218)

151 Hierzu Fell, VersR 1988, 1222, 1228 m.w.N.

152 Vgl. BGH, BB 1986, 2289; VersR 1964, 632; VersR 1978, 840; UPR 1993, 440; LG Bielefeld, NJW 1969, 512; LG Dortmund, VersR 1979, 455; LG Freiburg. VersR 1988, 357; LG Köln, BB 1984, 2025; LG Krefeld, VersR 1978, 1050; OLG Bremen, VersR 1979, 450; OLG Frankfurt, VersR 1988, 355; OLG Saarbrücken, VersR 1988, 356.

153 BGH, BB 1986, 2289; VersR 1978, 840.

154 ZMR 1991, 408.

155 Ablehnend wohl Schläger, ZMR 1992, 92.

sam vorausgesetzte - Vertragsgrundlage entfallen oder wesentlich verändert werden, es kann aber auch von Anfang die „Geschäftsgrundlage" fehlen[156]. In solchen Fällen werden mit vielen Einzelheiten, Abstufungen und Fallgruppen Veränderungen von Vertragsinhalten bis hin zur Auflösung der Vertragsverpflichtungen vorgenommen[157]. Die Geschäftsgrundlagenlehre ist in dieser Weise ein äußerst flexibles und zugleich ebenso konturenloses Instrument richterrechtlich begründeter Risikozuweisung[158].

Für umweltbezogene Vertragsrisiken könnte der clausula-Lehre ein besondere Relevanz zukommen, da über die stetige Veränderung der Wissensbasen über Toxizitäten und durch neue öffentlichrechtliche Regulierung auch die vorausgesetzten Vertragsgrundlagen und - zwecke sich verändern können. Im Rahmen der „Tschernobyl-Entscheidung" erachtete der Bundesgerichtshof eine Vertragsanpassung über die Grundsätze des Wegfalles der Geschäftsgrundlage für notwendig[159]. Wegen des Reaktorunfalles in Tschernobyl wurde die Fahrt einer Schulklasse nach Prag gekündigt. Der Bundesgerichtshof nahm an, daß angesichts der nicht auszuschließenden Strahlenbelastung die Fahrt der Klasse nicht zuzumuten gewesen sei, ohne daß indessen die vom Veranstalter geschuldeten Reiseleistungen als solche fehlerhaft geworden seien. Der Veranstalter hatte noch keine Leistungen erbracht, gleichwohl waren ihm Kosten entstanden, die er auch nicht zum Teil nach § 651j BGB vom Schulträger verlangen konnte. Der Bundesgerichtshof korrigierte dieses ihm unangemessen erscheinende Ergebnis durch die Heranziehung des § 242 BGB (Wegfall der Geschäftsgrundlage), für den § 651j BGB lediglich eine Konkretisierung bilde und gelangte so zu einer Teilung entstandener Stornokosten.

VI. Verkehrsverbote

Alle bisher aufgezeigten Instrumente vertragsrechtlicher Risikovorkehr haben durchweg - wenn nicht sogar ausschließlich - Schutzinteressen der Vertragsparteien im Blickfeld. Insofern werden Umweltaspekte vertragsrechtlich zuvorderst als *individuelle* Gesundheits- und Sicherheitsbelange thematisiert, obgleich sie vielfach geeignet sind, *vertragsexterne* Interessen, also Belange von Dritten, der Allgemeinheit und eben der natürlichen Umwelt, zu berühren. Eine unmittelbare Berücksichtigung parteiübergreifender Schutzerfordernisse wäre über vertragsrechtliche Verkehrsverbote nach § 134 BGB und § 138 Abs. 1 BGB denkbar. Mithilfe dieser Vorschriften könnten autonomer Gestaltungsmacht „ökologische

---

[156] Eingehend Staudinger/Schmidt, § 242 Rdnr. 833 ff., 856 ff.; siehe auch Esser/Schmidt, SchuldR AT, Tb. 2, § 24; Finsinger/Simon, Vertragsbruch und Schadenersatz, 114 (117 ff.).

[157] Überblick bei Palandt/Heinrichs, § 242 Rdnr. 125 ff.

[158] Statt vieler: Finsinger/Simon, Vertragsbruch und Schadenersatz, 114 (118).

[159] BGH, NJW 1990, 572.

Grenzen" gesetzt werden, soweit ein Verhalten bereits anderweit verboten ist (§ 134 BGB) oder als sittenwidrig erscheint (§ 138 Abs. 1 BGB)[160].

Eine Indienstnahme der Vorschriften zur zivilistischen Begründung umweltbezogener Verkehrsverbote steht rechtspraktisch allerdings aus. Obgleich in mehreren Judikaten ein Verbot des Inverkehrbringens bestimmter Produkte bestand, wurde die Heranziehung des § 134 BGB in keiner Entscheidung eingehend diskutiert. Nach OVG Münster[161] ist Wein mit Diethylenglykol gem. § 52 Abs. 1 S. 3 WeinG verkehrsunfähig, das heiße, er dürfe nicht zum unmittelbaren menschlichen Verzehr angeboten oder abgegeben werden. Über die vertragsrechtlichen Folgen eines solchen und ähnlicher (öffentlich-rechtlicher) Verkehrsverbote ist damit zwar noch nichts gesagt, erstaunlich ist aber, daß eine Heranziehung der §§ 134, 138 BGB beispielshalber in den „Glykol-Entscheidungen" nicht einmal andiskutiert wurde[162].

Die Oberlandesgerichte Köln und Nürnberg hatten allgemein zu dem Verbot des § 9 III, IV GefStoffVO a.F., über 0,1 ppm formaldehydbelastete Möbel in Verkehr zu bringen, ausgeführt, daß dieses Verbot sich gem. § 1 GefStoffVO nur an Hersteller und Vertreiber der Möbel richte und deshalb lediglich im Rahmen des Gewährleistungsrechtes als objektiver Fehlermaßstab rechtsgeschäftliche Geltung erlange[163]. Implizit ist darin eine Absage an § 134 BGB zu sehen.

VII. Ökologische Folgenerwägungen in der Rechtsprechungspraxis

Abschließend wird der Frage nachgegangen, ob Umweltfolgen bei der Begründung von Entscheidungen berücksichtigt werden. Das Bewußtsein um die Bedeutung des Umweltschutzes ist allenthalben gestiegen. Dies spiegelt sich in allen wirtschaftlichen und gesellschaftlichen Bereichen wieder und ist dementsprechend auch in der Rechtsprechung nachweisen. Jüngst hat etwa der Bundesgerichtshof in einer vielbeachteten Entscheidung zum sachenrechtlichen Nachbarschutz ausgeführt, Lärmemissionen (hier: Froschquaken) vom Nachbargrundstück seien jedenfalls dann entschädigungslos hinzunehmen, wenn eine Beseitigung aus naturschutzrechtlichen Gründen unzulässig sei[164]. Bei der Beurteilung der „Wesentlichkeit" von Lärmemssionen sei auf das Empfinden eines verständigen „Durchschnittsmenschen" abzustellen. „Das veränderte Umweltbewußtsein und der im BNatSchG verankerte Artenschutz [können deshalb] nicht unberücksichtigt bleiben." Der Ausgangspunkt einer solchen

---

160 So im Schrifttum bereits Esser/Schmidt, SchuldR AT, Tb. 1, § 2 V; Hart, KritVj 1991, 375; Palandt/Heinrichs, § 138 Rdnr. 45a.

161 RdL 1991, 217 ff.

162 Siehe oben § 1 III 1 VI und unten § 5 II.

163 NJW-RR 1991, 1977 (1078). Zustimmend OLG Nürnberg, NJW-RR 1300 (1301).

164 BGH, UPR 1993, 97 (98 ff.)

„ökologischen Neubestimmung“ nachbarrechtlicher Institute findet sich sogar schon früher. Bis vor etwa 30 Jahren lasen sich Entscheidungen zu Eigentumsstörungslage so, daß Grundstückseigentümer und -nutzer auch weitreichend für das von ihren Grundstücken ausgehende, auf des Nachbarn Eigentums wirkende „schädliche Eingreifen von Naturkräften der lebendigen oder toten Umwelt“ verantwortlich gemacht wurden[165]. Erst ab den 60er Jahren wurden für „natürliche“ Immissionen wie Samenflug und Laubfall deutlichere Restriktionen vorgenommen, indem die Störereigenschaft enger gezogen wurde, die Wesentlichkeits- und Zumutbarkeitsgrenzen erhöht und öffentlich-rechtlichen Duldungspflichten zivilrechtliche Wirkung beigemessen wurden[166]. Dabei wird infolge einer geänderten Wahrnehmung der Umwelt die Natur selbst zum Schutzobjekt erkoren. Die Einschränkung der Abwehransprüche beispielshalber bei Laubfall wird dementsprechend auch damit begründet, daß „ein Baum als Sauerstofflieferant, Kühlaggregat, Windbremser und Schallisolierer eine im eigentlichen Sinne sozial adäquate, nämlich das Leben der Gemeinschaft fördernde Funktion“ habe[167], daß der „Laubfall als Teil des Herbstes Teil des menschlichen Lebens“ sei[168].

Es läßt sich denken, daß dem Schuldvertragsrecht vergleichbare Fortentwicklungen bevorstehen, zumal das aus dem „gesteigerten sozialen Kontakt“ des Vertrages zu folgernde Pflichtengefüge deutliche Parallelen zu den nachbarrechtlichen Verhaltenspflichten aufzeigt, die namentlich aus der örtlichen Nähe der Parteien resultieren. Ansatzweise lassen sich Beschränkungen vertragsrechtlicher Rechtsinstitute durch umweltschutzrechtliche Bestimmungen und Prinzipien bereits nachzuweisen. Tendenziell deuten auf Anpassungen von Dogmatiken und der Bestimmung zivilistischer Rechtsbegriffe unter Einstellung auch ökologischer Gesichtspunkte die Entscheidungen zur Gewährleistung für „Umwelt-Fehler“ und zur Haftung für „Umwelt-Informationen“ hin. In einigen Judikaten finden sich darüber hinaus Erörterungen als entscheidungsrelevant angesehener, ökologischer Folgeproblematiken. Nachfolgend wird nun auf solche Entscheidungen eingegangen, die entsprechende (vertragsexterne) ökologische Belange ausdrücklich benennen:

Bei einem Vertrag über die Errichtung und Bewirtschaftung einer Mülldeponie kann ein Zurückbehaltungsrecht hinsichtlich der Müllbeseitigung nach OLG

---

165 Vgl. Staudinger/Berg, § 1004 Rdnr. 29, III: Band, 1. Teil, 11. Aufl., Berlin 1956 und die dort aufgeführte Rechtsprechung. Ein schillerndes Beispiel stellt hier sicher eine Reichsgerichtsentscheidungen aus dem Jahre 1910 dar (JW 1910, 654), in der bemerkenswerterweise ebenfalls zum Froschquaken vom künstlich angelegten Nachbarteich entschieden wurde: Gehe von einem (künstlich angelegten) Teich Froschlärm aus, sei diese Lärmquelle etwa durch Trockenlegen des Teiches zu beseitigen.

166 Aus jüngerer Zeit siehe etwa: OLG Düsseldorf, NJW-RR 1990, 144 - Blätter- und Samenflug; BGH, NJW 1991, 2826 - Wurzelschlag; AG Kreuznach, NJW-RR 1986, 98 - Schwalbennester an Hauswand; siehe im übrigen Soergel/Mühl, § 1004 Rdnr. 69 m.w.N.

167 Engelhardt, Bürger und Umwelt, 188.

168 LG Karlsruhe, MDR 1984, 401.

Koblenz[169] schon deshalb ausgeschlossen sein, weil „aus der besonderen Gefährlichkeit abgelagerten Mülls für Umwelt und Natur und den sich daraus ergebenden besonderen Sorgfaltspflichten für die Gesundheit der Allgemeinheit“ eine Einschränkung von Vertragsrechten erfolge. Insbesondere aus der öffentlichrechtlichen Natur der Lagerung sei zu schließen, daß „im öffentlichen Interesse und zum Schutz der Allgemeinheit ein zivilrechtliches Zurückbehaltungsrecht der Klägerin wegen rückständiger Vergütungsansprüche ausgeschlossen sein muß.“ Das LG Saarbrücken sah die AGB-Klausel einer Kfz-Waschstraße, in der Folgeschäden von der Haftung ausgeschlossen werden, als Verstoß gegen § 9 Abs. 2 Nr. 2 AGBG an. Unter anderem könne „der Kunde auch nicht darauf verwiesen werden, sein Fahrzeug von Hand waschen zu lassen. Waschanlagen ermöglichen nachgewiesenermaßen nicht nur eine den Lack schonende Reinigung, sondern sind auch umweltfreundlicher, ein Gesichtspunkt, der zunehmend an Bedeutung gewinnt.“ Ebenso stellten auf das gestiegene Umweltbewußtsein der Konsumenten Entscheidungen des LG Berlin, AG Kiel und LG Hanau ab[170]. Das LG Hanau führt beispielsweise aus, es könne „keinem Verbraucher abverlangt werden, daß er sich einer Gesundheitsgefährdung aussetzt, zumal infolge des gestiegenen Umwelt- und Gesundheitsbewußtseins auf marktmäßig verfügbare nicht oder kaum mit Formaldehyd belastete Spanplatten hätte zurückgegriffen werden können.“ Im Hinblick auf die Frage, ob einem Mieter zugemutet werden könne, bleihaltiges Trinkwasser täglich erst einige Zeit ablaufen zu lassen, führte das AG Hamburg[171] aus: „Darin ist (...) weder aus ökologischer noch aus ökonomischer Sicht eine vertretbare Lösung zu sehen“; „(...) das ungenutzte Ablaufenlassen von Trinkwasser ... bedeutet eine Verschwendung von Trinkwasser, die nach den allgemein bekannten Erkenntnissen über die zunehmende Verknappung des Trinkwassers und den unabsehbaren Folgen für die Umwelt bei anhaltendem erhöhten Trinkwasserverbrauch schon in Anbetracht der allgemein bekannt gewordenen Senkung des Grundwasserspiegels in der Lüneburger Heide infolge der Trinkwasserversorgung des Hamburger Stadtgebietes nicht verantwortet werden kann.“ Desgleichen berücksichtigt das LG Stuttgart die ökologischen Folgen seiner Entscheidung, indem es meinte, daß der in einem PKW eingebaute Katalysator, der einen nach „faulen Eiern“ riechenden Schwefelwasserstoff ausstieß, nicht zur Fehlerhaftigkeit führe, da dieser „ungefährliche Stoff (...) - zumindest gegenwärtig - im Interesse der Verringerung von Schadstoffemissionen hingenommen werden“ müsse. Schließlich ist auf einen Fall des AG München[172] hinzuweisen: Ein Mieter hatte auf dem Balkon Solarzellen angebracht, um auf diese Weise Strom zu gewinnen. Der Vermieter sah den Gesamteindruck seines Hauses als beeinträchtigt an und verlangte deshalb die Beseitigung. Das Amtsgericht meinte, es bestehe keine

169 NJW 1990, 584.

170 AG Kiel, NJW 1987, 2748; LG Berlin, NJW-RR 1989, 504; LG Hanau, VuR 1991, 127.

171 NJW 1988, 914.

172 WuM 1991, 537.

Beseitigungspflicht, da der Gebrauch vertragsgemäß sei und der Mieter schließlich zur Schonung der Rohstoffquellen beitrage.

Nachhaltige Schlüsse lassen sich aus dem begrenzten Fallmaterial sicher nicht ziehen und es wäre demgemäß voreilig, bereits aus den genannten Entscheidungsgründen und obiter dicta auf eine sozusagen „ökologische Betrachtungsweise" oder einen anderen methodisch neuen Ansatz der Gerichte schließen zu wollen. Gewiß erscheint indes, auch Zivilgerichte verharren nicht in herkömmlichen Denkmustern und haften nicht an „alter" Dogmatik, wenn Belange der Umwelt tangiert sind, die gerade nicht ausschließlich auf solche der Vertragsparteien zurückzuführen sind. Tendenziell versuchen Rechtsprechung und Rechtswissenschaft den ökologischen Erfordernissen durch Korrekturen und Begrenzungen vorhandener Rechtsinstitute und -dogmatiken gerecht zu werden (Fehlerbegriff, Zurückbehaltungsrecht, unangemessene Benachteiligung nach § 9 AGBG, Schadensminderungspflichten, etc.). Dieser Befund ließe sich sicher durch einige Vorschläge des Schrifttums ergänzen, wobei insonderheit auf die Diskussion zum Ersatz ökologischer Schäden hinzuweisen ist[173].

§ 2 Vertragsrechtliche Regulierung von Umweltrisiken

Die Bestandsaufnahme hat gezeigt, daß Umweltrisiken eingebunden in private (Gesundheits- und Sicherheits-)Interessen namentlich über Mängelgewährleistungsrecht sowie durch die Begründung von Informations- und Untersuchungspflichten thematisiert werden. In diesem Rahmen kann - wenn auch eher begrenzt - übergeordneten Umweltaspekten Rechnung getragen werden, insbesondere durch Zusicherungen bestimmter allgemeiner Umweltstandards sowie durch Statuierung entsprechender Nebenpflichten. Und festzustellen ist, daß ökologische Erfordernisse bei der Anwendung des Rechts durchaus berücksichtigt werden und zu partiellen Einschränkungen von Rechtsausübungsmacht sowie zu Neubestimmungen von Rechtsbegriffen führen können.

Zu vermerken ist insgesamt eine Parallelisierung von öffentlichem Umweltrecht und BGB-Vertragsrecht, die sich deutlich in der Grenzwerte-Rezeption bei der Fehlerbestimmung und - allerdings weniger eindeutig - dem Gleichlauf umweltrechtlicher und zivilistischer Informationspflichten ausdrückt. Dieser Prozeß ist weder auf die genannte Bereiche beschränkt noch bereichsintern abgeschlossen, vielmehr scheinen sich umweltrechtliche Regulierung und zivilistische Rechtsinstitute gegenseitig zu beeinflussen. Dies gilt nicht nur in der Art, daß umweltrechtliche Normierungen auf das Zivilrecht wirken, sondern (seltener) auch umgekehrt, daß Umweltrecht vertragsrechtliche Dogmatiken aufnimmt. Beispielhaft für Letzteres ist das seit 1991 in § 21 Abs. 6 Satz 2

---

173 Hervorzuheben: E. Rehbinder, NuR 1988, 105.

GefStoffVO geregelte Leistungsverweigerungsrecht des Arbeitnehmers bei bestimmten Schadstoffkonzentrationen am Arbeitsplatz.

Vorher wäre ein solcher Anspruch des Arbeitnehmers aus § 618 BGB zu folgern gewesen[1]. Dementsprechend entschied das Bundesarbeitsgericht nunmehr, bei Schadstoffkonzentrationen am Arbeitsplatz bestehe in bezug auf Asbest ein Arbeitsverweigerungsrecht nicht erst aus § 618 BGB - wie es die Vorinstanz annahm[2] -, sondern resultiere unmittelbar aus § 21 Abs. 6 Satz 2 GefStoffVO[3].

Blickt man über das Vertragsrecht hinaus, ist eine Beeinflussung in viel stärkerem Maße festzustellen, so etwa die durch deliktsrechtliche Anforderungen begründeten Regelungen der Warnung und Produktbeobachtung.

Es handelt sich aber weiterhin um eine durchweg *vermittelte* Berücksichtigung ökologischer Aspekte über die privaten Gesundheits- und Sicherheitsbelange. Insofern ist die Annahme bestätigt, daß sich das auf Regelung privater Rechtskonflikte ausgerichtete Vertragsrecht generell sperrig für die Aufnahme überindividueller Gesichtspunkte zeigt. Gestärkt wird dieser Befund noch durch das stets hinzuzudenkende Verfahrensrecht, das gleicherweise auf die Entscheidung individuell-privat gedachter Konflikte zugeschnitten ist und deshalb für Auseinandersetzungen mit Beeinträchtigung parteiübergreifender Belange in seiner bisherigen Handhabung prinzipiell ungeeignet scheint[4]. Dabei stechen angesichts der Schwierigkeiten, Risiken, ihre Kausalverläufe und Urheberschaften zu benennen, Fragen zur Verteilung der prozessualen Behauptungs- und Beweislast hervor[5], aus denen dann schließlich noch besondere Kostenrisiken und langdauernde Verfahren resultieren[6].

Das Hauptinteresse dieser Arbeit gilt der Frage, ob und in welcher Weise bei Berührung überindividueller Umweltbelange vertragsrechtliche Grenzen auto-

---

[1] Erman/Hanau, § 618 Rdnr. 15.

[2] LAG Köln, Urteil vom 22.1.1993 - 12 Sa 872/92.

[3] BAG, NZA 1994, 610. Die Entscheidung ist außerordentlich interesssant. Das BAG meinte, daß bereits bei jeder Überschreitung einer festgelegten maximalen Schadstoffkonzentration am Arbeitsplatz (sog. MAK-Wert) eine Gefahr für Leib und Leben und damit ein Leistungsverweigerungsrecht des Arbeitsnehmers bestehe, da die MAK-Werte gerade im Hinblick auf die Gesundheitsbelange der Arbeitnehmer formuliert seien. Im Hinblick auf Asbestkonzentrationen reiche jeder Nachweis von Asbest, sei die Konzentration auch nur sehr gering (S. 612).

[4] E. Schmidt, KritVj 1991, 378 ff. sowie ders., KritVj 1989, 303 ff., zugleich aber bemerkenswerte Überlegungen zu notwendigen Veränderungen der verfahrensmäßigen Steuerungsgrundlagen.

[5] Die Aussage, eine gewisse Schadstoffkonzentration - partiell unterhalb normierter Grenzwerte - sei gesundheitsschädigend oder sogar krebserregend, ist mehrfach mangels näherer Substantiierung zurückgewiesen worden (AG Erkelenz, VuR 1988, 340 f.; LG Hamburg, WuM 1989, 368; LG Hannover, VuR 1990, 41; OLG Düsseldorf, NJW-RR 1991, 1495 (1496)).

[6] Diese beiden Aspekte werden aus Verbrauchersicht besonders hervorgehoben; siehe N.N., Holzschutzmittelprozesse. Eine unendliche Geschichte, test 1991, 18 (19 f.).

nomer Gestaltungsmacht gezogen werden können: Kann das strukturell auf Erwartungssicherung und Individualschutz fixierte BGB-Vertragsrecht vertragsparteiübergreifende Umweltschutzaufgaben wahrnehmen?

Eingriffe in das Vertragsgefüge aus übergeordneten Interessen werden gemeinhin (nur) über § 134 und § 138 Abs. 1 BGB für möglich erachtet. Beiden Normen wird seit jeher die Aufgabe zugemessen, Allgemeininteressen durch Begrenzung privatautonomer Gestaltungsmöglichkeiten zu wahren. § 134 BGB verschafft bereits bestehenden Verbotsgesetzen gleicherweise zivilrechtsinterne Wirkung. § 138 BGB ermöglicht Interventionen aufgrund übergeordneter Bedürfnisse, da sich aus „dem Begriff und Wesen des subjektiven Rechts als einer von der Rechtsordnung verliehenen, zur Befriedigung menschlicher Interessen dienenden Macht und seiner ethischen und sozialen Funktion ergibt (...), daß jedes Recht in den höheren Normen der Sittlichkeit und des Gemeinwohls seine Schranken finden muß.“[7]

Daß ökologiefeindlichen Kontrakten die rechtsgeschäftliche Wirksamkeit versagt werden kann, dürfte nicht ernstlich zweifelhaft sein, weil extreme Fälle denkbar sind, die ein rechtsgeschäftliches Verbot über § 134 BGB oder § 138 BGB evident zur Folge haben müßten. Hier sind gemeinsame Verstöße gegen umweltstrafrechtliche Bestimmungen ebenso denkbar wie Vereinbarungen, die auf die beabsichtigte Schädigung Dritter oder der Allgemeinheit gerichtet sind, ohne daß dieser Fall ausdrücklich gesetzlich bestimmt sein müßte. Eine privatrechtliche Risikovorkehr scheint nicht sonderlich problematisch zu sein, als sie im *Einklang* mit umweltrechtlichen Regulierungen steht. Dies dürfte insgesamt für die Fälle gelten, die unter § 134 BGB zu subsumieren sind, da § 134 BGB lediglich anderweit normierte Verbote in die zivilistische Ebene verlängert. Schwieriger erscheint demgegenüber eine Instrumentalisierung der Sittenklausel zur ökologischen Risikovorkehr. Zwar ist anerkannt, daß das Zivilrecht mit seinen wertausfüllungsbedürftigen Generalklauseln offen ist, Veränderungen der gesellschaftlichen, sozialen und ökonomischen Rahmenbedingungen zu verarbeiten[8], zweifelhaft ist jedoch, ob die Sittenklausel auch in der Lage ist, aktuelle ökologische Konflikte zu projizieren.

---

[7] Enneccerus/Nipperdey, AT, 1441 m.w.N. Daß zu den Einschränkungen rechtsgeschäftlicher Verfügbarkeit auch und gerade die Güter der Umwelt zählen, ist eigentlich unproblematisch. (Deshalb ist auch die in der Ökonomie oftmals anzutreffende Behauptung zunehmend zu relativieren, daß Teile der natürlichen Umwelt zu den frei verfügbaren Gütern zählen.) Schon im klassischen römischen Recht ist ein allgemeines Verkehrsverbot für Umweltgüter statuiert worden. Als privatrechtsunfähig (extra commercium) wurden unter anderem angesehen die res communes omnium, als die im Gemeingebrach stehenden „Sachen“ wie Luft, Regen- und Flußwasser, Meer und Ufer (der Begriff war viel weiter als der Begriff der Sache in § 90 BGB zu verstehen, siehe Kaser, Römisches Privatrecht, § 18 I) sowie die res publicae, die im Eigentum des Staates stehenden Straßen, Wege, Theater, Flüsse usw. (Kaser, a.a.O.). Schuldrechtliche Versprechen galten als unzulässig, wenn sie sich auf die Leistung einer derartigen res extra commercium richteten (Kaser, § 18 I 2).

[8] Hart, AG 1984, 66 (68 f.); Palandt/Heinrichs, Einl. Rdnr. 7.

Die grundlegende Idee dieser Arbeit ist, daß die privatrechtlichen Verkehrsverbote nach §§ 134, 138 BGB Wertungen umweltrechtlicher Normierungen in Fortführung der konstatierten Parallelisierung von öffentlichem Umweltrecht und „Risiko-Vertragsrecht“ aufnehmen, verarbeiten und ausführen, sowie umgekehrt, daß die privatrechtlichen Verkehrsverbote mittelbar und unmittelbar auf das Umweltrecht wirken. Insoweit wäre der jeweils eine Teilrechtsbereich als Ergänzung des anderen zu verstehen. In diesem Sinne könnten die §§ 134, 138 BGB nicht nur als Regelung eines konkreten Schuldverhältnisses verstanden werden, sondern übergreifend Standards setzen, das - vorwiegend öffentlichrechtliche - Umweltrecht effektivieren und möglicherweise gar zum Abbau bestehender Vollzugsdefizite im Umweltrecht beitragen. Anders als Schadensausgleichsregelungen, bei der individuelle und regelmäßig in Geld bewertbare Nachteile zugrunde gelegt werden, könnten ökologische Grenzen der Vertragsfreiheit im besten Sinne präventiv wirken, da sie als privatrechtliche Verkehrs- und Verhaltensverbote *vor* dem Leistungsaustausch ansetzen und somit einer Risikorealisierung grundlegend entgegentreten. Dahinter bleibt die oft behauptete Präventivfunktion der Schadenshaftung zurück, setzt diese schließlich nur auf eine - mitunter zweifelhafte[9] - mittelbare Wirkung von Haftung auf Dritte, und berührt sie doch mit der zugrunde gelegten monetären Sichtweise eines der Hauptprobleme der Berücksichtigung ökologischer Belange im Recht.

[9] Sehr skeptisch zur „Prävention als Zielbestimmung im Zivilrecht“: J. Schmidt, KritVj 1986, 83. Differenziert: Esser/Schmidt, SchuldR AT, Tb. 2, § 30 II 2; Esser/Weyers, SchuldR BT, § 53 4b).

Zweiter Teil: Verstoß gegen umweltbezogene Verbotsgesetze

Keine Rechtsmaterie war im zurückliegenden Jahrzehnt vergleichbar starken Verrechtlichungsschüben ausgesetzt wie das Umweltrecht. Eindrucksvoller Beleg der Rechtsentwicklung ist die von Kloepfer herausgegebene Textsammlung des Umweltrechts der Bundesrepublik Deutschland[1], die sich trotz ihres beeindruckenden Umfanges von rund 300 Gesetzen, Verordnungen und Richtlinien und über 3.600 Seiten nicht anheischt, auch nur annähernd vollständig zu sein. Mit der Vermehrung und Verdichtung der Umweltgesetzgebung gehen vielfältige Reglementierungen menschlichen Verhaltens einher. So ist etwa der Grundstücksverkehr maßgeblich durch Bauplanungsrecht, Landwirtschafts- und Forstrecht, Landschafts-, Natur- und Denkmalschutz, Abfall- und Wasserrecht beeinflußt. Tiere und Pflanzen sind unter anderem durch Arten- und Biotopschutz, Jagd- und Fischereirecht geschützt. Der Umgang mit sowie die Herstellung und Verbreitung von für Mensch und/oder Umwelt gefährlichen Stoffen sind unter anderem durch das Chemikalien- und Gefahrstoffrecht, aber auch durch Regelungen des Lebensmittel-, Futtermittel- und Arzneimittelrechts in vielerlei Hinsicht reglementiert, wobei die Verordnungen und Richtlinien zur Vereinheitlichung des Rechts innerhalb der Europäischen Gemeinschaft in bezug auf solche Schutznormen eine besondere Regelungsfülle aufweisen[2].

Umweltrecht ist in erster Linie regulatives Recht, das mittlerweile nahezu alle ökonomischen, sozialen und gesellschaftlichen Prozesse ordnend begleitet, indem durch positives Recht für menschliches Verhalten, Zustände der Umweltmedien sowie für den gesamten Bereich der Warenproduktion von der Herstellung über die Distribution bis zur Entsorgung Anforderungen statuiert werden. § 15 GefStoffV[3] verbietet beispielsweise die Herstellung und Verwendung einiger Gefahrstoffe, etwa von Asbest und Benzol. Nach § 1 ChemVerbotsV[4] ist es unter anderem verboten, Holzschutzmittel, die Teeröle oder Bestandteile davon enthalten, in Verkehr zu bringen sowie mit derartigen Holzschutzmitteln behandelte Erzeugnisse zu verwenden oder in Verkehr zu

---

1 Kloepfer, Umweltschutz.

2 Zum Beispiel befaßt sich die EG-Bauproduktenrichtlinie (89/106/EWG) mit den beim Bau erlaubtermaßen zu benutzenden Werkstoffen vielfach unter Umweltgesichtspunkten.

3 I.d.F. vom 26.10. 1993, BGBl. I, 1782.

4 Vom 14. 10. 1993, BGBl. I, 1720. - Vorher war in bezug auf Holzschutzmittel die TeerölV (v. 27.5.91, BGBl. I, 1195) einschlägig, die durch Art. 3 ChemVerbotsV mit Wirkung zum 1.11.1993 aufgehoben wurde.

bringen. In den §§ 2-6 FCKW-Halon-Verbots-V[5] werden die Herstellung und das Inverkehrbringen von Druckgaspackungen, Kältemitteln, Schaumstoffen, Reinigungs-, Lösungs- und Löschmitteln grundsätzlich untersagt, wenn in § 1 der Verordnung genannte Halogenkohlenwasserstoffe in höherer als einprozentiger Konzentration nachzuweisen sind. §§ 2 Abs. 1 Satz 2, 3 AbfG postulieren das Gebot ordnungsgemäßer Abfallentsorgung, mit dem für bestimmte schwere Verstöße nach § 326 StGB die Strafbarkeit umweltgefährdender Abfallbeseitigung einhergeht und aus dem möglicherweise insgesamt ein Verbot anderweitiger Entsorgung folgt, ohne daß dies ausdrücklich gesetzlich bestimmt wäre. Ähnlich ist das Wasserhaushaltsrecht konzipiert, nach dem beispielsweise Gewässer als Bestandteil des Naturhaushaltes in allgemeinverträglicher Weise zu bewirtschaften sind (§ 1a WHG). Schließlich begründet im Natur- und Artenschutzrecht das Bundesnaturschutzgesetz - flankiert durch weitere artenschutzrechliche Verordnungen und Abkommen - einen umfangreichen Katalog an ausdrücklichen Verboten zum Schutz und zur Pflege wildlebender Tier- und Pflanzenarten (u.a. §§ 20c ff. BNatSchG). Zwingende Verhaltensweisen bei der Jagdausübung finden sich etwa in §§ 19 ff. BJagdG, weit gespannte Verbote zum Schutz des Wildes in §§ 2 ff. BWildSchV.

Die Rezeption umweltrechtlicher Verhaltens- und Verkehrspflichten in das Privatrecht wird trotz der immer stärker ausgreifenden umweltbezogenen Regulierungen bislang so gut wie nicht erwogen[6]. Derartige Zurückhaltung ist überraschend, denn immerhin hält das Bürgerliche Gesetzbuch in § 134 eine Norm vor, die eine Transformation gesetzlicher Verbote in die rechtsgeschäftliche Ebene ausdrücklich regelt, die damit nicht ungeeignet scheint, auch umweltbezogene Verbotstatbestände zivilistisch zu verlängern. Anlässe dahingehender Erörterungen hätten sich in der Rechtsprechungspraxis bereits mehrfach geboten: beispielshalber verbot schon lange vor den „Glykolfällen“[7] das Weingesetz durch §§ 30 WeinG, 2 WeinV i.V.m. § 52 Abs. 1 WeinG das Inverkehrbringen von Wein mit einem solchen weinfremdem Stoff. - Obgleich § 9 Abs. 3 und 4 GefStoffV a.F. und nunmehr seit 1. November 1993 § 1 Abs. 1 i.V.m. Anh (zu § 1), Abschn. 3, Sp. 2 ChemVerbots unmißverständlich Herstellung und Handel formaldehydbelasteter Werkstoffe und Möbel zwingend untersagen, war den meisten damit befaßten Gerichten ein aufzustellendes Verkehrsverbot nach § 134 BGB erstaunlicherweise keine[8] und den Oberlandesgerichten Köln und Nürnberg lediglich eine Erörterung im Nebensatz[9] wert.

---

[5] Vom 6.5.1991 (BGBl. I, 1090).

[6] Siehe aber Hart, KritVj 1991, 363 (372 ff.); Köck/Meier, JZ 1992, 548 (555 f.); Engelhardt, NuR 1981, 145 (146 ff.).

[7] AG Wolfsburg, NJW-RR 1986, 989; AG Bad Kreuznach, NJW-RR 1987, 242; BGH, NJW 1989, 218; LG Lübeck, NJW-RR 1987, 243.

[8] Unter anderem: AG Lindau, VuR 1988, 344 f.; LG Ansbach, VuR 1990, 35 f.; LG Frankfurt ZMR 1990, 17; LG Hannover, NJW-RR 1990, 972; OLG Düsseldorf, NJW-RR 1991, 1495 (1496).

[9] OLG Köln, NJW-RR 1991, 1077 (1078); OLG Nürnberg, NJW-RR 1993, 1300 (1301).

§ 3 Zweckrichtung des § 134 BGB

§ 134 BGB transportiert gesetzliche Verbote in die rechtsgeschäftliche Ebene und statuiert Grenzen privater Vertragsgestaltungsfreiheit, indem allgemeinen Rechtsvorschriften innerhalb des Zivilrechts Geltung verschafft wird[1]. § 134 BGB ist damit Schnittstelle externer (öffentlicher) Regulierung und internen rechtsgeschäftlichen Vollzuges. Dem zivilistischen Verbotsvollzug kommt anerkanntermaßen gerade auch die Funktion zu, parteiübergreifende Interessen zu schützen[2]. Dieser Umstand legt nahe, daß bei umweltbeeinträchtigenden Wirkungen privater Vertragsgestaltungen § 134 BGB besondere Relevanz zukommen könnte.

Das Bürgerliche Gesetzbuch hatte mit der Interventionsregelung zuallererst die Beobachtung und Sicherung strafrechtlicher Bestimmungen anvisiert. Ausdrücklich heißt es in den Motiven[3] zum „Hauptanwendungsgebiet der Vorschrift“: „Die Vorschrift hat namentlich die gegen Rechtsgeschäfte gerichteten Verbotsgesetze des öffentlichen Rechts, insbesondere des Strafrechts, im Auge.“ Die Beschränkung auf Extremfälle entsprach dem zugrunde gelegten liberalen Ideal, nach dem die Bürger ihr Leben frei, eigenbestimmt und unreglementiert gestalten sollten. Die tendenziell auf wenige Extrembereiche eingeschränkten, größtenteils strafrechtlichen Bestimmungen gehörten demgemäß *in der Regel* privatrechtlich vollzogen[4].

Die gedachte, weitgehende staatliche Enthaltsamkeit ist in quantitativer wie qualititativer Sicht einer Politik der Regulierung gewichen, die zunächst wirtschaftsordnende und sozialpolitische sowie vermehrt seit Anfang der achtziger Jahre technik-, sicherheits- und gesundheitsbezogene Normierungen hervorgebracht hat. Begleitet wird die Entwicklung von einer bei Schaffung des Bürgerlichen Gesetzbuches sicher ungeahnten Ausdifferenzierung und „Inflation“ einschlägiger Verbotstatbestände, so daß parallel zu der aufgezeigten Entwicklung eine Verlagerung der Hauptanwendungsgebiete des § 134 BGB weg vom Vollzug strafrechtlicher Bestimmungen hin zu den genannten Teilrechtsbereichen zu konstatieren ist[5]. Der Transfer staatsinterventionistischer Normen in

---

1 BGHZ 13, 182.

2 RGRK/Krüger-Nieland/Zöller, § 134, Rdnr. 1, 4, sehen hierin sogar die ausschließliche Zwecksetzung von § 134 BGB. Insoweit (überzeugend) dagegen: AK-BGB/Damm, § 134, Rdnr. 15.

3 Motive I, 210.

4 Motive I, 210: „Die Streitfrage des gemeinen Rechtes, ob, wenn ein Gesetz die Vornahme eines Rechtsgeschäftes verbietet bezw. mit Strafe bedroht, ohne die Nichtigkeit desselben auszusprechen, das dem Verbot zuwider vorgenommene Rechtsgeschäft der Regel nach nichtig sei, ist von der herrschenden Meinung (...) schon bisher mit Recht im bejahenden Sinne entschieden worden.“

das Privatrecht über § 134 BGB und die damit parallel laufende *Aufladung* des § 134 BGB ist indes nicht abgeschlossen. Es ist beispielsweise noch nicht abzusehen, welche Auswirkungen die durch Zuwächse an Regulierungen gezeichnete Rechtsvereinheitlichung innerhalb der Europäischen Gemeinschaft auf § 134 BGB zeitigt.

In zugespitzter Entgegensetzung fragt sich: Kann Zivilrecht Verbotstatbestände des Umweltordnungsrechts gänzlich ignorieren oder muß es umgekehrt Verbote des Umweltordnungsrechts starr vollziehen? Nahezu selbstverständlich wird die Wahrheit auch hier in einer differenzierenden Betrachtungsweise liegen. Gegenstand der Untersuchung ist deshalb nicht nur, ob und gegebenenfalls unter welchen Voraussetzungen umweltbezogene Verbotstatbestände dogmatisch auf die rechtsgeschäftliche Ebene transponierbar sind, sondern auch, wie das auf Selbststeuerung gerichtete Vertragsrecht auf immer neue und immer mehr Fremdsteuerung reagiert und reagieren muß. Den nachfolgenden Erörterungen liegt dabei der Gedanke zugrunde, daß den enormen Zuwächse an Verboten und der damit verbundenen Aufladung der Tatbestandsseite geradezu zwangsläufig mit gewissen Beschränkungen der Nichtigkeitsfolgen Einhalt geboten wird, daß mithin über § 134 BGB Verbote prinzipiell vollzogen werden können, aber nicht automatisch vollzogen werden[6].

Insgesamt zieht sich durch Rechtsprechung und Schrifttum bei der Bestimmung des Verbotsgesetzscharakter und auch bei der konkret zu treffenden Rechtsfolge der Hinweis auf die Auslegung nach dem Sinn und Zweck des Verbotsgesetzes[7]. Bei der Rechtsanwendung ist daher nach allgemeiner Meinung eine *doppelte* teleologische Interpretation des Sanktionsnorm vorzunehmen[8]. § 134 BGB ist deshalb unbestimmter und vielschichtiger, als dies der knappe Wortlaut von § 134 BGB zunächst vermuten ließe. Spürt man dem Sinn und Zweck einer rechtlichen Regelung nach, ist festzustellen, daß der primäre Normzweck oft trivial ist[9]. Im Hinblick auf die speziellen Probleme des § 134 BGB, ob es sich dabei um ein Verbotsgesetz handelt und welche zivilistische Rechtsfolge von der Sanktion intendiert ist, können mitunter allerdings komplexe Fragestellungen aufgeworfen sein, die mit (einsilbigen) Verweisungen auf *den* Gesetzeszweck nicht erhellt werden können. Die besondere Schwierigkeit einer teleologischen Auslegung des Verbotsgesetzes besteht gerade darin, daß die Fixierung ungeschriebener, sekundärer Normzwecke bisweilen zweifelhaft

---

[5] AK-BGB/Damm, § 134 Rdnr. 7; MünchKomm/Mayer-Maly, § 134 Rdnr. 47.

[6] So ausdrücklich AK-BGB/Damm, § 134 Rdnr. 14 ; Damm, JZ 1986, 913 (914).

[7] Vgl. etwa BGHZ 89, 369, 372; 93, 264, 267; BGH, NJW 1986, 1104; Canaris, Gesetzliches Verbot, 10 ff.; MünchKomm/Mayer-Maly, § 134 Rdnr. 38 ff.; Soergel/Hefermehl, § 134 Rdnr. 14; - kritisch: Herzberg, NJW 1990, 2525 ff.

[8] Siehe etwa MünchKomm/Mayer-Maly, § 134 Rdnr. 38 f.; a.A. Mailänder, Privatrechtliche Folgen unerlaubter Kartellpraxis, 150: „unnötige und dazuhin falsche Doppelarbeit"

[9] Herzberg, NJW 1990, 2525 (2527).

und umstritten ist, was sich schon damit erklären läßt, daß es keine selbständige ratio legis, sondern nur den Zweck irgendeines Handelnden geben kann[10]. Die legislativen Organe als handelnde Akteure offenbaren ihre Zwecksetzungen zudem nicht immer und nicht stets eindeutig. Vielfach wäre bereits wegen des herrschenden Mehrheitsprinzips und der Heterogenität der Interessen innerhalb der gesetzgebenden Organe eine dahingehende Transparenz auch gar nicht möglich. Hinzu kommt schließlich, daß die im Gesetz niedergelegten Leitgedanken überholt sein können, etwa weil sich soziale Vorstellungen grundlegend geändert haben, die für die Gesetzesgenese noch ausschlaggebend waren. Insgesamt ist die Ermittlung des telos mithin ein dynamischer, unabgeschlossener Prozeß. Letztlich verdecken kurzbündige Zweckfeststellungen deshalb nicht selten Zwecksetzung durch den Normanwender: nominelle Erforschung legislativer Zwecke wird zur judikativen Rechtssetzung[11]. Von einzelnen Autoren wird § 134 BGB daher zu Recht der Charakter einer (kleinen) Generalklausel zugesprochen[12], deren Aufgabe sich nicht mehr allein in der Transformation positiven Rechts in das Zivilrecht erschöpfe, sondern mit der zugleich auch - rechtsfortbildend, rechtsschöpferisch - neue Gesetzeszwecke gesetzt werden.

Schlichtweg illegitim sind solche Zwecksetzungen nicht. Es gehört mittlerweile zum gesicherten Bestand der Rechtswissenschaft, daß eine - wenn auch nicht unbegrenzte - Befugnis der Judikatur zur Fortbildung des Rechts besteht, denn mit der Zugrundelegung unbestimmter Rechtsbegriffe und insbesondere durch die Schaffung von Generalklauseln ist stets auch der legislative Auftrag an den Rechtsanwender verbunden, die Unbestimmtheit auszufüllen, Recht an aktuelle Bedingungen anzupassen und damit das Recht fortzubilden[13]. Dieser Prozeß scheint trotz aller damit verbundenen Unbilden unausweichlich für eine Akzeptanz (privat-)rechtlicher Regelungen[14].

Die Gerichte sind in der Konkretisierung indes nicht vollständig ungebunden und unkontrollierbar. Weil mit der Fortbildung des Rechts über Ausfüllung der Generalklauseln stets auch eine gewisse Zufallsanfälligkeit bis hin zur Beliebigkeit droht, bedürfen auf zugebilligte Gestaltungsmacht gegründete Entscheidungen einer eingehenden Begründung des Ergebnisses, Auseinandersetzung mit

---

10 Koch/Rüßmann, Juristische Begründungslehre, 169, 172.

11 Vgl. AK-BGB/Damm, § 134 Rdnr. 3; Koch/Rüßmann, Juristische Begründungslehre, 169 ff.

12 Damm, JZ 1986, 913 (914); Westphal, Zivilrechtliche Vertragsnichtigkeit, 134.

13 Legion ist in diesem Zusammenhang die „Soraya-Entscheidung" des Bundesverfassungsgerichts (E 34, 269): „Die Aufgabe der Rechtsprechung kann es insbesondere erfordern, Wertvorstellungen, die der verfassungsmäßigen Ordnung immanent, aber in den geschriebenen Texten der geschriebenen Sätze nicht oder nur unvollkommen zum Ausdruck gelangt sind, in einem Akt des bewertenden Erkennens, dem auch willenhafte Elemente nicht fehlen, ans Licht zu bringen und in Entscheidungen zu realisieren". (286 f.). - Im Schrifttum siehe etwa Berkemann, KritVj 1988, 29 m.w.N.

14 Wilburg, AcP 163 (1964), 346.

den betroffenen Interessen und Herausarbeitung bindender Prämissen[15]. Die Rechtssetzungsdelegation rechtfertigt sich erst durch die Rationalität der Entscheidungsbegründung[16]. Nach außen wird die Entscheidung transparent und damit erst von den Konfligenten wie von Revisionsgerichten nachvollzieh- und -prüfbar. Nach innen gebietet die Begründungspflicht objektivierbaren Zwecken nachzuspüren[17] und nicht „irgendeinen" Sinn und Zweck, von subjektiven Sichtweisen gefärbt, zu unterstellen.

Grundlegend zu unterscheiden sind dabei teleologische Erwägungen auf der Tatbestandsseite gegenüber solchen auf der Rechtsfolgenseite. Tatbestandlich ist nach dem Vorliegen eines Verbotsgesetzes gefragt. Diese Frage läßt sich nur einzelnorm-, aber nicht einzelfallbezogen beantworten: ausgeschlossen ist, daß die Verbotsgesetzqualität mal bejaht und mal verneint wird. Die teleologische Auslegung folgt insofern der Normqualität und ist *abstrakt-generell* zu vollziehen. Dagegen wird eine Bestimmung der Rechtsfolge nach dem Normzweck *unter Berücksichtigung konkret-individueller* Momente erfolgen müssen[18]. Ob im zu entscheidenden Falle die Nichtigkeit oder eine teilweise Nichtigkeit gedeckt sein soll, kann auch von den Umständen des Einzelfalles, möglicherweise von Vorwerfbarkeiten, individuellen Kenntnissen und insgesamt von den parteibezogenen Schutzinteressen abhängen. Die zudem im Wortlaut des § 134 BGB bereits angelegte Unterscheidung von Verbotsgesetz und Nichtigkeitsfolge wird allerdings nicht immer konsequent vollzogen[19], obgleich sie im Grunde allgemeiner Meinung entspricht[20]. Methodisch ist bereits wegen der unterschiedlichen Einbeziehung konkret-individueller Umstände zwischen der Feststellung, ob es sich um ein Verbotsgesetz handelt und der gegebenenfalls auszusprechenden Rechtsfolge streng zu unterscheiden.

---

[15] AK-BGB/Damm, § 138 Rdnr. 75 ff.; Damm, JZ 1986, 913 (925 f.); Koch/Rüßmann, Juristische Begründungslehre, 373 ff.

[16] AK-BGB/Damm, § 138 Rdnr. 75 f.; Berkemann, Gesetzesbindung, in: FS Geiger 1974, 299 (305 ff.); Brüggemann, Die rechtliche Begründungspflicht, 91 ff., 129 ff., 171 ff.; Damm, JZ 1986, 913 (925 f.); Koch/Rüßmann, Juristische Begründungslehre, 115 ff., 227 ff.; Teubner, Standards und Direktiven, 107 f. - Dies betont auch das Bundesverfassungsgericht in E 34, 269, 287.

[17] Koch/Rüßmann, Juristische Begründungslehre, 112 f., 373 f.

[18] Siehe hierzu im einzelnen unter § 6 II 1, § 6 III 3 a).

[19] Bemerkenswert z.B. Staudinger/Dilcher, § 134 Rdnr. 14: „ (...) hat ein Verstoß hiergegen keine zivilrechtliche Nichtigkeit zur Folge, (...) handelt es sich (dementsprechend) nicht um Verbotsgesetze."

[20] MünchKomm/Mayer-Maly, § 134 Rdnr. 38; RGRK/Krüger-Nieland/Zöller, § 134 Rdnr. 6; Soergel/Hefermehl, § 134 Rdnr. 29.

§ 4 Verbotsgesetz

I. Gesetz

1. Allgemeiner Anwendungsbereich

Als Gesetz im Sinne von § 134 BGB ist „jede Rechtsnorm" zu verstehen (§ 2 EGBGB). Gesetz (im materiellen Sinne) ist jede abstrakte und generelle, auf Anordnung beruhende allgemeinverbindliche Regelung. Hierzu zählen anerkanntermaßen alle Gesetze von Bund, Länder und Gemeinden im formellen Sinne, Rechtsverordnungen, auch Satzungen sowie nach umstrittener Auffassung[1] Tarifverträge und Betriebsvereinbarungen.

Umweltbezogene Gesetze finden sich gegenständlich vor allem im öffentlichen Recht und eher begleitend im Strafrecht[2]. Im Rahmen dieser Untersuchung stehen daher auch die öffentlichrechtlichen Normierungen und Sanktionierungen ganz deutlich im Zentrum der Überlegungen.

2. Sonderproblem: EG-Richtlinien

In Art 130r EWG-Vertrag zählt der Erhalt, Schutz und die Verbesserung der Umwelt zu den ausdrücklichen Politikzielen der Gemeinschaft. Nach Art. 100a Abs. 3 EWG-Vertrag ist in den Bereichen Gesundheit, Sicherheit, Umweltschutz und Verbraucherschutz von einem „hohen Schutzniveau" auszugehen. Dementsprechend sind auf europäischer Ebene mannigfaltige Vorschriften in Form von Verordnungen und Richtlinien mit unmittelbaren und mittelbaren Umweltschutzbezügen erlassen worden. Unbestritten können sich zwar Verbotsgesetze auch aus dem Europäischen Gemeinschaftsrecht ergeben[3], soweit diese innerstaatlich unmittelbar gelten. An der Gesetzesqualität namentlich der EG-Verordnungen besteht wegen deren gemäß Art. 189 Abs. 3 EWGV verbindlicher und unmittelbarer Geltung in jedem Mitgliedsstaat kein Zweifel. EG-Verordnungen werden allerdings eher randständig als Mittel europaweiter umweltbezogener Regulierung erlassen[4].

Bedenken an der Gesetzesqualität ergeben sich bei den hier vorgestellten Umweltbezügen namentlich bei den Normierungen auf europäischer Ebene,

---

[1] Palandt/Heinrichs, § 134 Rdnr. 2 und § 2 EGBGB Rdnr. 1; LAG Saarbrücken, NJW 1966, 2136; dagegen: MünchKomm/Mayer-Maly, § 134 Rdnr. 28.

[2] Insbesondere § 324 StGB. Strafvorschriften finden sich aber auch in vielen Spezialgesetzen.

[3] MünchKomm/Mayer-Maly, § 134 Rdnr. 36.

[4] Ausnahmen bilden etwa VO (EWG) Nr. 348/81 - Walerzeugnisse; VO (EWG) Nr. 3626/82 - Artenschutz und VO (EWG) Nr. 1734/88 - Chemikalienausfuhr; - siehe auch Krämer, Umweltrecht in der EWG, Übersicht der Seiten 5 ff.

nämlich bei den zahlreichen EG-Richtlinien, die bereits wegen ihrer Vielzahl und ihren häufig ökologischen Zielsetzungen von besonderem Interesse sind. Den Richtlinien der Europäischen Gemeinschaft kommt in bezug auf ökologische Fragestellungen eine weit größere Bedeutung als den Verordungen auf EG-Ebene zu[5]. Richtlinien des Europäischen Gemeinschaftsrechts verkörpern zunächst nur ein Mittel der Kooperation zwischen den Mitgliedstaaten. Durch sie wird ein nationalstaatliches Rechtssetzungsverfahren erst in Gang gesetzt, indem sich die Mitgliedstaaten zur einheitlichen Umsetzung in innerstaatliches Recht auf europäischer Ebene verpflichten (Art. 189 Abs. 3 EWGV). Da EG-Richtlinien mithin vor deren Transformation grundsätzlich nicht in den innerstaatlichen Bereich eindringen, somit für Bürger (noch) nicht unmittelbar und allgemeinverbindlich gelten, stellen sie kein Gesetz im Sinne von § 2 EGBGB und damit kein gesetzliches Verbot gemäß § 134 BGB dar.

Zweifelhafter ist, ob nicht die allgemein akzeptierte Rechtsprechung des Europäischen Gerichtshofes zur *Direktwirkung von Richtlinien* daran etwas ändern kann. Eine Direktwirkung kann nach allgemeiner Meinung eintreten - kurz gesprochen - unter den Voraussetzungen, daß die Richtlinie hinreichend bestimmt ist und der Mitgliedstaat es pflichtwidrig unterlassen hat, die Richtlinie fristgemäß umzusetzen[6]. Diese Entscheidungspraxis könnte größte Auswirkungen für das gemeinschaftliche Umweltrecht haben, wenn Richtlinien unmittelbare Wirkung verschafft werden könnte, soweit sie beispielsweise Grenzwerte und Stoffkonzentrationen bestimmen oder (Handlungs-)Verbote aussprechen[7].

Hiergegen bestehen allerdings Bedenken: Das stets betonte Gebot fristgemäßer Umsetzung wendet sich nur an den Gesetzgeber. Bürger in den einzelnen Mitgliedstaaten sind überhaupt nicht unmittelbar angesprochen. Des weiteren wird zutreffend bemerkt, daß zu den unabdingbaren Erfordernissen der Geltung von Gesetzen die Bekanntmachung und die genaue Bestimmung des Inkrafttretens gehöre, durch die erst die Unsicherheiten in bezug auf die Geltung von Normen vermieden werden können[8]. Schließlich sollte prinzipiell der Mitgliedstaat, der die nicht zeitgerechte Umsetzung zu verantworten hat, auch primär die Folgen zu tragen haben.

Jedenfalls eine tendenziell eher „formale" Betrachtungsweise führt dazu, die Gesetzesqualität von Richtlinien zu verneinen. Nun wäre allerdings noch an eine Erweiterung des Gesetzesbegriffes des § 134 BGB denken. Da - wie noch zu zeigen ist - mit der Sittenwidrigkeitsklausel ein Ergänzungstatbestand zu

---

[5] Siehe nur die Sammlung bei Krämer, Umweltrecht in der EWG, a.a.O.

[6] Ständige Rechtsprechung seit EuGHE 1974, 1337 ff, 1348. Vgl. Haneklaus, DVBl 1993, 130 (132 f.); Papier, DVBl 1993, 810 ff.; jew. m.w.N.

[7] Krämer, Umweltrecht in der EWG, 12.

[8] Papier, DVBl 1993, 810 (811 f.).

bestehenden Verboten gegeben ist, dürfte es indes viel eher angezeigt sein, EG-Richtlinien in deren Rahmen als Wertungskriterium einzubinden[9]. Im Hinblick auf die Verbotsqualifizierung innerhalb des § 134 BGB bleibt festzuhalten, daß EG-Richtlinien trotz fristwidriger Nichtumsetzung und hinreichender Bestimmtheit keine unmittelbare horizontale Geltung entfalten[10], denn ihnen kommt nicht der Charakter einer wirksamen *legislativen* Untersagung zu.

II. Verbotscharakter

1. Ausgangspunkt: Teleologische Auslegung

Gesetzliches Verbot im Sinne von § 134 BGB meint jede normierte, zwingende Untersagung eines bestimmten Verhaltens oder eines bestimmten Inhaltes. Die Bestimmung der Verbotsqualität erfolgt dem Gesetzcharakter entsprechend generell-abstrakt, womit Spezifika des Einzelfalles unberücksichtigt bleiben. Die Diktion kann zur Verbotsannahme einen Anhalt bieten (zum Beispiel: „darf nicht", „kann nicht", „nicht zulässig"). Besonders deutlich wird dies, wenn bereits der Wortlaut des Gesetzes ausdrücklich von einem *verbotenen* Verhalten oder Inhalt spricht. Es ist nicht ersichtlich, daß ein solcher Wortlaut je gewählt wurde, ohne daß damit nicht zugleich auch eine *zwingende* Untersagung bezweckt sein sollte. Darin läge schließlich auch ein offenbarer Widerspruch. Sollte sich die Annahme bewahrheiten, daß mit der Verwendung des Wortes „Verbot" stets auch ein gesetzliches Verbot im Sinne von § 134 BGB anzunehmen ist, hätte dies für die vorliegende Untersuchung eine eigenständige Bedeutung, denn umweltrechtliche Normierungen zeichnen sich nachgerade dadurch aus, daß sie ausdrücklich von dem Verbotensein bestimmter Handlungen und Inhalte sprechen. Im übrigen ist der Verbotscharakter einer Norm im Wege einer teleologischen Auslegung zu ermitteln, deren Probleme und Anforderungen bereits unter § 3 kurz angesprochen wurden.

Trotz mitunter mißverständlicher Formulierungen[11] haben die Einseitigkeit der Verbotsadressierung, also eine Statuierung des Verbotes nur für eine Vertragspartei, und auch der „bloße Ordnungscharakter" einer Vorschrift keine Auswirkungen auf die Qualifizierung als Verbotsgesetz[12]. Stets ist nicht das

---

9 Siehe hierzu unter § 9 III.

10 EuGHE 1986, 723 - Marshall; 1987, 2141 (2159 f.) - Traen; EuGHE 1987, 3969 (3985) - Kolpinghuis Nijmegen; Haneklaus, DVBl 1993, 130 ff; Papier, DVBl 1993, 810; - a.A. Richter, EuR 1988, 394 (401 f.)

11 Z.B. Soergel/Hefermehl, § 134 Rdnr. 15, 20; Staudinger/Dilcher, § 134 Rdnr. 14.

12 Ausdrücklich anderer Meinung ist namentlich Hefermehl, der meint, daß „Ordnungsvorschriften" keine Verbotsgesetze seien (Soergel/Hefermehl, § 134 Rdnr. 20). Es kann aber nicht ernstlich zweifelhaft sein, daß selbst das Ladenschlußgesetz - nachgerade das Paradebeispiel einer sogenannten Ordnungsvorschrift - Verkäufe nach Ladenschluß verbietet. Auch verstößt eine nach Ladenschlußgesetz geschlossener Kaufvertrag gegen dieses Verbot. Wenn der Kaufvertrag allerdings durchgeführt ist, soll an dessen Wirksamkeit nach einhelliger Meinung nicht mehr

Verbotensein einer bestimmten Handlung zweifelhaft, sondern die Auswirkungen auf das in Rede stehende Rechtsgeschäft, weshalb solche formalen Kriterien allenfalls im Rahmen der Rechtsfolgenbestimmung von Belang sein können[13].

2. *Verbotscharakter von Verfassungsnormen*

Die weiterhin zunehmende Ausstrahlung des Verfassungsrechts auf privatrechtliche Dogmatik und Praxis ist unumstritten, und bereits aus Art. 1 Abs. 3 GG ergibt sich, daß Verfassungsrecht die Zivilgerichte bei der Auslegung und Anwendung einfachen Rechts zumindest mittelbar bindet. Insbesondere bei der Konkretisierung von Generalklauseln, bei denen den Gerichten ein gewisser wertausfüllungsbedürftiger Auslegungsspielraum verbleibt, kommen solche verfassungsrechtlichen Wertungen zum Tragen, wenn in ihnen zugleich *Ordnungsvorstellungen über das gesellschaftliche Zusammenleben* enthalten sind[14].

Zweifelhaft ist dagegen, welche Verfassungsnormen als unmittelbare Verbote im Rahmen des § 134 BGB anzusehen sind. Zum Teil wird der Verbotscharakter von Verfassungsnormen in grundsätzlicher Weise abgelehnt[15], teilweise nur für „hinreichend bestimmte Verbote" angenommen[16] und teilweise wird der Verbotscharakter auch den allgemeinen Grundrechten entnommen, etwa Art. 3 Abs. 2, Art. 4 und 5, Art. 12 GG[17]. Einhellig wird als Mindestanforderung gesehen, daß aus dem jeweiligen Verfassungsartikel eine Wendung gerade gegen die Vornahme zuwiderlaufender Rechtsgeschäfte folgen muß[18], was beispielsweise für die in Art. 9 Abs. 3 GG verbürgte Koalitionsfreiheit nicht ernstlich zweifelhaft ist.

Seit Ende 1994 ist der Umweltschutz als Staatszielbestimmung in Art. 20a GG geregelt. Bei der Anwendung und Auslegung einfachen Rechts dürfte sich schon die bloße Formulierung als Staatszielbestimmung auswirken[19]. Ein gesetzliches Verbot im Sinne von § 134 BGB ist aus der Bestimmung indessen nicht zu folgern. Objektiv-rechtliche Staatszielbestimmungen wirken nur *mittel-*

---

gerührt werden. Letzteres ist aber eine Frage der Rechtsfolgenbestimmung, die sich hier am Vollzug des Vertrages orientieren wird. Hierzu siehe § 6 III.

[13] Siehe i.e. § 6 II 2.

[14] Canaris, AcP 184, 208; Esser/Schmidt, SchuldR AT, Tb. 1, § 3 V.

[15] Erman/Brox, § 134 Rdnr. 34; Mailänder, Privatrechtliche Folgen unerlaubter Kartellpraxis, 152.

[16] Palandt/Heinrichs, § 134 Rdnr. 4; Soergel/Hefermehl, § 134 Rdnr. 7, jeweils für Art. 9 Abs. 3, 38 Abs. 1 Satz 2; 48 Abs. 2 GG.

[17] Dies namentlich im Arbeitsrecht, siehe BAG, AP Nr. 2 zu § 134 BGB; LAG Düsseldorf, DB 1985, 391; LAG Berlin, NJW 1979, 2582.; in der Kommentarliteratur: AK-BGB/Damm, § 134 Rdnr. 28 m.w.N.

[18] Statt aller MünchKomm/Mayer-Maly, § 134 Rdnr. 33.

[19] Sommermann, DVBl 1991, 34 ff.

bar, indem ihnen Rechtswirkungen nur als Leitlinie für den Gesetzgeber, als Ermessensrichtlinie und als Auslegungsmaßstab zukommen[20]. Als Staatszielbestimmung erwachsen für den einzelnen daraus keine subjektiv einklagbaren Rechte (gegen den Staat) und *erst recht* keine unmittelbaren und zwingenden Rechtspflichten (der Staatsbürger untereinander). Hinzu kommt eine Regelungsuntauglichkeit, da Art. 20a GG äußerst weit formuliert und zugleich unter umfassenden Gesetzesvorbehalt gestellt ist, so daß per definitionem daraus kein gesetzliches Verbot eines bestimmten Verhaltens zu folgern ist.

Wegen der beschränkten Bedeutung von Staatszielbestimmungen wird umweltrechtlich die Vorschrift des Art. 2 Abs. 2 GG als umweltschutzrechtlicher Bezugspunkt von Bedeutung bleiben. Der staatliche Schutz der Umwelt ist partiell und vermittelt durch Art. 2 Abs. 2 GG gewährleistet[21]. Daraus resultiert jedenfalls die Verpflichtung, Leben und körperliche Unversehrtheit als individuelle Rechtsgüter zu schützen, worunter beispielsweise der Schutz vor Beeinträchtigungen durch Lärm, Verunreinigung von Luft, Wasser, Böden und Lebensmitteln fallen[22]. Davon ausgehend sind aus Art. 2 Abs. 2 GG Schutzpflichten des Staates im Hinblick auf einen lebens- und gesundheitsvermittelten Umweltschutz zu folgern[23]. Dem Verfassungsrecht auf Leben und körperliche Unversehrtheit selbst kann man allerdings für den Privatrechtsverkehr ebenfalls keine auch nur einigermaßen faßbaren, zwingenden Untersagungen entnehmen und es lassen sich auch keine Handlungspflichten einzelner Privater daraus *unmittelbar* ableiten. Nicht verkannt werden soll diesbezüglich, daß Art. 2 Abs. 2 GG deutliche Wertungen für eine grundsätzlich nur autonome Verfügbarkeit von Gesundheitspositionen enthält und daß im Lichte des Rechts auf körperliche Unversehrtheit sicher auch auf Pflichtigkeiten Privater mit Umweltbezügen geschlossen werden kann. Hierbei handelt es sich indes um Fragen der Ausstrahlung konstitutioneller Wertentscheidungen auf das Privatrecht, die für bestimmte Sachverhalte namentlich über die Sittenwidrigkeitsklausel des § 138 BGB und der darüber herleitbaren zivilistischen Beschränkung der Vertragsfreiheit rezipiert werden könnten, während § 134 BGB den Vollzug abstrakt-genereller Verbote regelt. Aus Art. 2 Abs. 2 GG folgt daher kein gesetzliches Verbot im Sinne von § 134 BGB[24].

---

20 Jahn, DVBl 1994, 177 (184 f); Sommermann, DVBl 1991, 34 (35).

21 H.H. Klein, DVBl 1991, 729 (731 f.). - Krit.: Kunig, in: v. Münch/Kunig (Hrsg.), Grundgesetz-Kommentar, Bd. 1, 4. Aufl., Art. 2 Rdnr. 71 m.w.N.

22 Ob davon auch der Schutz nichtindividueller Rechtsgüter (Klima, Ökosystem, Artenschutz, natürliche Ressourcen) zu fassen ist, ist allerdings umstritten, vgl. Nachweise bei H.H. Klein, DVBl 1991, 729 (731, Fußn. 22 ff.).

23 Vgl. BVerfGE 39, 1 (41); 56, 54 (73).

24 Vgl. noch die Ausführungen unter § 9 II a.E.

3. Normstrukturelle Differenzierung

Verbotsgesetze im Sinne des § 134 BGB sind heute ganz überwiegend solche, die materiell dem öffentlichen Recht zugeordnet werden. Erst recht gilt dies für die in Frage kommenden umweltbezogenen Verbote: Umweltschutz wird wegen seiner überindividuellen Schutzrichtung vorrangig als Aufgabe des öffentlichen Rechts gesehen[25].

Im öffentlichen Recht ist es üblich und wegen der unterschiedlichen Dogmatiken bei der Rechsanwendung auch unabdingbar, nach der jeweiligen Normstruktur der Rechtsquelle zu differenzieren. Unbestimmtheiten auf der Tatbestandsseite (unbestimmte Rechtsbegriffe) oder auf der Rechtsfolgenseite (Ermessensvorschriften) führen zu Unterschieden in der Rechtsanwendung. Während etwa ein der Verwaltung eingeräumtes Rechtsfolgeermessen nur eingeschränkt überprüfbar sein soll, sollen unbestimmte Rechtsbegriffe („Tatbestandsermessen") in der Regel nur *eine* „richtige" Auslegung haben.

Überraschend ist zunächst, daß diese Differenzierung in der Rechtsprechung der ordentlichen Gerichte und dem zivilistischen Schrifttum keinerlei Erwähnung findet. Es scheint immerhin nicht von vornherein ausgemacht, wie sich die oftmals anzutreffenden Unbestimmtheiten (umweltrechtlicher) Normierungen auf die Verbotsgesetzqualifizierung auswirken. Sicher ist allerdings, daß eine solche Unterscheidung auch kein vorrangiges systematisches Kriterium für die positive Feststellung als Verbotsgesetz sein kann, da die Struktur einer Norm in aller Regel nichts über die intendierten Ziele der Vorschrift aussagt. Die jeweilige Normstruktur könnte aber umgekehrt insoweit übergreifende systematische Bedeutung haben, als möglicherweise mit der Verwendung „allzu" unbestimmter Rechtsbegriffe oder mit der Einräumung behördlichen Ermessens das Vorliegen eines Verbotsgesetzes schlechthin ausgeschieden werden könnte.

Im folgenden wird eine Unterscheidung nach der Normstruktur öffentlich-rechtlicher, umweltbezogener Vorschriften in der Art unternommen, daß solche betrachtet werden, die auf der Tatbestands- wie auch der Rechtsfolgenseite bestimmt sind, solche, die mit unbestimmten Rechtsbegriffen auf der Tatbestandsseite operieren, und schließlich Normen, in denen ein behördliches Ermessen eingeräumt wird. Letzterer Fallgruppe werden vorliegend auch sog. Kopplungsvorschriften zugeordnet, also Normen, die tatbestandlich unbestimmte Rechtsbegriffe verwenden und zugleich der Verwaltung ein eigenes Rechtsfolgeermessen eröffnen.

a) Bestimmte Rechtsbegriffe auf der Tatbestands- und Rechtsfolgenseite

Unterscheidet man nach der Struktur der in Frage kommenden Normen, bilden begrifflich präzise gefaßte, also weder mit unbestimmten Rechtsbegriffen noch mit Ermessenseinräumungen operierende Regulierungen eine erste Fall-

25 Kloepfer, NuR 1990, 337.

gruppe. Normen mit dahingehenden Strukturmerkmalen finden sich im gesamten Umweltordnungsrecht, indem bestimmte Handlungsuntersagungen an Tatbestandsvoraussetzungen gebunden sind, die beispielhaft feste Grenz- oder Höchstwerte[26], einzelne Gefahrstoffe[27], ein konkretes Verhalten[28] oder geschützte Pflanzen- oder Tierarten[29] benennen.

Vielfach wird das Verbotensein einer bestimmten Handlung explizit im Wortlaut der Norm zum Ausdruck gebracht. § 1 ChemVerbotsV verbietet das Inverkehrbringen von Produkten, die Asbest, Formaldehyd, Dioxine und Furane, Benzol, aromatische Amine, Quecksilber-, Arsen- oder zinnorganische Verbindungen, PCB oder PCT, PCP, Teeröle und anderes enthalten, unter der Voraussetzung, daß der je benannte Stoff überhaupt nachzuweisen ist oder ein bestimmter Grenzwert überschritten wurde. Die Gefahrstoffverordnung erweitert mehrere Verbotstatbestände der ChemVerbotsV noch um das Verbot des Herstellens und Verwendens. - Nach §§ 11-13 BArtenschutzV besteht ein umfassendes Zucht- und Vermarktungsverbot der in der Verordnung aufgeführten, zahlreichen Tier- und Pflanzenarten. Nach der BWildschutzV bestehen bestimmt gefaßte Verbote des Inverkehrbringens zum Schutze des Wildes. - Nach § 26 WHG ist das Einbringen fester Stoffe in Gewässer verboten. - § 4 Abs. 1 AbfG begründet die zwingende[30] Verpflichtung des Abfallanlagenbetreibers zur Lagerung, Ablagerung und Behandlung von Abfall in speziell dafür vorgesehenen Abfallentsorgungsanlagen.

Selbst bei Vorschriften, die gegenständlich eine Untersagung bestimmten Verhaltens an „formale" Akte wie Kennzeichnung, Anmeldung oder Registrierung schließen, ist der *Verbotscharakter* nicht ernstlich zweifelhaft. So schreibt beispielsweise die FCKW-Halon-Verbots-V vor, daß FCKW-haltige Druckgaspackungen mit der Kennzeichnung „Enthält ozonabbauenden FCKW" versehen werden müssen und jedes Inverkehrbringen nicht gekennzeichneter Druckgaspackungen „verboten ist". Ob und in welcher Weise dieses Verbot sich gegebenenfalls auf das zuwiderlaufende Rechtsgeschäft auswirkt, ist dagegen allein eine Frage der Rechtsfolgenbestimmung[31].

b) Unbestimmte Tatbestandsmerkmale

Eine zweite Fallgruppe bilden Vorschriften, die eine Untersagung zwar zwingend vorschreiben, indes tatbestandlich auf unbestimmte Rechtsbegriffe Bezug

---

26 Oftmals im Gefahrstoffrecht. Siehe nur § 9 GefStoffV, § 2 PentachlorphenolV und § 2 PCB-, PCT-, VC-V.

27 Unter anderem § 17 ChemG.

28 Z.B. § 6 WHG.

29 §§ 19 ff. BJagdG; § 13 BundesartenschutzV.

30 Deren Natur als zwingende Handlungsanweisung folgt bereits daraus, daß jedes Zuwiderhandeln als Ordnungswidrigkeit geahndet werden kann.

31 Siehe unter § 6 III 3 c) (3) und § 9 III 2 b).

nehmen. Exemplarisch stehen hierfür Normen des Lebensmittel- und Abfallrechtes. Nach § 8 Abs. 1 Nr. 1 bis 3 LMBG ist es „verboten, Lebensmittel derart herzustellen oder zu behandeln, daß ihr Verzehr geeignet ist, die Gesundheit zu gefährden und weiter ist verboten, Lebensmittel solcher Art oder mit Lebensmitteln verwechselbare potentiell gesundheitsgefährdende Erzeugnisse in Verkehr zu bringen". Nach § 2 AbfG sind Abfälle „so zu entsorgen, daß das Wohl der Allgemeinheit nicht beeinträchtigt wird".

Zweifel an der Übertragung in die rechtsgeschäftliche Ebene könnten sich aus der Unbestimmtheit der Rechtsbegriffe *Gesundheitsgefährlichkeit* bzw. *Allgemeinwohlbeeinträchtigung* ergeben. Diesbezüglich herrscht in der verwaltungsgerichtlichen Judikatur weitestgehend Einigkeit darüber, daß die Konkretisierung unbestimmter Rechtsbegriffe - mit wenigen hier nicht interessierenden Ausnahmen - von der Judikative in vollem Umfang nachprüfbar ist, daß insbesondere *der öffentlichen Verwaltung* kein „Beurteilungsspielraum" verbleibt[32]. In der Rechtsprechung der ordentlichen Gerichtsbarkeit und auch im zivilistischen Schrifttum wird die etwaige Unbestimmtheit von Tatbestandsvoraussetzungen nicht näher problematisiert, sondern der unbestimmte Rechtsbegriff wird ausgelegt und in dieser Auslegung zur Grundlage der Entscheidung genommen[33].

Unproblematisch ist dieses Vorgehen nicht. So ist beispielsweise der in § 2 AbfG verwendete und im Umweltrecht durchaus gebräuchliche Rechtsbegriff des *Wohls der Allgemeinheit* nur dialektisch faßbar, da er seinen Regelungsgehalt nicht aus sich selbst gewinnt, sondern dadurch, daß er in ein Verhältnis zu anderen Werten tritt und sich erst hieraus ableiten läßt[34]. Die Harmonisierung und damit die Ausfüllung des Begriffes kann indes nur durch Bewerten und Abwägen im Einzelfall erfolgen, da es absolute Maßstäbe für den Ausgleich nicht geben kann. Aus der Unbestimmtheit des Rechtsbegriffes könnte deshalb folgen, daß Vertragsbeteiligte bei der Vornahme ihres Geschäftes möglicherweise nicht wußten und unter Umständen sogar nicht wissen konnten, daß ihr Handeln gesetzlich verboten ist. Dies könnte der Fall sein, weil der tatsächliche Nachweis gewisser Gefahrenpotentiale und damit die Bejahung einer vorausgesetzten Allgemeinwohlgefährdung erst im nachhinein möglich wurde (neue Meßmethoden, neue wissenschaftliche Erkenntnisse, etc.). Solche im Einzelfall denkbaren Vorkommnisse, die bei der Frage des Verstoßes und auch bei der

---

[32] Ständige Rechtsprechung des Bundesverwaltungsgericht: siehe etwa E 23, 194 (200 f.); 35, 69 (72 ff.), jew. m.w.N.; -- Dagegen wohl RGZ 100, 39, 41: „Eine nachträgliche, nach dem Ermessen des Richters [auszulegen war ein Tatbestandsmerkmal] zulässige Einziehung kann unmöglich die Wirkung haben, das Geschäft von Anfang nichtig zu machen."

[33] Vgl. beispielhaft MünchKomm/Mayer-Maly, § 134 Rdnr. 54 ff., zur Unwirksamkeit von Verträgen, die gegen kartell- oder wettbewerbsrechtliche Normen verstoßen, u.a. § 1 UWG.

[34] Hösel/v. Lersner, Recht der Abfallbeseitigung, Kz. 1120, § 2 Rdnr. 4. - Selbstverständlich muß die damit angedeutete Komplexität der Rechtsgewinnung nicht stets gegeben sein. Es gibt auch „einfache Fälle", in denen etwa die Gesundheitsgefahr oder die Allgemeinwohlgefährdung evident ist.

Wahl der zu treffenden Rechtsfolge von Belang sein mögen, können sich auf die *abstrakt-generelle* Verbotsklassifizierung jedoch nicht auswirken. Voraussetzung ist und bleibt selbstverständlich auch insoweit, daß nach der ratio legis abstrakt-generell eine zwingende Untersagung anzunehmen ist[35].

c) Einräumung von Ermessen

Als dritte Gruppe sind Vorschriften auszumachen, die (der Verwaltung) ein Rechtsfolgeermessen einräumen. Im öffentlichen Umweltrecht sind solche Vorschriften mit der wichtigen Ausnahme der polizeirechtlichen Generalklausel allerdings eher selten anzutreffen. Bei ermessenseröffnenden Vorschriften kann regelmäßig schon deshalb nicht von einem Verbot gesprochen werden, weil durch das Gesetz selbst noch keine Entscheidung getroffen ist, sondern erst die Verwaltung eine eigene, nur in Grenzen überprüfbare Entscheidung trifft. Kann das Verbotensein allenfalls in Zusammenschau mit einem konkreten Verhalten aus der Norm gefolgert werden, scheidet wegen eines fehlenden generellen Untersagungscharakters die Verbotsannahme aus. Schon deshalb kommt die Heranziehung des § 134 BGB bei Einräumung von Ermessen nicht in Frage[36].

Schließlich begründet auch die aus dem Verwaltungsrecht bekannte *Ermessensreduzierung auf Null*[37] noch keine Verbotsgesetzqualität. Dies schon deshalb, weil die Ermessensreduzierung reine Gesetzesanwendung ist. Da des weiteren die Qualifizierung des Verbotscharakters abstrakt-generell erfolgen muß, das Ermessen dagegen nur einzuschränken ist, wenn *ausnahmsweise*

---

[35] Beispielshalber in bezug auf das Gebot der ordnungsgemäßen Abfallentsorgung nach § 2 AbfG ist letzteres nicht zweifelsfrei, da das Verbotensein jeder anderweitigen Entsorgung nicht unmittelbar aus dem Wortlaut der Vorschrift und der Systematik des Abfallgesetzes zu folgern ist. Gesichert wird das Gebot zwar durch die umweltstrafrechtlichen Bestimmungen der §§ 324-330 StGB, insbesondere § 326 StGB, wonach die umweltgefährdende Abfallbeseitigung in vorsätzlicher und fahrlässiger Begehung (§ 326 Abs. 4 StGB) strafbar ist. Unterhalb der strafrechtlichen Verantwortlichkeit zählt der Bußgeldkatalog in § 18 AbfG zwingende Abfallbeseitigungs- und -entsorgungspflichten auf. Davon ist unter anderem die in § 2 Abs. 1 AbfG postulierte allgemeine Pflicht des Abfallbesitzers zur ordnungsgemäßen Entsorgung jedoch nicht erfaßt. Bußgeldbewehrung und Strafbarkeit schließen aber bei Nichtvorliegen ein Verbotsgesetz im Sinne von § 134 BGB nicht aus, während sie positiv das Vorliegen eines Verbotstatbestandes indizieren, da diese stets an zwingende Untersagungen anknüpfen. Demgemäß spricht für ein Verbot i.S.v. § 134 BGB, daß einschlägige Sanktionen auf landesrechtlicher Ebene geschaffen werden können und geschaffen worden sind (vgl. i.e. Hösel/v. Lersner, Recht der Abfallbeseitigung, Kz. 1120, § 2 Rdnr. 8). Im übrigen handelt es sich bei § 2 Abs. 1 AbfG um einen der grundlegenden und stets zu beobachtenden Grundsätze des gesamten Abfallentsorgungsrechts (Kunig, in: Kunig/Schwermer/Versteyl, AbfG, § 2 Rdnr. 1), der nicht von „privaten" Vereinbarungen unterlaufen werden darf.

[36] Vgl. RGZ 100, 39, 41.

[37] Kopp, VwGO, § 113 Rdnr. 86 ff.

Gründe des Einzelfalles dies erfordern, kann sich eine Reduktion nicht auf den Verbotscharakter auswirken. Schließlich ist die Annahme einer Ermessensreduzierung in erster Linie Ausdruck eines prozeßökonomischen Gedankens: Das Verwaltungsgericht kann auch bei eingeräumtem Verwaltungsermessen eine Letztentscheidung treffen, wenn ausnahmsweise *nur eine richtige* Entscheidung in Betracht kommt.

Die im öffentlichen Umweltrecht bedeutsame polizeirechtliche Generalklausel kann daher unter keinen Umständen als Verbotsgesetz im Sinne von § 134 BGB angesehen werden, da darin das Eingreifen der Verwaltung nicht nur von unbestimmten Rechtsbegriffen, sondern auch von Ermessen abhängig gemacht wird. Ähnlich wie bei der Transformation von EG-Richtlinien handelt es sich um (judikative) Verbotsergänzungsüberlegungen und nicht um (legislative) Verbote, so daß Ermessenseinräumungen wie auch Präzisierungen und Reduzierungen des Ermessens unter dem Gesichtspunkt der Sittenwidrigkeit des Handelns Beachtung finden können[38].

§ 5 Verstoß des Rechtsgeschäftes

I. Voraussetzungen

Wird das Vorliegen eines gesetzlichen Verbotes bejaht, schließt sich die Frage an, ob das zu beurteilende Rechtsgeschäft gegen das Verbot verstößt. Für eine dahingehende Folgerung genügt es, daß das Rechtsgeschäft alle das Verbot konstituierenden objektiven Merkmale erfüllt[1]. Namentlich bei Unbestimmtheiten der Rechtsbegriffe, die der Untersagungstatbestand in Bezug nimmt, kann es sich hierbei um eine komplexe Fragestellung handeln.

Zweifelhaft ist indes, ob - wie es namentlich Westphal vorschlägt - damit immer auch eine „funktionsorientierte Auslegung des Tatbestandsmerkmals Verstoß eines Rechtsgeschäfts gegen ein gesetzliches Verbot" dergestalt verbunden ist, daß stets nur anhand einer komplexen „Prioritätsabwägung" der Verstoß festgestellt werden kann[2]. Ein solches Verfahren zur Feststellung eines Verstoßes als „Ergebnis eines äußerst komplexen Gegenüberstellungs- und Wertungsvorganges, in welchen vielerlei Gesichtspunkte und Überlegungen mit einfließen"[3], ergibt sich entgegen Westphal nicht „augenscheinlich" aus § 134

---

38 Unten § 9 III.

1 BGHZ 37, 363 ff., a.A. für Strafgesetze, die stets bestimmte Verschuldensform, grundsätzlich sogar Vorsatz (siehe § 16 StGB), voraussetzen, Flume, AT II, § 17, 3, S. 345.

2 So insbesondere Westphal, Zivilrechtliche Vertragsnichtigkeit, 74 ff., 95 ff.

3 Westphal, Zivilrechtliche Vertragsnichtigkeit, S. 84.

BGB. Der Wortlaut enthält sich jeder dahingehenden Aussage. Ein abwägendes Programm scheint sich danach eher auf der Rechtsfolgenseiten zu ergeben, wenn nämlich gesagt wird, der Verstoß führe zur Nichtigkeit, „wenn sich nicht aus dem Gesetz ein anderes ergibt". Eben hierin liegt auch der wichtigste Einwand gegen die von Westphal vorgeschlagene Erörterung aller Schutzgesichtspunkte bei der Frage nach dem Verstoß des Rechtsgeschäftes gegen das gesetzliche Verbot. Das Ergebnis solcher (vorgezogenen) Schutzzweckerwägungen auf der Tatbestandsseite führt im Ergebnis dazu, daß entweder ein Verstoß (und damit Nichtigkeit) oder kein Verstoß (und damit Gültigkeit des Rechtsgeschäfts) gegeben ist. Damit wird undifferenziert der gesamte Zwischenbereich teilweiser Nichtigkeit ausgeklammert (nicht von ungefähr kommt Westphal zu dem Ergebnis, daß dem 2. Halbsatz des § 134 BGB keine Bedeutung zukomme[4]).

Mitunter wird neben der Verwirklichung der objektiven Verbotstatbestandsmerkmale der Verbotsvorschriften gefordert, daß die Kenntnis des bzw. der gesetzeswidrig Handelnden hinzutreten müsse[5]. Nach zutreffendem Dafürhalten sind indes Wissenselemente nicht generell vonnöten, vielmehr kommt es diesbezüglich darauf an, ob das Rechtsgeschäft nach dem Sinn und Zweck der Verbotsregelung nur bei Vorliegen entsprechender subjektiver Momente gegeben sein soll[6]. Bedacht werden muß dabei, daß § 134 BGB keine Strafnorm ist, sondern gewissermaßen neutral über die Verträglichkeit und Unverträglichkeit eines Verhaltens mit der Rechtsordnung entscheidet. Soweit das Verbot vor der Beeinträchtigung des Vertragspartners, Dritter oder auch der Umwelt schützen soll, hängt die Unverträglichkeit für die Rechtsordnung regelmäßig nicht von der Wissensbasis der Vertragsparteien ab, so daß die Kenntnis dann auch kein konstituierendes Merkmal des Verstoßes ist[7].

II. Unterscheidung von Verpflichtungs- und Erfüllungsebene des Vertrages

Probleme ergeben sich, wenn lediglich die *Erfüllung* der rechtsgeschäftlichen Verpflichtung gegen ein gesetzliches Verbot verstößt, da in diesen Fällen zweifelhaft ist, ob und unter welchen Voraussetzungen bereits die *Verpflichtung* zur Leistungserbringung gegen das gesetzliche Verbot verstößt. Bedeutsam ist die Fragestellung, weil im Umweltordnungsrecht, insbesondere im Chemikali-

---

4 Westphal, Zivilrechtliche Vertragsnichtigkeit, 130 ff.

5 Vgl. BGH, WM 1971, 586, speziell für Verletzung devisenrechtlicher Bestimmungen - sonst benennt der BGH Kenntnis nicht als Voraussetzung, siehe etwa BGHZ 115, 123 (130); 116, 268 (276 f.) - Weitergabe von Patientendaten als Verstoß gegen § 203 StGB.

6 Enneccerus/Nipperdey, 1154 f.; MünchKomm/Mayer-Maly, § 134 Rdnr. 92;

7 Notwendig ist Wissen indes häufig bei Strafnormen, die ihren Verbotscharakter oftmals gerade erst aus der wissensbegründeten, subjektiven Vorwerfbarkeit erhalten; Flume, AT II, § 17, 3.

en- und sonstigem Gefahrstoffrecht[8], Verbote oftmals von dem Inverkehrbringen oder Handeltreiben ausgehen, mithin primär die Erfüllungsebene betreffen, so daß es von den konkret getroffenen Vereinbarungen abhängen kann, ob bereits das Verpflichtungsgeschäft oder erst die Erbringung der Leistung gesetzwidrig erfolgt[9].

Im Rahmen der schuldvertraglichen Fragestellung stellt sich damit die Frage nach der *Erfüllungstauglichkeit* gesetzwidrig erbrachter Leistungen. Angesprochen ist für den kaufvertraglichen Bereich die schwierige Unterscheidung von Falsch- und Schlechtlieferung. Als Beispiel kann man hier auf die mehrfach gerichtskundig gewordenen „Glykolwein-Fälle" Bezug nehmen. Stets ging es darum, daß Wein unter Zusatz von Diethylenglykol, das dem Wein offenbar einen lieblicheren Geschmack verleihen soll, vertrieben wurde, um so beim „süße" Weine bevorzugenden deutschen Publikum reüssieren zu können. Mehrere Gerichte legten ihrer Entscheidung das Gewährleistungsrecht zugrunde: Der Zusatz von Glykol sei ein Fehler im Sinne von § 459 BGB (mit der Folge, daß Ansprüche innerhalb der kurzen Gewährleistungsfrist verjähren)[10]. Der VIII. Zivilsenat des Bundesgerichtshofes nahm eine Falschlieferung an, da in dem judizierten Fall die geschuldete Auslese-Qualität erst durch Zusatz des Glykols erreicht worden sei[11].

In der Diskussion bislang unberücksichtigt blieb dagegen, ob und wie sich das Verbot des § 52 Abs. 1 Satz 3 WeinG i.V.m. Art. 73 Abs. 1 Satz 1 der Verordnung (EWG) Nr. 822/87 des Rates über die gemeinsame Marktorganisation für Wein[12] auswirkt. § 52 Abs. 1 Satz 3 WeinG verbietet das Inverkehrbringen von Wein, wenn dieser in einer in den Gemeinschaftsverordnungen und einzelstaatlichen Vorschriften nicht zugelassenen önologischen Weise behandelt wurde. Der Zusatz von Diethylenglykol ist aber weder nach dem Gemeinschaftsrecht noch nach deutschen Recht zulässig[13]. Das OVG Münster entschied demgemäß, daß solcher Wein schlechthin nicht an den Endverbraucher abgegeben werden dürfe[14]. Zweifelhaft ist - und das ist Frage dieses Abschnittes -, ob der zugrundeliegende Kaufvertrag gegen das Verbot des Weingesetzes verstößt. Denkbar sind als Konstellationen konkret, daß bereits nach dem Kaufvertrag Glykol-Wein geliefert werden sollte, nur glykolversetzter Wein geliefert werden

---

[8] Z.B: § 9 GefStoffV; § 2 TeerÖlV; §§ 2-6 FCKW-Halon-Verbots-V; § 1 ChemVerbotsV; § 52 WeinG.

[9] MünchKomm/Mayer-Maly, § 134 Rdnr. 8 ff.; Soergel/Hefermehl, § 134 Rdnr. 35.

[10] AG Wolfsburg, NJW-RR 1986, 989; LG Lübeck, NJW-RR 1987, 243.

[11] NJW 1989, 218; krit.: Köhler, EWiR 1989, 238; MünchKomm/Westermann, § 459 Rdnr. 20; Soergel/Huber, Vor § 459 Rdnr. 112 und Fußn. 20.

[12] V vom 16.03.1987, ABl. Nr. L 84/1.

[13] Zu letzterem siehe § 45 WeinG. Im einzelnen vgl. die Ausführungen in OVG Münster, RdL 1991, 217, 218.

[14] RdL 1991, 217.

konnte oder Glykol-Wein geliefert wurde, aber auch eine andere Lieferung möglich gewesen wäre. Verallgemeinert heißt dies:

Erstens: Der Vertrag ist unmittelbar auf die Erbringung einer gesetzeswidrigen Leistung gerichtet, obwohl der Vertragszweck auch durch gesetzmäßige Vereinbarung erreicht hätte werden können. Für den Beispielssachverhalt bedeutet das, der Glykolzusatz könnte ausdrücklicher Bestandteil des Vertragsprogrammes gewesen sein, etwa weil der Käufer als Weinhändler gerade solchen Wein für besonders verkaufsträchtig hielt. Ein anderes - plausibleres - Beispiel wäre, wenn sich bei einem Abfallentsorgungsvertrag die Vertragsbeteiligten etwa aus Kostengründen auf eine nach dem Abfallgesetz unzulässige Entsorgung einigen.

Bei einer gerichtlichen Auseinandersetzung - etwa weil eine Vertragspartei gerade wegen der Gesetzwidrigkeit oder aus ganz anderen Gründen Erfüllung verweigert - wäre dann der Vollzug des Gesetzesverstoßes über § 134 BGB von Amts wegen zu prüfen.

Sind die Verpflichtungen auf eine unzulässige zukünftige Handlung gerichtet, verstoßen sie bereits gegen ein gesetzliches Verbot. Selbstverständlich muß für ein auszusprechendes Verbot nicht stets bis zur gesetzwidrigen Erfüllung gewartet werden. Der Vertrag selbst verstößt zwar nicht schon gegen das „Erfüllungsverbot", sondern stellt gewissermaßen eine Vorbereitungshandlung dar, die im Ergebnis nicht anders als ein unmittelbarer Vertragsverstoß zu bewerten ist. Für die zahlreichen Untersagungen des Inverkehrbringens bestimmter Stoffe und Waren kommt beispielhaft in der Legaldefinition des § 7 LMBG diese enge Verschränkung von Verpflichtungs- und Erfüllungsebene zum Ausdruck, da unter Inverkehrbringen, jedes „Anbieten, Vorrätighalten zum Verkauf oder zu sonstiger Abgabe, Feilhalten und jedes Abgeben an andere" zu verstehen ist[15].

§ 134 BGB erfaßt dementsprechend unproblematisch bereits jede Verpflichtung, die auf eine gesetzwidrige Erfüllung zusteuert. Ist nach dem Vertragsinhalt eine Leistung geschuldet, die nach dem Vereinbarten nur unter Verstoß gegen ein gesetzliches Verbot erbracht werden kann, erstreckt sich das Verbot unmittelbar auch auf den zugrunde liegenden Vertrag. Das Rechtsgeschäft selbst ist verboten, so daß § 134 BGB unmittelbar eingreift[16].

---

[15] Siehe auch BGH, LM Nr. 34 zu § 134 BGB: „Machen die Parteien eine verbotene Leistung bewußt zum Gegenstand des Verpflichtungsgeschäftes, so ist dieses, wenn das Erfüllungsgeschäft nichtig ist, grundsätzlich wegen seines Inhalts ebenfalls nichtig." Im Fall war die Lieferung und der Bezug von Elektrolytkupfer verboten, „mithin jedes der Erfüllung eines schuldrechtlichen Verpflichtungsgeschäftes dienende Verfügungsgeschäft ohne Vorlage eines Metallbezugsscheines verboten und unter Strafe gestellt." Der Bundesgerichtshof nahm deshalb Verstöße sowohl des Erfüllungs- wie auch des Verpflichtungsgeschäftes gegen das gesetzliche Verbot an

[16] Allgemeine Meinung: Etwa RGZ 95, 347, 348; 120, 402, 405; Soergel/Wolf, § 306 Rdnr. 18; Staudinger/Löwisch, § 306 Rdnr. 22 m.w.N.

Zweitens: Der Vertrag ist nicht unmittelbar auf eine gesetzwidrige Leistungserbringung gerichtet, aus tatsächlichen Gründen kann aber nur in gesetzeswidriger Weise erfüllt werden. Würde man den Vertrag isoliert von der Erfüllung betrachten, so käme man zunächst dazu, daß dieser seinem Inhalte nach überhaupt nicht zu beanstanden ist. Das Problem liegt allein darin, daß der Kontrakt nur in unerlaubter Weise erfüllt werden kann, etwa Wein einer ganz bestimmten Art und Herkunft, der insgesamt nur glykolversetzt zu erhalten ist[17] oder Möbel, die durchgängig die durch die Gefahrstoffverordnung bzw. Chemikalienverbotsverordnung markierten Grenzen der Formaldehydausdünstung überschreiten. Der Vertragsschuldner kann hier unabhängig von der Kenntnis nur gesetzwidrig erfüllen.

In solchen Fällen ist der Vertrag *mittelbar* auf eine unerlaubte Leistungserbringung gerichtet, woraus eine rechtliche Unmöglichkeit des Vertragsgegenstandes folgt[18]. Rechtlich unmöglich ist jede Vereinbarung, die auf einen rechtlich nicht zugelassenen Erfolg hinausläuft[19]. Ein Vertrag, der nur verbotswidrig erfüllt werden kann, verwirklicht deshalb sowohl die Tatbestandsmerkmale des § 306 BGB wie auch die des § 134 BGB[20] und ist im Ergebnis nicht anders zu beurteilen, als eine Vereinbarung, die selbst schon die Gesetzwidrigkeit zum Gegenstand des Vertrages macht[21]. Zur Anwendung gelangt im Ergebnis allein § 134 BGB[22].

Drittens: Das Verpflichtungsgeschäft ist nicht unmittelbar auf eine gesetzwidrige Leistung gerichtet und einer gesetzmäßigen Erfüllung stehen auch keine tatsächlichen Gründe entgegen. Diese Fallgruppe setzt eine (gesetzwidrige) Bewirkung der Leistung voraus, bemißt sich in ihrer rechtlichen Beurteilung also immer in einer ex-post-Perspektive. Für den „Glykol-Fall“ hieße dies, daß sich die Parteien schlicht auf einen bestimmten Wein geeinigt haben, der Verkäufer glykolversetzten Wein liefert, obgleich er prinzipiell auch „unbelasteten“ Wein der vereinbarten Art hätte liefern können.

---

17 Unklar insofern BGH, NJW 1989, 218 - Glykolwein.

18 BGHZ 116, 268 (276 f.). Allerdings ist dessen Aussage, „richtet sich das Verbotsgesetz gegen das zivilrechtliche Erfüllungsgeschäft, so ist grundsätzlich auch das Verpflichtungsgeschäft nach § 134 BGB nichtig“, einzuschränken.

19 Soergel/Wolf, § 306 Rdnr. 10.

20 RGZ 95, 347, 348; 120, 402, 405; Soergel/Wolf, § 306 Rdnr. 18. Die Parallelität von § 134 BGB und § 306 BGB wird bereits systematisch durch § 309 BGB betont, wonach bei einem Verstoß gegen ein gesetzliches Verbot die Schadenersatzfolgen der anfänglichen Unmöglichkeit nach § 306 BGB entsprechend anzuwenden sind.

21 Besonderheiten können hier bei einer Genehmigungspflichtigkeit der Leistungserbringung bestehen. Hier kann ein Verpflichtungsgeschäft, daß seinen Bestand nicht von Genehmigung abhängig macht, als schwebend unwirksam angesehen werden; siehe Soergel/Wolf, § 306 Rdnr. 17 m.w.N.

22 Keine Doppelnichtigkeit: AK-BGB/Dubischar, § 306 Rdnr. 4; Esser/Schmidt, SchuldR AT, Tb. 2, § 22 III.

Das Grundgeschäft, der verpflichtende Vertrag, geht der verbotswidrigen Erfüllung zwar voraus, muß aber nicht stets in gleicher Weise erfaßt sein. Es kommt vielmehr darauf an, ob die nach dem Vertrage zu erbringende Leistung nur verbotswidrig erbracht werden konnte. In solchen Konstellationen, die praktisch durchaus häufig vorliegen dürften, kommt weder § 306 BGB zum Tragen, da eine ordnungsgemäße Leistung gerade nicht objektiv unmöglich war, und auch § 134 BGB greift nicht in bezug auf das Verpflichtungsgeschäft, denn das Rechtsgeschäft selbst verwirklicht den Verbotstatbestand nicht bzw. nicht notwendig, so daß eine Intervention in den Vertrag auch nicht vorbehalten bleiben muß. Zweifelhaft ist lediglich die rechtliche Bewertung des Erfüllungsvorganges, namentlich im Hinblick darauf, ob überhaupt Erfüllung anzunehmen und damit Gewährleistungsrecht anzuwenden ist oder ob die Unerlaubtheit nicht bereits selbst schon gegen die Annahme der Erfüllungstauglichkeit spricht.

Bei dem Verbot beispielsweise des Inverkehrbringens einer bestimmten Substanz ist nur dann auch in bezug auf den Schuldvertrag von einer Erstreckung der Sanktion auszugehen, wenn das verpflichtende Rechtsgeschäft wegen seines verbotenen Inhalts ebenfalls verboten ist[23]. Verpflichtet sich ein Vertragspartner, Spanplatten oder bestimmte Möbel zu liefern, läuft zunächst nach § 1 Abs. 1 i.V.m. Anh. (zu § 1) Abschn. 3, Sp. 2 ChemVerbotsV nur die Erfüllung mit einer Leistung, die eine bestimmte Formaldehydkonzentration überschreitet, dem Verbot zuwider. Das Verpflichtungsgeschäft bleibt unberührt, denn die vertragsgemäße Leistung könnte ja durchaus mit einer gesetzeskonformen Leistung erbracht werden - hier etwa durch die Lieferung formaldehydfreier Möbel oder Spanplatten. Allein wenn die Leistung nur in gesetzwidriger Weise erfüllt werden kann, weil dies von den Parteien bewußt so vereinbart war oder weil die Leistung nach ihrer konkreten Beschreibung (etwa die Nennung eines bestimmten Fabrikats) nur einem bestimmten Verbot zuwider geliefert werden kann, ist der konkrete Schuldvertrag vom Verbot erfaßt. Denn in diesen Fällen ist die verbotene Leistung erst unmittelbarer Gegenstand des Verpflichtungsgeschäftes. Erst jetzt verstößt es gegen das Verbot des Inverkehrbringens, da es lediglich in gesetzwidriger Weise erfüllt werden kann.

Die vorgeschlagene Unterscheidung in Verpflichtungs- und Erfüllungsebene des Vertrages wird von Schrifttum und Rechtsprechung nicht vorgenommen. Der nachgerade trivial erscheinenden Differenzierung kommt indes nicht nur bei der Beurteilung des rechtsgeschäftlichen Verstoßes gegen ein gesetzliches Verbot, sondern - wie noch zu zeigen ist[24] - auch im Rahmen der Rechtsfolgenbestimmung Bedeutung zu.

---

23 BGH, LM Nr. 34 zu § 134 BGB; LM Nr. 107 zu § 134 BGB.

24 Unter § 6 II 3.

§ 6 Nichtigkeit des Rechtsgeschäftes und Schutz der Vertragsparteien

§ 134 BGB nennt als Folge des Vorliegens eines angeordneten rechtsgeschäftlichen Verbotes die Nichtigkeit der Geschäftsvornahme für den Fall, daß sich aus dem Gesetz nicht ein anderes ergebe. Der Nachsatz selbst läßt die konkret zu treffende Rechtsfolge damit weitgehend offen. Die Bestimmung der je zu treffenden Folge des Gesetzesverstoßes für den Vertrag und die daraus resultierenden Folgen für die betroffenen Vertragsparteien stellt sich dementsprechend als praktisch besonders schwierig heraus.

I. Rechtsprechung: Schutzzweckorientierte Rechtsfolgenbestimmung

In der Rechtsprechung des Bundesgerichtshofes hat sich eine Ausrichtung auf den Schutzzweck der Verbotsnorm weitestgehend durchgesetzt („Normzwecktheorie"[1]). Zwar wird formelhaft auch in neueren Entscheidungen wiederholt, daß ein nur an einen Vertragsbeteiligten gerichtetes Verbot „in der Regel" nicht zur Nichtigkeit des Rechtsgeschäftes führe; zugleich führt der Bundesgerichtshof diese Formel ad absurdum, indem er immer mehr Ausnahmen von der vorgeblichen Regel begründet[2] und dabei fortdauernd auf die Wendung zurückgreift, ein Rechtsgeschäft sei nur nichtig, wenn es „mit dem Zweck des Verbotsgesetzes unvereinbar ist, die durch das Rechtsgeschäft getroffene Regelung hinzunehmen"[3] .

Orientiert am jeweiligen Schutzzweck der Norm wird auf die Wirksamkeit oder Nichtigkeit des Vertrages geschlossen, wobei die Gerichte keineswegs stets zur vollständigen Wirksamkeit oder totalen Unwirksamkeit des Vertrages gelangen, sondern die Nichtigkeitsfolgen oftmals - indes mit sehr unterschiedlicher einzelnorm- und einzelfallbezogener Dogmatik - beschränken. So werden die Nichtigkeitsfolgen über Treu-und-Glaubens-Einwände situations- und personenbezogen relativiert[4] , bei Übermaßverboten geltungserhaltende Reduk-

---

1 Westphal, Zivilrechtliche Vertragsnichtigkeit, 63.

2 Siehe die als „Ausnahmen" bezeichneten Fälle in Palandt/Heinrichs, § 134 Rdnr. 9 ff. - Krit. h.L.: u.a. AK-BGB/Damm, § 134 Rdnr. 35 f.; Canaris, Gesetzliches Verbot, 10 ff.; Pawlowski, JZ 1970, 506 ff.; Soergel/Hefermehl, § 134 Rdnr. 15.; Westphal, Zivilrechtliche Vertragsnichtigkeit, 51 ff.

3 BGHZ 46, 24 (26).

4 So insbesondere in der Schwarzarbeitsrechtsprechung des BGH (BGHZ 85, 39 (43 ff.); 89, 369 (373 f.); 111, 109 (311). In BGHZ 111, 309 (311) faßte der BGH diese Rechtsprechung mit dem Grundsatz zusammen: „(Z)umindest dann, wenn (...) beide Parteien gegen das Gesetz zur Bekämpfung der Schwarzarbeit verstoßen haben", könne der Vertrag nicht als rechtswirksam angesehen werden. „Im Einzelfall kann allerdings die 'Berufung auf die Nichtigkeit' eines gegen ein gesetzliches Verbot zuwiderhandelndes Rechtsgeschäft gegen Treu und Glauben verstoßen, so daß der Vertrag im Ergebnis als wirksam zu behandeln ist". Bemerkenswerterweise hielt der BGH

tionen auf ein gesetzlich zulässiges Maß vorgenommen[5], Verträge für die Dauer ihres Vollzuges faktisch aufrechterhalten[6] oder anhand ergänzender Vertragsauslegungen nichtige durch wirksame Inhalte ersetzt[7].

Nachfolgend soll die Bestimmung der Rechtsfolgen bei Verstößen gegen sicherheits- und gesundheitsbezogene Verbote näher betrachtet werden, da bei jenen rechtsgütergegenständlich wechselseitige Bezüge und Überschneidungen zu den umweltschützenden Normen zu erkennen sind.

1. Gesundheitsüberwachungsrecht

Nach § 18 BSeuchenG dürfen in bestimmten Betrieben (§ 17 BSeuchenG) Personen nur angestellt werden, wenn durch Gesundheitszeugnis der Nachweis dafür erbracht wurde, daß eine der in § 17 Nr. 1 bis 3 BSeuchenG genannten

---

in allen angeführten Entscheidungen eine Einschränkung der Nichtigkeit über den in § 242 BGB verorteten Einwand der unzulässigen Rechtsausübung für angebracht und kam im Einzelfall mal zugunsten des Auftraggebers, mal zugunsten des schwarzarbeitenden Unternehmers zu dem Ergebnis, das das Gericht einzelfallbezogen für recht und billig hielt. - Im Schrifttum ist die damit vollzogene Relativierung der Nichtigkeitsfolge vielfach auf Kritik gestossen, da hierdurch der abschreckende Effekt des Verbotes vermindert werde, siehe Köhler, JZ 1990, 466 (467 ff.); Kern, Die zivilrechtliche Beurteilung von Schwarzarbeitsverträgen, in: FS Gernhuber, 191 (203 f.); Reuter, Zivilrechtliche Probleme der Schwarzarbeit, 31 (44).

[5] So bei einigen preisrechtlichen Vorschriften. Prominent die Rechtsprechung zum Mietwucher: Übersteigt ein Mietzins die in § 5 WiStG oder § 302a StGB angelegten Wuchergrenzen schließt die Rechtsprechung nicht etwa auf die Nichtigkeit des ganzen Vertrages, sondern erhält das Rechtsgeschäft aufrecht unter gleichzeitiger Herabsetzung auf den zulässigen Mietzins. Wäre der ganze Mietvertrag nichtig, so würde der Schutzzweck der Mieterschutzvorschriften in sein Gegenteil verkehrt. BGHZ 89, 316, 321; OLG Stuttgart, NJW 1981, 2365; OLG Karlsruhe, NJW 1982, 1161; OLG Hamburg, NJW 1983, 1004. Das Ergebnis wird auch im Schrifttum durchgehend angenommen. Heftig umstritten ist allerdings, ob der Mietzins auf das gerade noch zulässige Maß (BGHZ 89, 316) oder auf die ortsübliche Höhe zu reduzieren ist (u.a. OLG Stuttgart, NJW 1981, 2365 m. Anm. Zimmermann; OLG Karlsruhe, NJW 1982, 1161; OLG Hamburg, NJW 1983, 1004; Canaris, Gesamtunwirksamkeit und Teilgültigkeit, FS Steindorff, 1990, 519 (529): „geradezu indiskutabel").

[6] Namentlich bei Dauerschuldverhältnissen wird vielfach auf der Nichtigkeitsfolge durch ein Rekurrieren auf das Konstrukt faktischer Verträge ausgewichen, was im Ergebnis nichts anderes bedeutet, als daß der Vertrag für die Dauer des Vollzuges Wirksamkeit zeitigt (Flume, AT II, § 17, 4). Soweit ein Arbeitsvertrag durchgeführt ist, wird zum Schutze des Arbeitnehmers von einem solchen Vertragsverhältnis ausgegangen (Vgl. BAG AP Nr. 2 zu § 611 BGB; Schaub, Arbeitsrechtshandbuch, § 35 III m.w.N.). Gleicherweise wird in der Regel die in Vollzug gesetzte Gesellschaft aus Gründen des Gesellschafter- und Gläubigerschutzes für grundsätzlich wirksam im Außen- wie im Innenverhältnis betrachtet (z.B. BGHZ 14, 235; 55, 5; BGH, NJW-RR 1991, 613).

[7] Diese dogmatische Figur ist bislang mehrfach angeführt worden, wenn die Klausel eines Vertrags nach § 138 BGB nichtig war oder der Inhaltskontrolle des AGB-Gesetzes nicht standhielt. Hier soll die unwirksame Klausel unter weiteren Voraussetzungen qua ergänzender richterlicher Vertragsauslegung durch eine wirksame ersetzt werden können; siehe in bezug auf einen Individualvertrag etwa BGHZ 107, 351 - Sittenwidrige Hinauskündigungsklausel.

Krankheiten nicht vorliegt. Ob ein diesem Verbot zuwider eingegangenes Arbeitsverhältnis gültig ist, ist umstritten. Die Verfechter der Auffassung, daß der Arbeitsvertrag trotzdem wirksam sei, begründen dies damit, daß dem Schutz der öffentlichen Gesundheit durch die Vernichtung des Arbeitsvertrages nicht weiter gedient sei[8]. Das Gesetz bezwecke nicht, den Arbeitgeber aus seinen zivilrechtlichen und arbeitsschutzrechtlichen Verpflichtungen gegenüber dem Arbeitnehmer freizustellen, sondern der Schutz der Allgemeinheit vor Infektionskrankheiten könne viel eher durch im nachhinein zu erlassende Bußgeldbescheide erreicht werden[9].

Nach der Gegenauffassung[10] dienen die §§ 17, 18 BSeuchenG *ausschließlich* dem Schutz der vertragsexternen Allgemeinheit. Hinter diesem hochrangigen Schutzgut müsse jede vertragliche Vereinbarung mit der Folge der totalen Nichtigkeit zurücktreten, da bereits jede Möglichkeit einer Gefährdung ausreiche.

2. *Arzneimittelrecht*

Hier ist zuvorderst die Entscheidung des Bundesgerichtshof in NJW 1968, 2286 zu nennen. Zugrunde lag ein Tatbestand, in dem ein Arzneimittelhersteller einem Arzneimittelgroßhändler Kälberschnellmastmittel verkauft hatte. Dieser Verkauf verstieß fraglos gegen § 3 Abs. 1 der Futteranmeldeordnung, weil das „Medikament" nicht in das Futtermittelregister eingetragen wurde; demgemäß durfte es nach § 2 FutterMG nicht in Verkehr gebracht werden. Der Bundesgerichtshof lehnte gleichwohl jegliche Auswirkung auf die Wirksamkeit des privatrechtlichen Vertrages ab. Das Verbot diene Kontrollzwecken und solle den amtlichen Stellen einen Überblick über die gehandelten Futtermittel geben. Der Bundesgerichtshof wertete die Norm deshalb als *bloße Ordnungsvorschrift*[11], wiewohl damit über die Qualität als Verbotsgesetz und die intendierten Rechtsfolgen gerade nichts ausgesagt ist.

Das nach § 20 AMG 1961 für Arzneimittel vor deren Anmeldung vorgesehene Verkehrsverbot greife nicht, da es sich auch insoweit um eine bloße gesundheitspolitische Ordnungsvorschrift handele, die nicht zur Nichtigkeit des Vertrages führe. Weitere Normen des AMG seien nicht einschlägig, da diese nur Verbote in bezug auf die Belieferung des Einzelhandels und der Verbraucher verfolgen würden[12]. Deshalb sei der Vertrag nicht anzugreifen.

---

[8] BAG, DB 1971, 1530; LAG Düsseldorf, DB 1966, 1023; Burchardt, DB 1969, 2087.

[9] BAG, DB 1971, 1530.

[10] LAG Frankfurt, DB 1966, 1023; LAG Hamm, DB 1969, 1994 f.; Grundstein, BB 1972, 714 f.; Westphal, Zivilrechtliche Vertragsnichtigkeit, 148 f.

[11] Kritisch AK-BGB/Damm, § 134 Rdnr. 55; MünchKomm/Mayer-Maly, § 134 Rdrn. 77; LG Stuttgart, NJW 1965, 354.

[12] BGH, NJW 1968, 2286 (2287).

Unklar ist allerdings, ob die Entscheidung heute noch inhaltliche Fortgeltung beanspruchen kann. Zwischenzeitlich ist das AMG in wesentlichen Teilen und auch der betreffenden Vorschrift geändert, so daß sich die Erwägungen des BGH jedenfalls nicht ohne weiteres auf die aktuelle Rechtslage übertragen lassen. Nach § 21 Abs. 1 AMG 1976 dürfen Fertigarzneimittel, auch soweit sie zur Anwendung bei Tieren bestimmt sind, nur nach Zulassung durch die zuständige Bundesoberbehörde in Verkehr gebracht werden. Es ist also mit der Zulassung qualitativ mehr gegenüber der nach AMG 1961 erforderlichen Anmeldung und Registrierung erforderlich. Dieses Mehr könnte in Fortsetzung der Argumentationslinie des Bundesgerichtshofes dazu führen, daß es sich nunmehr um ein zivilistisch nachzuvollziehendes Verbot handelt.

Dem Arzneimittelvertrieb im Reisegewerbe, der gegen § 51 AMG[13] verstößt, wird die zivilistische Wirksamkeit aberkannt[14]. Über die Fragestellung hatte ausdrücklich das LG Düsseldorf zu entscheiden[15]. Das Landgericht argumentierte, das Verbot des Feilbietens von Arzneimitteln und des Aufsuchens von Bestellungen auf Arzneimittel im Reisegewerbe habe den gesundheitspolitischen Zweck zu verhindern, daß beim Aufsuchen unerlaubte Heilkunde ausgeübt werde und der einzelne vor dem Erwerb und der Einnahme von ihm in ihrer Wirkung nicht bekannten Arzneimitteln geschützt werde. Damit richte sich das Verbot nicht nur gegen die Art der Vornahme, sondern gegen das Rechtsgeschäft selbst zum Schutze des einzelnen und der Allgemeinheit. Hierauf dürfte sich überdies die Rechtsprechung zur Nichtigkeit von Darlehensgeschäften im Reisegewerbe nach § 56 Abs. 1 Nr. 6 GewO in einem Erst-recht-Schluß übertragen lassen[16].

3. Heilkunderecht

Der mit einem entgegen §§ 1, 5 Heilpraktikergesetz[17] nicht zugelassenen Heilpraktiker geschlossene Heilbehandlungsvertrag soll insgesamt nichtig sein[18]. Der Erlaubnisvorbehalt nach § 1 HeilpraktikerG diene ausdrücklich

---

[13] „Das Feilbieten von Arzneimitteln und das Aufsuchen von Bestellungen auf Arzneimittel im Reisegewerbe sind verboten".

[14] LG Düsseldorf, NJW 1980, 647; zustimmend u.a. Palandt/Heinrichs, § 134 Rdnr. 16; Erman/Brox, § 134 Rdnr. 25.

[15] NJW 1980, 647.

[16] BGHZ 71, 361; BGH, NJW 1984, 229; ZIP 1989, 972. Seit Inkrafttreten des HtWG und VerbrKreditG soll die Eigenschaft eines Verbotsgesetzes aber zweifelhaft sein (Palandt/Heinrichs, § 134 Rdnr. 10 m.w.N.; offen gelassen in BGH, WM 1992, 10). Richtigerweise handelt es sich hierbei allerdings um die Frage, ob teleologisch immer noch auf die Unwirksamkeit solcher Geschäfte zu schließen ist.

[17] § 1 Abs. 1 HeilpraktikerG: „Wer die Heilkunde, ohne als Arzt bestellt zu sein, ausüben will, bedarf dazu der Erlaubnis."

[18] BVerfG, NJW 1988, 2290, 2295; LG Saarbrücken, VersR 1981, 585; OLG Düsseldorf, NJW 1988, 2308; OLG München, NJW 1984, 1826 (Dipl.-Psychologe).

nach § 2 DVO-HeilpraktikerG dem Schutz der heilungssuchenden Bevölkerung und damit vor allem dem Schutz des jeweiligen Patienten als Partner des Behandlungsvertrages. Im Falle der Wirksamkeit des Vertrages wäre der nicht zugelassene Heilkundler zu einer Behandlung verpflichtet, die durch das Heilpraktikergesetz verboten und sogar unter Strafe gestellt ist[19].

Gleicherweise sei ein Werbevertrag nichtig, in dem entgegen § 5 HeilmittelwerbeG 1978[20] für Arzneimittel geworben werde[21]. Die Nichtigkeitsfolge schränkte der Bundesgerichtshof zugleich aber ein, indem er einen Vergütungsanspruch des Werbeleiters für geleistete Tätigkeiten nach „arbeitsrechtlichen Grundsätzen" anerkannte[22].

4. Lebensmittelrecht

Die Herstellung und das Inverkehrbringen gesundheitsschädlicher und verdorbener Lebensmittel ist u.a. nach § 8 LMBG verboten. Entsprechende Sanktionen finden sich in vielen Einzelgesetzen, etwa in § 52 WeinG. Zu letzterem entschied das OVG Münster[23], daß solcher „Wein" nach § 52 Abs. 1 Satz 3 WeinG schlechthin verkehrsunfähig sei und mithin zum menschlichen Verzehr nicht angeboten und abgegeben werden dürfe. Der Bundesgerichtshof hatte - wie vorher schon mehrere Instanzgerichte - darüber zu befinden, ob mit Diethylenglykol versetzter Wein erfüllungstauglich ist. Auf das im Weingesetz statuierte Verbot, dieserart verfälschte Weine in den Verkehr zu bringen, ging der Bundesgerichtshof nicht ein[24].

Werden verdorbene oder sogar gesundheitsschädliche Lebensmittel verbotswidrig rechtsgeschäftlich in Verkehr gebracht, wird durchgängig von der Gültigkeit des Privatvertrages ausgegangen. Diese *„einhellige Meinung"*[25] geht namentlich auf zwei Entscheidungen des Reichsgerichts (RGZ 100, 39 und RGZ 170, 155, 156) zurück, wovon die spätere lediglich mit einem Verweis auf die erstere Entscheidung begründet wird. Im Judikat vom 18. Juni 1920 lehnte das Reichsgericht eine Anwendung von § 134 BGB im wesentlichen mit dem

---

[19] OLG München, NJW 1984, 1826, 1827; LG Saarbrücken, VersR 1981, 585 (mit Verweis auf die entsprechende Rechtsprechung zum RBerG); OLG Düsseldorf, NJW 1988, 2308 in bezug auf § 2 BÄrzteO.

[20] „Für homöopathische Arzneimittel, die nach dem Arzneimittelgesetz registriert oder von der Registrierung freigestellt sind, darf mit der Angabe von Anwendungsgebieten nicht geworben werden."

[21] BGHZ 53, 156 = JZ 1970, 504 m. Anm. Pawlowski (zur alten Rechtslage); siehe auch AK-BGB/Damm, § 134 Rdnr. 58.

[22] BGHZ 53, 156 (158).

[23] RdL 1991, 217 ff.

[24] BGH, NJW 1989, 218

[25] Westphal, Zivilrechtliche Vertragsnichtigkeit, 35.

etwas formal und begriffsjuristisch[26] wirkenden Verweis auf die „Einseitigkeit" des Verbotsverstoßes ab. Dieser Rechtsprechung wird in der Kommentarliteratur mit dem bloßen Verweis auf die reichsgerichtlichen Entscheidungen ohne nähere Begründung gefolgt[27].

5. Gerätesicherheitsrecht

Das Landgericht Augsburg meinte, ein Verstoß gegen § 3 des Gesetzes über technische Arbeitsmittel (GSG)[28], weil Zulassungs- und Sicherheitsbedingungen nicht eingehalten wurden, führe nicht zur Nichtigkeit nach § 134 BGB[29]. Der Wortlaut von § 3 spreche gegen das Vorliegen eines gesetzlichen Verbotes, indem nur formuliert sei „darf nicht" und nicht etwa „kann nicht" oder „ist unzulässig"[30]. Das Gesetz sehe des weiteren kein Bußgeld und keine Strafe vor. Auch eine strikte Untersagung müsse nach dem GSG nicht stets folgen, sondern es könne nach dem Gesetz auch ein schriftlicher Hinweis auf zu beseitigende Gefahrenquellen genügen. Schließlich sei der Verbotsvollzug „zum Schutz der mit dem Arbeitsgerät umgehenden Personen auch nicht erforderlich. (...) Würde ein Verstoß gegen § 3 des Gesetzes zur Nichtigkeit des Geschäftes führen, so hätte dies zur Folge, daß in einem großen Bereich des Wirtschaftslebens die Gewährleistungsansprüche des Kaufrechts überflüssig wären und der Käufer seiner Obliegenheit, fristgerecht zu rügen, enthoben wäre."[31]

Ebenso entschied das Oberlandesgericht Düsseldorf[32] und auch im Schrifttum wird diese Auffassung - allerdings ohne nähere Begründung - geteilt[33]. Der BGH schließlich konnte die Frage bislang offen lassen[34].

6. Gefahrstoffrecht

Seit Anfang der 90er Jahre ist das Problem formaldehydausgasender Spanplatten und Möbel in der Judikatur virulent[35]. Bereits seit einigen Jahren ist

---

26 Westphal, Zivilrechtliche Vertragsnichtigkeit, 54 f.

27 Siehe etwa Erman/Brox, § 134 Rdnr. 32; Staudinger/Dilcher, § 134 Rdnr. 31. In der Rechtsprechung noch OLG Hamburg, Recht 1909 Nr. 3723; Recht 1919 Nr. 711.

28 „Technische Arbeitsmittel dürfen nur in den Verkehr gebracht werden, wenn sie den in den Rechtsverordnungen nach diesen Gesetz enthaltenen sicherheitstechnischen Anforderungen und sonstigen Voraussetzungen für ihr Inverkehrbringen entsprechen und Leben oder Gesundheit oder sonstige in der Rechtsverordnung aufgeführten Rechtsgüter der Benutzer oder Dritter bei bestimmungsgemäßer Verwendung nicht gefährdet werden."

29 LG Augsburg, BB 1970, 1461. Siehe auch MünchKomm/Mayer-Maly, § 134 Rdnr. 85; Palandt/Heinrichs, § 134 Rdnr. 17; Staudinger/Dilcher, § 134 Rdnr. 31.

30 LG Augsburg, BB 1970, 1461.

31 LG Augsburg, BB 1970, 1461.

32 Auszugsweise wiedergegeben in BGH, NJW 1981, 2640 ff.

33 Palandt/Heinrichs, § 134 Rdnr. 17; Staudinger/Dilcher, § 134 Rdnr. 31.

34 BGH, NJW 1981, 2640, 2642.

bekannt, daß Formaldehyd potentiell kanzerogene Wirkungen zukommen. Das Bundesgesundheitsamt empfahl daher bereits 1977 die Einhaltung eines Grenzwertes von 0,1 ppm. Der Bundesminister für Arbeit hat dagegen eine maximale Arbeitsplatzkonzentration von 0,5 ppm festgelegt, während die WHO von einer maximalen Schadstoffkonzentration von 0,05 ppm ausgeht. Der Gesetzgeber reagierte schließlich und erließ zunächst in § 9 der GefahrStoffVO a.F. und mittlerweile in § 1 Abs. 1 i.V.m. Anh (zu § 1), Abschn. 3, Sp. 2 ChemVerbotsVO Inverkehrbringensverbote für formaldehydhaltige Werkstoffe und Möbel, die eine Ausgasung von mehr als 0,1 ppm ausweisen.

Die Oberlandesgerichte Köln und Nürnberg lehnten eine Heranziehung von § 134 BGB trotz Überschreiten des Schwellenwertes von 0,1 ppm lapidar mit der Begründung ab, das Verbot erlange, da es sich nur an eine Vertragspartei richte, lediglich im Rahmen des Gewährleistungsrechtes als objektiver Fehlermaßstab rechtsgeschäftliche Geltung[36].

II. Kritische Würdigung

1. Teilweise Aufrechterhaltung als Rechtsfolge?

Auch im Bereich des Sicherheits- und Gesundheitsrechts bewahrheitet sich, daß die Rechtsprechung aus vertragsparteienbezogenen Schutzgesichtspunkten keineswegs stets zur vollen Unwirksamkeit kommt[37]. Diese Entwicklung, die sich durch die vorliegenden Beispiele nur andeuten läßt, entspricht der ganz herrschenden Meinung[38]. Eine andere Auffassung vertritt allerdings R. Zimmermann in seiner Hamburger Dissertation von 1978. Bei Bejahung eines Verstoßes des Rechtsgeschäftes gegen ein Verbotsgesetz folge stets volle Nichtigkeit oder volle Wirksamkeit[39]. Er befürwortet ausdrücklich eine Rückkehr zum rigiden „Alles-oder Nichts-Prinzip", soweit im Gesetz Nichtigkeit angeordnet sei: „Sint ut sunt aut non sint."[40] Zimmermann hält die an Billigkeitsgesichtspunkten orientierte Rechtsfolgenbestimmung für eine mißglückte Form richterlicher Rechtsfortbildung, die gegen die Gestaltungsprärogative des Gesetzgebers verstoße[41]. Im Einzelfall unbillig erscheinende Folgen seien mit

---

[35] AG Erkelenz, VuR 1988, 339 ff.; AG Lindau, VuR 1988, 344 f.; LG Ansbach, VuR 1990, 35 f.; LG Frankfurt, ZMR 1990, 17; LG Hannover, NJW-RR 1990,972; OLG Köln, NJW-RR 1991, 1078; OLG Düsseldorf, NJW-RR 1991, 1496; OLG Nürnberg, NJW-RR 19993, 1300.

[36] OLG Köln, NJW-RR 1991, 1078; OLG Nürnberg, NJW-RR 1993, 1300 ff.

[37] Siehe Entscheidungen unter 1. und 3.

[38] Siehe eingehend: Damm, JZ 1986, 913 (913 ff.).

[39] Zimmermann, Richterliches Moderationsrecht oder Totalnichtigkeit, 177 ff. - Ebenso Schmalzbauer, Drittwirkung, 134 f. und 141, allerdings unter offensichtlicher Verkennung der Rechtsprechung.

[40] Zimmermann, Richterliches Moderationsrecht oder Totalnichtigkeit, 202.

[41] Zimmermann, Richterliches Moderationsrecht oder Totalnichtigkeit, 106 f., 181 ff.

Hilfe des Bereicherungsrechts zu kompensieren[42]. Gefolgschaft hat Zimmermann mit seiner Auffassung nicht gefunden. Im Schrifttum wird die Rechtsprechung im Hinblick auf die Feststellung der Nichtigkeitsfolge ausgehend von „Sinn-und-Zweck-Erwägungen des Verbotsgesetzes“ bei der Beschränkung einer „bezweckten“ Nichtigkeit ganz durchgängig - wenn auch mit unterschiedlichen Nuancierungen - akzeptiert[43]. Dies zu recht, denn der mit einem „Alles-oder-Nichts-Programm“ favorisierte binäre Schematismus würde ansonsten im Rahmen von § 134 BGB schutzzwidrig gegen den Geschützten ausschlagen, indem auch ihm mit der vollständigen Nichtigkeit des Vertrages die Rechte aus dem Vertrag genommen würden. Die von der Rechtsprechung geübte Differenzierung findet einen Rückhalt nicht zuletzt auch in der Formulierung des § 134 BGB, indem es heißt, das Rechtsgeschäft sei „nichtig, wenn sich nicht aus dem Gesetz ein anderes ergibt“. Etwas anderes als die vollständige Nichtigkeit kann sich eben auch in Form der teilweisen Nichtigkeit ergeben.

Recht unterschiedliche Konzepte zur schutzzweckbezogenen Beschränkung von Nichtigkeitsfolgen werden im Schrifttum vertreten. So sieht Lindacher die Bösgläubigkeit des gesetzeswidrig Handelnden einerseits und den Präventionsgedanken von Verboten andererseits als ausschlaggebende Kriterien an[44]. Fehle es an der Vorwerfbarkeit, könne dies die volle Nichtigkeit aus Vertrauensschutzgründen hindern[45] - U. Hübner vertritt in Anlehnung an die Rechtsprechung zur Nichtigkeit von Schwarzarbeitsverträgen ein „Konzept einer personalen Relativierung der Unwirksamkeit von Rechtsgeschäften nach dem Schutzzweck der Norm“[46]. Dem gesetzes- oder sittenwidrig Handelnden sei es verwehrt, sich auf die Nichtigkeit zu berufen, wenn der andere Teil primär oder jedenfalls auch durch das Verbot geschützt werden solle[47]. - Canaris schlägt vor, bei einseitigen, inhaltlichen Gesetzesverstößen davon auszugehen, daß der geschützte Teil die vertraglichen Ansprüche behalte, selbst jedoch nur aus ungerechtfertigter Bereicherung hafte[48]. Er begründet seine Auffassung damit, daß § 134, 2. Halbsatz BGB mit der Formulierung „wenn sich nicht aus dem Gesetz ein anderes ergibt“ auch eine solche Differenzierung teleologisch mit umfasse. Des weiteren sieht er sich im wertungsmäßigen Einklang mit dem anerkannten „Verbot der Berufung auf eigenes Unrecht“. Dem in der Rechtsprechung zutreffend herausgearbeiteten Präventionsprinzip sei im Rahmen der Rechtsfolgenbestimmung der verfassungsrechtliche und rechtsphilosophisch

---

42 Zimmermann, Richterliches Moderationsrecht oder Totalnichtigkeit, 158 ff.

43 AK-BGB/Damm, § 134 Rdnr. 37 ff.; Erman/Brox, § 134 Rdnr. 11; Flume, AT II, § 17, 4; MünchKomm/Mayer-Maly, § 134 Rdnr. 38 f.; Soergel/Hefermehl, § 134 Rdnr. 29.

44 Grundsätzliches zu § 138 BGB, AcP 173, 124 (129).

45 Lindacher, AcP 173, 124 (128 ff., 134).

46 Personale Relativierung, in: FS H. Hübner, 487.

47 U. Hübner, Personale Relativierung, in: FS H. Hübner, 487 (499 ff.)

48 Canaris, Gesetzliches Verbot, 28 ff.; ders., Gesamtunwirksamkeit und Teilgültigkeit, FS Steindorff, 519 (567 ff.).

begründete Grundsatz der Verhältnismäßigkeit hinzuzufügen[49]. Canaris gelangt so zu einem differenzierten, teils vertragsrechtlichen, teils bereicherungsrechtlichen Konzept der Rechtsfolgenbestimmung. - J. Hager und H. Roth favorisieren schließlich eine prinzipielle Aufrechterhaltung von Rechtsgeschäften, Hager über eine „gesetzes- und sittenkonforme Auslegung und Aufrechterhaltung“[50], Roth vermittels genereller geltungserhaltender Reduktion im Privatrecht[51].

Alle Formen der Aufrechterhaltung finden sich auch in der Rechtsprechung wieder. Insoweit kommt zunächst allen Lehren auch beschreibender Charakter bereits vollzogener Rechtsprechungsentwicklungen zu, und durchweg dienen sie fraglos auch der verbotsgesetzspezifischen Weiterentwicklung. Bedenken ergeben sich allerdings, soweit den Konzepten Allgemeingültigkeit zugedacht wird[52]. Krampe hat in einer jüngst veröffentlichen Untersuchung nachgewiesen, daß allgemeine, fest umrissene Aufrechterhaltungskriterien nicht unbedingt wünschenswert sind[53]. Ausgangspunkt der Konzeptionen von Nichtigkeitsbeschränkungen ist im Hinblick auf § 134 BGB stets der Sinn und Zweck des Verbotsgesetzes[54]. Eine trennscharfe Systematisierung und Generalisierung der Bestimmung der Rechtsfolgen innerhalb des § 134 BGB ist allerdings kaum möglich, da die Zwecke der einzelnen Verbotsnormen innerhalb der Teilrechtsgebiete sehr unterschiedlich sein können und weil im Rahmen einer schutzzweckorientierten Rechtsfolgenbestimmung die Besonderheiten des Einzelfalles zu berücksichtigen sind, da schließlich erst die Interessen, die Leistungsbeschreibung und der Austauschvorgang, wie ihn die Vertragsparteien favorisiert haben, die würdigungsfähigen Tatsachen des Einzelfalles schaffen. Beispielhaft kommt bei Preisvorschriften offenbar eine „geltungserhaltende Reduktion“ eher in Frage als bei Schwarzarbeitsverträgen. Bei letzteren wiederum könnte *im Einzelfall* Nichtigkeit schutzzweckwidrig ausschlagen, daher könnte hier - wie vom Bundesgerichtshof mehrfach angenommen - eine „personale Relativierung“ angezeigt sein. Die ratio legis kann mithin verschiedene Methoden der Rechtsfolgenbestimmung verlangen. Meint man es ernst mit der teleologischen Orientierung, ist jede Beschränkung der Methodenwahl problematisch, da damit

---

49 Gesamtunwirksamkeit und Teilgültigkeit, FS Steindorff, 519 ff.

50 J. Hager, Gesetzes- und sittenkonforme Auslegung und Aufrechterhaltung des Rechtsgeschäftes, 169 ff.

51 Roth, JZ 1989, 411.

52 Hübner (Personale Relativierung, in: FS H. Hübner, 487 (488) etwa heischt sich solche gerade nicht an, sondern sieht seinen Vorschlag nur als eine von mehreren Aufrechterhaltungslehren.

53 Krampe, AcP 194 (1994), 1 (insbes. 18 ff., 41).

54 Vgl. Canaris, Gesetzliches Verbot, 28; Roth, JZ 1989, 411; U. Hübner, Personale Relativierung, in: FS H: Hübner, 487 (499 f.); J. Hager, Gesetzes- und sittenkonforme Auslegung und Aufrechterhaltung des Rechtsgeschäftes, 169 ff.; Lindacher AcP 173. 124 (129 f.).

stets auch eine Verengung der Sinn-und-Zweck-Erwägungen des je zu beurteilenden Verbotes einhergeht[55].

2. *Begründungsdefizite*

Kritisch ist gegenüber der justiziellen Praxis der Rechtsfolgenbestimmung allerdings deren oftmals völlig unzureichender Begründungsaufwand anzumerken. Aufgrund der hier nur punktuell und bereichsbezogen dargestellten Rechtsprechung lassen sich zwar nur erste Rückschlüsse auf die rechtspraktische Bestimmung der Rechtsfolge ziehen, doch deutlich wird bereits hierdurch: Gelangen die Gericht im Ergebnis dazu, daß das Verbot keine Auswirkungen auf das Rechtsgeschäft haben soll, ist solche Rechtsfindung oftmals nur mit kurzen Hinweisen auf formal wirkende Kriterien begründet. Obligatorisch erfolgt in diesen Fällen nämlich der Hinweis auf die Einseitigkeit und/oder den „bloßen Ordnungscharakter" des Verbots[56]. Kommen die Gerichte hingegen zur vollständigen oder teilweisen Unwirksamkeit, werden die für eine Regelwirksamkeit sonst scheinbar so zentralen Kriterien der „Einseitigkeit" und des „Ordnungscharakters" höchstens noch am Rande genannt, von denen eben jetzt eine Ausnahme zu bilden sei. Die angenommene Unwirksamkeit wird sodann zumeist abwägend begründet[57].

Regel-Ausnahme-Verhältnisse zugunsten der totalen Nichtigkeit betont für „beiderseitige Gesetzesverstöße" der Bundesgerichtshof[58] und ein Teil des Schrifttums[59]. In dieselbe Richtung weisen schließlich Formulierungen wie das Rechtsgeschäft sei „im Zweifel"[60] nichtig. Von anderen allerdings wird das genaue Gegenteil vertreten: Beispielsweise Hübner postuliert Nichtigkeit als ultima ratio[61]. - Zu recht sind solche verbalen Vorausrichtungen kritisiert worden[62]. Ob ein Rechtsgeschäft ausnahmsweise oder in der Regel nichtig ist,

---

[55] So auch AK-BGB/Damm, § 134 Rdnr. 37 ff. und Krampe, AcP 1994, 1 (41): „Vielleicht ist eine gut kalkulierbare Aufrechterhaltungsrechtsprechung nicht einmal wirklich wünschenswert." Die fallspezifische Rechtsfolgenbestimmung und die davon abhängige Methodenwahl verwehre es weitgehend, Rechtsgeschäfte in Ansehnung verbotswidriger Inhalte vorzunehmen und auf deren - jedenfalls teilweisen - Erhalt zu vertrauen. Siehe noch AK-BGB/Teubner, § 242 Rdnr. 4 ff., der eine „Steigerung von Unbestimmtheit" anstrebt, infolge der Generalklauseln ihrer gesellschaftlichen Funktion, „gesellschaftsadäquate Entscheidungen zu ermöglichen, besser gerecht" würden (Rdnr. 12).

[56] Siehe die Entscheidungen unter § 6 I 2, 4, 5 und 6.

[57] Siehe etwa BGHZ 115, 123 (125 f.); 116, 268 (272 f.); jew. zur Weitergabe von Patientendaten an Dritte.

[58] BGHZ 45, 322 (326); BGH, NJW 1974, 374 (377).

[59] Siehe etwa Erman/Brox, § 134 Rdnr. 13; Soergel/Hefermehl, § 134 Rdnr. 4

[60] Canaris, Gesetzliches Verbot, 14 ff.

[61] In: FS Wieacker, 399, 410; dahingehend auch J. Hager, Gesetzes- und sittenkonforme Auslegung und Aufrechterhaltung des Rechtsgeschäftes, 169 ff.; Roth, JZ 1989, 411.

[62] AK-BGB/Damm, § 134 Rdnr. 34.

besagt schon deshalb nichts, weil sich quantitativ meßbar weder zugunsten der Nichtigkeit „in der Regel“ befürwortenden noch „in der Regel“ ablehnenden Meinung eine klare Aussage treffen läßt[63]. Vielmehr macht es den Anschein, daß die Verweise auf eine Regelmäßigkeit dazu benutzt werden, eine nähere Begründung des Ergebnisses zu sparen. Die Anwendung bzw. Nichtanwendung der „kleinen Generalklausel“ auf die Einzelnorm und den Einzelfall bedarf indes gerade der Transparenz und Rationalität der Entscheidungsbegründung[64]. Im Prinzip folgt dies auch aus der Rechtsprechung des Bundesgerichtshofes, wonach *letztlich* Sinn und Zweck des Verbotes ausschlaggebend seien.

So verwundert insonderheit die Begründungsarmut, wenn eine Auswirkung des Verbotes auf das Rechtsgeschäft abgelehnt wird. Über die Formalkriterien der „Einseitigkeit“ des Verbots und des „bloßen“ Ordnungscharakters hinaus scheinen insoweit keine weiteren Voraussetzungen notwendig zu sein. Sinn und Zweck der diskutierten Sanktionen werden oftmals nicht oder nur vage benannt[65]. Es fehlt schließlich an der Herausarbeitung leitender Prämissen[66] und auch die gefundenen Ergebnisse sind nicht widerspruchsfrei[67]. Beispielsweise ist diskutabel, ob die nach § 20 AMG 1961 notwendige Anmeldung und Registrierung von Fertigarzneimitteln wirklich nur der *guten Ordnung halber* erlassen wurde - wie es der Bundesgerichtshof für ein Kälberschnellmastmittel postuliert -, oder ob das AMG-Verbot nicht gerade auch dem Schutz des Konsumenten diente[68]. Man darf dazu vermuten, daß die Bewertung des Zivilsenates anders ausgefallen wäre, wenn das Muskelpräparat an Menschen weitergegeben würde, was angesichts der zahlreichen neueren Doping-Fälle ja durchaus vorstellbar ist. Eben in den Umständen *des Einzelfalles* hätte zwischen Kälbermast und Menschendoping unter Umständen die maßgebende Unterscheidung getroffen werden können: Stets handelt es sich um Verstöße gegen gesetzliche Verbote, aber § 20 AMG 1961 erforderte nach dessen Sinn und Zweck möglicherweise im vom Bundesgerichtshof seinerzeit zu entscheidenden Einzelfall nicht die Untersagung eines an sich unzulässigen Mastmittelverkaufes[69]. Dies insbesondere deshalb nicht, weil der beklagte Futtermittelgroßhändler offenbar selbst bewußt dem Verbot zuwider handelte und durch den Weiterverkauf der

---

[63] Vgl. etwa die Auflistung bei Palandt/Heinrichs, § 134 BGB Rdnr. 8 ff., der den Kriterien folgt, gleichwohl kein quantitatives Überwiegen der Ausnahmen erkennen läßt.

[64] Siehe oben § 3.

[65] J. Hager, Gesetzes- und sittenkonforme Auslegung und Aufrechterhaltung des Rechtsgeschäftes, 219.

[66] Damm, JZ 1986, 913 (925 f.).

[67] Insbesondere die Rechtsprechung zu § 5 WiStG, wonach der Mietzins auf die Wesentlichkeitsgrenze und nicht auf die Höhe der ortsüblichen Miete zu reduzieren sei: Canaris, Gesamtunwirksamkeit und Teilgültigkeit, FS Steindorff, 519 (529 ff. m.w.N.)

[68] So zutreffend: AK-BGB/Damm, § 134 Rdnr. 55.

[69] Selbst daran kann man aber noch Zweifel hegen, wenn in der Nahrungskette Auswirkungen auf die Gesundheit der Bevölkerung durch den Verzehr medikamentenbehandelter Kälber zu befürchten sind.

Mastarznei an Landwirte bereits wirtschaftlichen Nutzen gezogen hatte[70]. In Anlehnung an die Nichtigkeitsbeschränkung bei Schwarzarbeitsverträgen über § 242 BGB[71] hätte es deshalb dem Großhändler untersagt sein können, sich jetzt noch auf die Gesetzwidrigkeit des Geschäftes zu berufen.

3. Fehlende Trennung von Verpflichtungs- und Erfüllungsebene

Durchgehend fehlt eine Trennung von Verpflichtungs- und Erfüllungsebene des Vertrages. Es ist erstaunlich, daß insgesamt der Verstoß des Rechtsgeschäftes gegen das gesetzliche Verbote stets als unproblematisch angenommen wurde, ohne daß überhaupt darauf eingegangen wurde, ob bereits die *Verpflichtung* zu einer gesetzwidrigen Leistung dem Vertragsinhalte nach bestand oder ob - was etwa für die lebensmittelpolizeilichen Verbote des Inverkehrbringens, der Untersagung des Handeltreibens mit unsicheren Produkten und dem Verbot des Inverkehrbringens formaldehydhaltiger Möbel doch viel naheliegender scheint - lediglich die Erfüllung zu beanstanden gewesen wäre, was - wie gezeigt[72] - normalerweise nur die Erfüllungsebene des Kaufvertrages tangiert hätte und zur Frage hätte führen sollen, ob angesichts der Gesetzesinkonformität nicht von einem aliud ausgegangen werden mußte. Es hätte allemal näher gelegen, zunächst zu prüfen, ob ein gesundheitsgefährliches Produkt entgegen dem LMBG oder ein nach dem GSG unsicheres Produkt *geschuldet* war, oder ob eben nur mit einem solchen trotz anderweitiger Möglichkeiten *erfüllt* worden ist, was die Diskussion allenfalls der Erfüllungstauglichkeit der konkret gelieferten Ware, nicht aber der Nichtigkeit des zugrunde liegenden Vertrages bedingt hätte.

4. Prävention als Gesetzeszweck

Im Vordergrund der Überlegungen zur Nichtigkeitsfolge steht oftmals die Postulierung bestimmter präventiver Zwecke des Verbotsgesetzes[73]. Streit besteht über Eintreten und Umfang der Nichtigkeit namentlich in Fällen, in denen Verbotsgesetzen aus öffentlichen Interessen heraus auch generalpräventive Wirkungen zukommen sollen. Nach einer Meinung lasse dies keinen weitergehenden Schutz der Vertragsparteien zu, da ansonsten der abschreckende Effekt entfiele[74]. Nach der anderen Auffassung bildeten die präventiven

---

70 BGH, NJW 1968, 2286 f.; - der BGH selbst stellt darauf ab, daß im Rechtsverhältnis zu den (End-)Abnehmern etwas anderes gelten könnte (S. 2287, li. Sp.), ohne hierfür die Gründe zu nennen.

71 Siehe § 6 I, Fußn. 4.

72 § 5 II.

73 Etwa BGH, NJW 1983, 109 (110).

74 Im Hinblick auf „Schwarzarbeitsverträge" beispielsweise: Kern, Die zivilrechtliche Beurteilung von Schwarzarbeitsverträgen, in: FS Gernhuber, 191 (198 f.); Köhler, JZ 1990, 466 (472); Reuter, Zivilrechtliche Probeme der Schwarzarbeit, 31 (41 ff.)

Gesichtspunkte nur *ein* und nicht *das* ausschlaggebene Kriterium und müßten insbesondere dann zurücktreten, wenn ansonsten das Verbot schutzzweckwidrig zu Ungunsten einer Partei ausschlagen würde[75].

Soweit in den Entscheidungen Präventionsgesichtspunkte als *eine* oder *die* Zwecksetzung der Sanktionsnorm benannt werden, bleibt im Ergebnis vieles in bezug auf Feststellung und Folgen präventiver Zwecke undeutlich. Ein exemplarischer Widerspruch scheint sich etwa in der Rechtsprechung zu Miet- und Kreditwucher aufzutun. Bei sittenwidrigen Darlehensverträgen erklärt der Bundesgerichtshof solche Verträge für samt und sonders nichtig. Das Vertragsverhältnis wird über § 812 Abs. 1 Satz 1, 1. Alt. BGB rückabgewickelt, für den Kreditgeber entfällt bis dahin jeder Zinsanspruch. Der Bundesgerichtshof begründet dies mit dem präventiven Charakter des Verbotes, der es nicht zulasse, dem Kreditgeber einen Restanspruch zu belassen[76]. Ganz anders aber die Rechtsprechung zu dem von der Ausgangslage ähnlichen Mietwucher[77]: Hier wird der Vertrag selbst aufrechterhalten, der Mietzins dagegen wird auf das „gerade noch zulässige Maß" und nicht etwa auf das durchschnittliche Maß reduziert. Der Abschreckungseffekt für wucherische Vermieter, auf den die Wuchervorschriften des § 302a Strafgesetzbuches und des § 5 Wirtschaftsstrafgesetzes zweifellos auch abzielen, wäre ganz offenbar mit einer Reduzierung auf 100% oder darunter viel eher zu erreichen[78].

Die Unsicherheiten über den Einsatz von Präventionsargumenten ziehen sich allerdings auch durch das Schrifttum. Einzelnormbezogen kommen hier Autoren unter paralleler Inanspruchnahme des Schutzcharakters der Verbotsvorschrift zu sich konträr widersprechenden Ergebnissen[79]. Ein generelles Problem ist dabei, daß zwischen verschiedenen Präventionszielen nicht deutlich genug unterschieden wird. Es kann der Schutz vor Realisierung einer noch nicht eingetretenen Gefahr beabsichtigt sein. Gebraucht man Prävention in diesem Sinne ist, damit *Vorsorge* gemeint. Solche Vorsorge kann durch durch die Aufstellung von Unterlassungsansprüchen i.w.S. am konsequentesten geleistet

---

[75] Insbes. Canaris, Gesamtunwirksamkeit und Teilgültigkeit, FS Steindorff, 519, 530 ff.; J. Hager, Gesetzes- und sittenkonforme Auslegung und Aufrechterhaltung des Rechtsgeschäftes, 183 ff.; Westphal, Zivilrechtliche Vertragsnichtigkeit, 103 ff., 113 ff.

[76] St. Rspr., z.B.: RGZ 161, 52; BGH, NJW 1983, 1420 (1422 f.)

[77] Insbes. BGHZ 89, 316 (321 f.).

[78] Canaris, Gesamtunwirksamkeit und Teilgültigkeit, FS Steindorff, 519 (529 f.); Krampe, AcP 194, 1 (30 f.).

[79] Gegen Nichtigkeit von Schwarzarbeitsverträgen generell Westphal, Zivilrechtliche Vertragsnichtigkeit, 140 ff., der darlegt, daß es zu einem kontinuierlichen Steigerungen der Schwarzarbeit trotz zivilrechtlicher Nichtigerklärungen kommt und deshalb „augenscheinlich" so die Zwecke nicht zu erreichen seien; für vollständige Nichtigkeit u.a. Köhler, JZ 1990, 466 (467 ff.); Kern, Die zivilrechtliche Beurteilung von Schwarzarbeitsverträgen, in: FS Gernhuber, 191 (203 f.); Reuter, Zivilrechtliche Probleme der Schwarzarbeit, 31 (44), die den Abschreckungseffekt zwar behaupten, aber nicht näher „beweisen".

werden[80]. Daneben kann möglicherweise eine Prävention im Sinne einer in die Zukunft gerichteten *Abschreckung* der Vertragsparteien (Spezialprävention) oder Dritter (Generalprävention) dem Verbot zugrunde liegen.

Folgt man dieser Unterscheidung ist mit spezial- und generalpräventiven Erwägungen zurückhaltend umzugehen. Soweit diese ins Feld geführt werden, bleiben zumeist einige Bedenken, da ihre Annahme regelmäßig auf schlichten Unterstellungen basiert[81]. Daß die Präventionswirkung durch eine strikte Nichtigkeit von Rechtsgeschäften verstärkt würde, ist nahezu stets zweifelhaft. Ein Abschreckungseffekt für die Vertragsparteien und Dritte besteht bestenfalls für zukünftige Geschäfte, die wissentlich verbotswidrig vorgenommen werden, denn nur wer von einem Verbot und dessen Folgen weiß, wird sich danach auch richten (können)[82]. Hinzu tritt, daß die Abschreckung der zivilistischen Nichtigerklärung durchaus hinter der der Aufrechterhaltung zurücktreten kann. So kann es beispielshalber den Wucherer unter Umständen schlimmer treffen, seine Leistung zu marktüblichen Konditionen einem Dritten zu überlassen, als durch die Nichtigerklärung wieder die volle Dispositionsfreiheit über den Vertragsgegenstand ausüben zu können, um so einen höheren bis zur Grenze des Wuchers reichenden Zins verlangen zu können. Und schließlich sind die generalpräventiven Folgen der Nichtigerklärung insgesamt zweifelhaft, weil es an entsprechenden Richtigkeitserweisen fehlt. Die verbreitete Behauptung, daß etwa die Schwarzarbeit durch konsequente Nichtigerklärung von Schwarzarbeitsverträgen eingedämmt wird[83], ist ohne nähere Darlegungen problematisch, jedenfalls unbelegt, da sich eine Eindämmung der Schwarzarbeit de facto nicht feststellen läßt[84]. Die umgekehrte Folgerung, die Nichtigerklärung von Schwarzarbeitsverträgen habe das Ausmaß der Schwarzarbeit überhaupt nicht beeinflußt[85], ist ebenfalls gewagt. Dies ergibt sich nämlich nicht „augenschein-

---

80 In diese Richtung zielen etwa Esser/Schmidt, SchuldR AT, Tb. 1, § 2 V; Medicus, NuR 1990, 145 (150).

81 J. Schmidt, KritVj 1986, 83 ff.; Westphal, Zivilrechtliche Vertragsnichtigkeit, 103 ff., 113 ff., 142 f. - Für den Fall, daß eine nach §§ 17, 18 BSeuchenG notwendige Untersuchung nicht durchgeführt wurde, nimmt Grundstein (BB 1972, 714 (715)) eine starke Präventionswirkung zivilistischer Nichtigkeit an. Er hält eine präventive Wirkung durch Nichtigerklärung von Arbeitsverträgen, die unter Verstoß gegen das Bundesseuchengesetz zustande gekommen sind, 1972 für den Raum Frankfurt für bewiesen: Nach entsprechender Rechtsprechung des Arbeitsgerichtes Frankfurt und Landesarbeitsgerichts Frankfurt sei nach vielen Veröffentlichungen in den gastronomischen Fachblättern ein deutlicher Rückgang der Verstöße zu bemerken gewesen. - Will man dieses Argument einsetzen, müßte allerdings geklärt werden, mit welchen Rechtsfolgen der zukünftigen Einhaltung des Verbotes am ehesten Genüge getan werden kann. Für den Beispielsfall aus dem Seuchenrecht heißt dies, es müßte berücksichtigt werden, ob nicht staatliche Sanktionen wie Strafen und Bußgelder dieselbe Wirkung gezeitigt hätten.

82 Westphal, Zivilrechtliche Vertragsnichtigkeit, 103 ff., mit weiterführenden Nachweisen.

83 BGH, NJW 1983, 109 (110): Der „Zweck des [Schwarzarbeits-]Gesetzes, nämlich die Verhinderung von Schwarzarbeit, [lasse sich] nur dann erreichen, wenn gegen das Gesetz verstoßende Verträge als nicht rechtswirksam angesehen werden."

84 Westphal, Zivilrechtliche Vertragsnichtigkeit, 142 f.

85 Westphal, Zivilrechtliche Vertragsnichtigkeit, 142 f.

lich“ aus der tatsächlichen Zunahme von Schwarzarbeit[86], weil diese ohne Nichtigerklärung möglicherweise noch stärker zugenommen hätte. Die hier vertretene, grundsätzlich vorsichtige Berücksichtigung generalpräventiver Aspekte folgt letztlich auch daraus, daß Abschreckung möglicherweise effektiver mit einer forcierten straf- und ordnungswidrigkeitenrechtlichen Verfolgung erzielt werden kann.

Um Aussagen über die *unmittelbaren* Präventions*zwecke* eines Gesetzes machen zu können, wird zunächst nach den gesetzlichen Schutz*richtungen* zu differenzieren sein, in erster Linie also eine Unterscheidung zwischen den Interessen der Vertragsparteien, Interessen Dritter und Interessen der Allgemeinheit[87]. Zielt das Gesetz gerade auf den Schutz einer Vertragspartei, hat dem die Rechtsfolgenbestimmung Rechnung zu tragen, so daß Totalnichtigkeit eher die Ausnahme sein wird, weil dem zu Schützenden regelmäßig normzweckwidrig sein Erfüllungsanspruch genommen würde[88]. Ist hingegen der Schutzzweck des Gesetzes nicht (vorrangig) den Interessen einer Partei gewidmet, sondern soll aus überindividuellen Schutzgesichtspunkten der Vertragsschluß untersagt sein, fallen präventive Argumente zugunsten Dritter bzw. der Allgemeinheit viel stärker ins Gewicht[89]. Wird nämlich durch den speziellen Vertragsschluß ein Zustand herbeigeführt, den es aus allgemeinen Interessen zu verhindern gilt, verbietet es sich naturgemäß, nur die vertragsinterne Angemessenheit herbeizuführen und die außervertraglichen Aspekte auszuklammern. Solche Konstellationen sind namentlich bei Verletzung extrakontraktueller Gesundheits- und Sicherheitsinteressen denkbar, denen mit finanziellen Ausgleichslösungen der Vertragsparteien untereinander nicht gedient ist. Ein gutes Beispiel sind hier §§ 17, 18 BSeuchenG. Vertragsintern mag es unangemessen erscheinen, dem Arbeitnehmer seines vertraglichen Schutzes zu berauben, weil der Arbeitgeber eine entsprechende Untersuchung nicht hat herbeiführen lassen. Aus dem allgemeinen Gesundheitsinteresse folgt jedoch, daß mindestens *solange* ein seuchenrechtlich notwendiges Attest nicht vorliegt, der Arbeitsvertrag unwirksam sein muß, da ansonsten die zu unterbindende Gefährdung rechtlich sanktioniert würde.

Dabei ist allerdings dem Eindruck entgegenzutreten, es könnten die Interessen stets klar voneinander abgegrenzt werden[90]. Vielmehr dürfte zumeist neben

---

[86] So aber Westphal, Zivilrechtliche Vertragsnichtigkeit, 142.

[87] AK-BGB/Damm, § 134 Rdnr. 38 ff.; J. Hager, Gesetzes- und sittenkonforme Auslegung und Aufrechterhaltung des Rechtsgeschäftes, 183 ff.; Pawlowski, JZ 1970, 506 (508 f.).

[88] So überzeugend: J. Hager, Gesetzes- und sittenkonforme Auslegung und Aufrechterhaltung des Rechtsgeschäftes, 183 ff.

[89] Ausdrücklich a.A: J. Hager (Gesetzes- und sittenkonforme Auslegung und Aufrechterhaltung des Rechtsgeschäftes, 186.). Allerdings zieht er zur Begründung mit den Preisvorschriften ein Beispiel heran, das wegen seiner primär vertragsinternen Schutzrichtung gerade nicht taugt.

[90] AK-BGB/Damm, § 134 Rdnr. 42; Wolf, Privatautonomie, § 4 I: Beispiel: Verstoß gegen RBerG, Schutz des Ratsuchenden, aber auch oder sogar in erster Linie Schutz der Allgemeinheit vor unseriöser Rechtsberatung.

dem Schutz der einen Vertragspartei auch der Schutz allgemeiner Belange oder - im vorliegenden Kontext - der Schutz von „Umweltinteressen" bezweckt sein. Bereits die abstrakt- generelle Sichtweise und Konzeption materieller Gesetze verwehrt eine Reduktion auf bloße Individualinteressen; der Gesetzgeber hat mit der Fassung als Gesetz die übergeordnete, allgemeinere Wichtigkeit gewissermaßen festgestellt. Dies wird im Bereich umweltbezogener Verbote schon in den hier bereichsspezifisch häufig ausdrücklichen Zwecksetzungen deutlich. Um nur ein Beispiel zu nennen: In § 1 GefStoffVO heißt es : „Zweck dieser Verordnung ist es, durch Regelungen über die Einstufung, über die Kennzeichnung und Verpackung von gefährlichen Stoffen, Zubereitungen und bestimmter Erzeugnisse sowie über den Umgang mit Gefahrstoffen den Menschen vor arbeitsbedingten oder sonstigen Gesundheitsgefahren und die Umwelt vor stoffbedingten Schädigungen zu schützen [...]."

Probleme sind dementsprechend vorgezeichnet für Fälle, in denen vertragsinterne Schutzgesichtspunkte für und vertragsexterne gegen die Aufrechterhaltung eines Rechtsgeschäftes sprechen.

III. Kriterien der Rechtsfolgenbestimmung

Die von der Rechtsprechung angestrebten Differenzierungen zu einer flexiblen, einzelnorm- und -fallbezogenen Sanktionswahl verdienen überwiegend Zustimmung. Die dabei herangezogen Argumente und auch die erzielten Ergebnisse widersprechen sich allerdings häufig. Im folgenden soll versucht werden, anhand der herausgearbeiteten Kritikpunkte eine allgemeinere Systematik zur Rechtsfolgenbestimmung bei umweltbezogenen Verboten vorzustellen, wobei diese nicht abschließend sein soll und kann.

Im Gegensatz zur Verbotsbestimmung, die abstrakt-generell erfolgt, ist die Rechtsfolge eines verbotswidrigen Rechtsgeschäftes einzelnormbezogen unter Berücksichtigung konkret-individueller Momente zu bestimmen. Kernproblem ist bei Tangierung von Umweltinteressen, ob und ggfs. in welcher Weise diese mit möglicherweise entgegenstehenden Interessen der Vertragsparteien in Ausgleich zu bringen sind. Einesteils ließe sich denken, daß den Schutzzwecken selbst ein gewisser Vorrangcharakter bestimmer Interessenlagen inhärent sein kann, und diese sodann im Zweifel vorgehen. Anderenteils ist es erforderlich, zu klären, in welchem Maße nicht bereits von der Aufrechterhaltung des Vertrages unabhängige Ansprüche bestehen, so daß den internen Interessen möglicherweise schon so Genüge getan werden kann.

1. Prinzipieller Erhalt schadensrechtlicher Positionen

Vor, während und nach Vertragsschluß bestehen besondere Sorgfalts-, Obhuts- und Aufklärungspflichten usw. gegenüber dem Vertragspartner (sog.

Schutzpflichten[91]), deren Vernachlässigung über die Rechtsinstitute „culpa in contrahendo" und „positive Vertragsverletzung" sanktioniert werden kann. Überwiegend anerkannt ist, daß von der Vertragsnichtigkeit der Bestand vorvertraglicher und vertraglicher Schutzpflichten nicht gleichfalls betroffen sein muß[92]. Der eigentliche Haftungsgrund von Ansprüchen aus „culpa in contrahendo" und „positiver Vertragsverletzung" liegt nicht in dem wirksamen Zustandekommen des Vertrages, sondern - insoweit bestehen unterschiedliche Akzentuierungen - in der „Inanspruchnahme von Vertrauen"[93] oder allgemeiner im „gesteigerten sozialen Kontakt"[94]. Der angenommene Schutz entfällt dementsprechend nicht mit dem Vertrag, da zwar der Vertrag nicht aber das Vertrauen bzw. der soziale Kontakt ungeschehen gemacht werden können, insofern ist zwischen dem Vertrags- und dem Schutzpflichtverhältnis zu differenzieren[95]. Dem stehen auch die Regelungen der §§ 309, 307 BGB nicht entgegen. Danach kann Schadenersatz bei Nichtigkeit des Vertrages nach § 134 BGB nur unter den engen - und vielfach kritisierten[96] - Voraussetzungen des § 307 BGB verlangt werden. §§ 307, 309 BGB regeln lediglich den Schadenersatz wegen einseitiger *Kenntnis bzw. Kennenmüssen des Leistungshindernisses.* Die Verletzung von Schutz- und Obhutspflichten und deren Sanktionierung via c.i.c. und pVV findet sich in §§ 309, 307 BGB nicht wieder, denn es geht dort um *Begleitschäden jenseits des Leistungsinteresses*[97].

Es bleibt festzuhalten, daß die Statuierung von Schutzpflichten durch die eventuelle Nichtigkeit überhaupt nicht beeinflußt wird, so daß Aspekte des Parteischutzes durch Ansprüchen aus „culpa in contrahendo" und positiver Vertragsverletzung weitgehend gerecht zu werden ist. Bei den Ausführungen zum Eintreten und Ausmaß der Vertragsunwirksamkeit ist deshalb stets auch zu bedenken, daß dem Schutz der Parteiinteressen durch die Heranziehung dieser Rechtsinstitute oftmals Genüge getan werden kann, so daß die teilweise Aufrechterhaltung des Rechtsgeschäftes aus Schutzzweckerwägungen nicht bedingt sein muß.

---

91 So bereits Stoll, AcP 131 (1929), 141.

92 BGHZ 99, 101 (106); 18, 248 (252); OLG Düsseldorf, BB 1975, 201; Canaris, JZ 1965, 475; Esser/Schmidt, SchuldR AT, Tb. 2, § 29 I; Köhler, JZ 1990, 466 (471); MünchKomm/Emmerich, Vor § 275 Rdnr. 45; Palandt/Heinrichs, § 276 Rdnr. 77; Soergel/Wiedemann, Vor § 275 Rdnr. 150; Thiele, JZ 1967, 648 (653 f.) - a.A.: Reuter, Zivilrechtliche Probleme der Schwarzarbeit, 31 (42 f.).

93 H.M. - In der Rechtsprechung beispielsweise: BGHZ 60, 221 (223); 71, 386 (392 ff.). In der Literatur insbes. Ballerstedt, AcP 151 (1950/1951), 501 (506).

94 Grundlegend Dölle, ZgS 103 (1943), 67 ff.; siehe auch Esser/Schmidt, SchuldR AT, Tb. 2, § 29 I und Thiele JZ 1967, 648 (657). Zu weiteren Erklärungen für den Rechtsgrund der Haftung siehe Soergel/Wiedemann, Vor § 275 Rdnr. 114 ff.

95 Stoll, AcP 131 (1929), 141; aus der neueren Literatur: Esser/Schmidt, SchuldR AT, Tb. 2, § 29 I m.w.N.

96 Etwa Fikentscher, SchuldR, § 43 II 4; Larenz, SchuldR BT, Bd. 1, § 8 III; MünchKomm/Söllner § 307 Rdnr. 10.

97 Soergel/Wiedemann, Vor § 275 Rdnr. 172.

2. *Vor Vertragsdurchführung*

Verstößt der Inhalt eines Rechtsgeschäftes gegen ein gesetzliches Verbot, verpflichtet sich namentlich eine Partei zur Erbringung einer rechtswidrigen Leistung, gewährt das Recht grundsätzlich keine Möglichkeit, auf den Vertrag gestützte, rechtswidrige Leistungen durchzusetzen[98]. Dies gilt auch insoweit, als es sich um Verbote handelt, die an sich wegen ihres „bloßen Ordnungscharakters" die rechtsgeschäftliche Wirksamkeit unberührt lassen, etwa weil sie sich allein gegen die Zeit, den Ort oder das Verfahren der Vertragsvornahme richten[99]. Die Lieferung nach Ladenschluß kann nicht erzwungen werden[100]. Der Käufer, der kein Rezept vorlegt, kann nicht auf Lieferung eines verschreibungspflichtigen Medikaments klagen[101]. Der Käufer eines Dosier-Aerosols kann nicht auf Erfüllung dergestalt bestehen, daß eine nach der FCKW-Halon-Verbots-VO gebotene Kennzeichnung unterbleibt.

Beantwortet ist damit zunächst nur die, notfalls forensische, *Durchsetzbarkeit* gesetzwidriger Vertragsbestandteile, nicht aber die Frage, ob und inwieweit der Vertrag teilweise oder im ganzen nichtig ist. Zu unterscheiden ist insoweit die *formelle Durchsetzbarkeit* des Vertrages und einzelner Bestandteile von dessen *materiellem Schicksal.* Der Vertragsvollzug bildet im Hinblick auf das materielle Schicksal nur *ein* und nicht *das* Kriterium einer Systematisierung[102]. Die Rechtsfolge ist nach den Schutzzwecken der Norm und den von den Parteien verfolgten Zwecken zu beantworten. Schematische Lösungen sind hier von vornherein zu verwerfen. Wenn die Schutzzwecke des gesetzlichen Verbot gerade für einen bestimmten Mindestinhalt des Rechtsgeschäftes sprechen, dürften dagegenstehende Vereinbarungen unbeachtlich sein, da ansonsten der Schutzcharakter der Norm unterlaufen würde[103]. Insgesamt kommt es auf eine einzelnorm- und -fallbezogene Würdigung an. Stehen Bestandteile des Vertrages einem gesetzlichen Verbot zuwider, wird oftmals Unwirksamkeit nur im Hinblick auf den betroffenen Vertragsteil anzunehmen sein[104]. Beispielhaft bei der verlangten Lieferung nach Ladenschluß bleibt ein Lieferanspruch grundsätzlich bestehen, es sei denn, es handelte sich um ein absolutes Fixgeschäft[105]. Werden unzulässigerweise ungekennzeichnete Dosier-Aerosole geschuldet, kann der Vertrag bis auf seinen unzulässigen Teil prinzipiell aufrechterhalten bleiben.

---

98 Pawlowski, JZ 1970, 507.

99 Vgl. auch BGH, NJW 1986, 1486 f. - Verstoß gegen Arbeitszeitordnung

100 Pawlowski, JZ 1970, 506 (508).

101 Pawlowski, JZ 1970, 506 (507 f.).

102 AK-BGB/Damm, § 134 Rdnr. 37.

103 J. Hager, Gesetzes- und sittenkonforme Auslegung und Aufrechterhaltung des Rechtsgeschäftes, 187 ff.

104 AK-BGB/Damm, § 134 Rdnr. 38.

105 Vgl. Pawlowski, JZ 1970, 506 (508).

3. Nach Vertragsdurchführung

Nach der Durchführung des Vertrages sind weitere Differenzierungen notwendig. Die Parteien haben mit der Abwicklung Fakten geschaffen, deren Beseitigung mit dem bloßen Verweis auf die Gesetzwidrigkeit nicht möglich ist. Oftmals wäre es unangemessen, die Parteien so zu stellen, als hätten sie keinen Vertrag geschlossen. Zum Ausdruck kommt dieser Gedanke bereits, indem weitgehend eine weitere synallagmatische Verbindung der Vertragsleistungen angenommen wird (zu nennen sind hier nur Saldotheorie; Lehre vom „faktischen Vertrag" und die Grundsätze der „fehlerhaften Gesellschaft"). Hinzu kommt, daß qua dinglicher Einigung und Übergabe nach §§ 929 ff. BGB sowie teilweise auch durch gesetzliche Regelungen (z.B. § 946 BGB) Eigentumsübergang stattgefunden hat, der nicht ohne weiteres mit dem Verweis auf einen eventuell (teil-)nichtigen Vertrag beseitigt werden kann. In tatsächlicher Hinsicht könnte einzelfallbezogen schließlich gar die Interessenlage *beider* Vertragsparteien dafür sprechen, den geschaffenen Zustand beizubehalten.

Zu unterscheiden ist - wie dargelegt - zunächst nach der Schutzrichtung des Verbotsgesetzes, das heißt eine Differenzierung der Verbote in solche, die gerade den Vertragsgegner schützen sollen, solche, die den Schutz Dritter bezwecken, und solche, die dem Interesse der Allgemeinheit, insbesondere dem „der Umwelt", dienen[106]. Dabei ist das Hauptaugenmerk auf die unmittelbare, „primäre" Schutzrichtung zu legen, fernere mittelbare Ziele - namentlich die Abschreckung der Vertragsparteien und Dritter für die Zukunft - sind dabei zurückzustellen. Eine Differenzierung *innerhalb* der nach Gruppen ist danach zu treffen, ob nur das Verpflichtungsgeschäft, nur das Erfüllungsgeschäft oder beide Rechtsgeschäfte gegen das gesetzliche Verbot verstoßen[107], und welche Auswirkungen die je angenommene Rechtsfolge auf das andere Geschäft mit sich bringt.

a) Schutz des Vertragsgegners

Normen, die jedenfalls auch den Schutz einer Partei bewirken sollen, finden sich unter anderem im Gefahrstoff-, Lebensmittel- und Gesundheitsrecht. In diesen Rechtsbereichen wird teils in erster Linie[108], teils als eine von mehreren Schutzperspektiven[109] die Bewahrung des Verbrauchers bzw. Konsumenten vor Gesundheitsgefährdungen bezweckt. Ausgangspunkt einer schutzzweckbezogenen Rechtsfolgenbestimmung sind hier also - wiederum je nach Schutzrichtung der Sanktionsnorm in erster Linie oder als einer von mehreren Aspekten -

---

106 Ebenso AK-BGB/Damm, § 134 Rdnr. 38 ff.; Pawlowski, JZ 1970, 506 (508 f.).

107 Vgl. hierzu oben § 5 II.

108 So für das Lebensmittelrecht: Zipfel, LMBG, Einf. Rdnr. 1.

109 So die Gefahrstoffverordnung, die neben dem Schutz der Umwelt und von Arbeitnehmern auch individuellen Gesundheitsschutz garantieren soll. Vgl. nur § 1 GefStoffV.

die Interessen der Vertragsparteien, namentlich die Belange der zu schützenden Person.

(1) Verstoß des Verpflichtungsgeschäftes

Der Vertrag selbst kann seinem Inhalte nach überhaupt nur von einem bestehenden gesetzlichen Verbot berührt sein, wenn der Vereinbarung nach unmittelbar eine gesetzwidrige Leistung geschuldet ist oder mittelbar, wenn in Ansehnung der Übereinkunft lediglich in unrechtmäßiger Weise erfüllt werden kann[110].

Bezweckt das gesetzliche Verbot gerade den Schutz einer Vertragspartei, ist das Rechtsgeschäft anerkanntermaßen nicht stets und im vollen Umfange nichtig. Dies gilt insbesondere in den Fällen, in denen die Beseitigung des ganzen Vertrages schutzzweckwidrig gegen den Geschützten ausschlagen würde, indem ihm nicht nur der belastende, sondern auch der berechtigende Teil des Vertrages genommen würde. Deshalb kann man im Grundsatz sagen, daß Verstöße gegen Vorschriften, die auf den Schutz einer Vertragspartei abzielen, nur insoweit unwirksam sind, als die Beseitigung des ganzen Vertrages nach dem Schutzzweck der Norm erforderlich ist. Die Rechtsprechung hat - wie bereits gezeigt[111] - unter weitgehender Billigung der Rechtslehre einzelnorm- und einzelfallbezogen verschiedene Ansätze der Beschränkung von Nichtigkeitsfolgen vertreten, nämlich von der Reduktion auf ein rechtlich zulässiges Maß über eine zeitliche Restriktion der Nichtigkeit bis hin zu Treu-und-Glaubens-Einwänden, daß der gesetzwidrig Handelnde sich auf die Nichtigkeit im Einzelfall nicht berufen könne. Die Problematik stellt sich indes insofern verändert dar, als nach dem Schutzzweck nicht oder zumindest nur am Rande Vermögensinteressen im Vordergrund stehen, sondern primär Gesundheitsinteressen gewahrt werden sollen. Nur schwer vorstellbar ist dabei beispielsweise eine Reduktion auf das „rechtlich zulässige Maß“, denn es dürfte bereits aus tatsächlichen Gründen nur sehr selten möglich sein, die Toxizität eines Lebensmittels zu beseitigen oder die Schadstoffemissionen eines Produktes zu senken. Denkbar wäre hingegen, daß aus der - hier ja noch isolierten - Perspektive des Geschützten ein Interesse am Festhalten am Vertrag besteht, welches dem normwidrig Handelnden eine Berufung auf die Nichtigkeit versagen könnte. Große praktische Relevanz dürfte dem letzteren Aspekt aber nicht zukommen, da kaum jemand bereit sein wird, eine fremdgeschaffene Gefährlichkeit/Unsicherheit hinzunehmen.

Ist das Verpflichtungsgeschäft nichtig, kann dies zur Nichtigkeit auch des Verpflichtungsgeschäftes führen. Auch insoweit handelt es sich um eine Frage der einzelnorm- und -fallabhängigen Abwägung[112]. Zur Folgenichtigkeit des

---

110 Siehe im einzelnen unter § 5 II.

111 Oben § 6 I.

112 Soergel/Hefermehl, § 134 Rdnr. 35.

Verfügungsgeschäftes gelangt man regelmäßig, wenn das Verbotsgesetz gerade den durch den Leistungstransfer herbeigeführten Zustand verhindern soll[113]. Ist das Inverkehrbringen einer bestimmten Substanz verboten, wird deshalb regelmäßig zugleich Nichtigkeit des Verfügungsgeschäftes anzunehmen sein[114].

(2) Verstoß allein auf der Erfüllungsebene

Ist das Verpflichtungsgeschäft seinem Inhalte nach grundsätzlich nicht unmittelbar auf eine unzulässige Leistungserbringung gerichtet und war auch eine gesetzeskonforme Erfüllung zumindest möglich, liegen die Probleme nicht mehr auf der Ebene der Vertragsverpflichtungen, sondern berühren allein die Erfüllungsebene. Insbesondere stellt sich die Frage, ob bzw. zu welchen Teilen mit der gegen ein gesetzliches Verbot verstoßenden Lieferung Erfüllung des Vertrages eintritt.

Im Bereich des Kaufvertragsrechts ist damit die höchst problematische Abgrenzung zwischen Schlecht- und Falschlieferung beim Gattungskauf angesprochen, oder genauer - da bei Abweichungen nach Art und Güte im Grunde stets „eine andere“ Ware geliefert wird -: von Falschlieferungen, die unter § 480 Abs. 1 BGB und dessen kurze Verjährung fallen sowie Falschlieferungen, die als Nichterfüllung betrachtet werden, mithin dem Käufer die Rechte aus §§ 320 ff. BGB eröffnen. Die Rechtsprechung des Bundesgerichtshofes zu diesem Problem ist nicht widerspruchsfrei. Im allgemeinen unterscheidet der Bundesgerichtshof zwischen Artabweichungen und Gattungsabweichung: Leistungen von nicht mittlerer Art und Güte unterfielen so lange § 480 BGB, als sie nicht einer anderen Gattung angehörten[115]. Maßgebend hierfür solle im Einzelfall die *Verkehrsauffassung* sein. Es sei danach zu differenzieren, ob die Vereinbarung einer bestimmten Beschaffenheit der zu liefernden Sache bereits als Festlegung eines besonderen Gattungsmerkmals zu verstehen sei oder ob die Parteien mit konkreten Absprachen nicht vielmehr besondere Eigenschaften einer vorgegebenen Gattung bestimmt haben[116]. Mit dem Verweis auf Art- und Gattungsabweichungen ist aber schon deshalb wenig gewonnen, weil dazwischen keine auch nur annähernd trennscharfe Unterscheidung getroffen werden kann[117]. Vielmehr scheinen bei der Einordnung als peius oder aliud oftmals Billigkeitsgesichtspunkte des Einzelfalles im Vordergrund zu stehen, die nicht ausdrücklich benannt werden[118].

---

113 Vgl. BGH, LM Nr. 34, Nr. 62 und Nr. 107 zu § 134 BGB; BGH(St) NJW 1983, 636.

114 BGH(St) NJW 1983, 636, im Hinblick auf das Inverkehrbringen von Mitteln, die nach dem BtMG verboten sind.

115 Beispielhaft: BGH, NJW 1969, 787 - Inlandsschrott/Auslandsschrott.

116 BGH, NJW 1975, 2011.

117 Esser/Weyers, SchuldR BT, § 5 IV 3.

118 Esser/Weyers, SchuldR BT, § 5 IV 3.

Im Schrifttum wird zur Begründung überwiegend auf das Kriterium der Genehmigungstauglichkeit analog § 378 HGB abgestellt[119]. Danach sei die gelieferte Ware dann mangelhaft, wenn sie in einem Rahmen von der geschuldeten Ware abweiche, der eine Genehmigung durch den Käufer nicht als ausgeschlossen erscheinen ließe. Die Unsicherheiten in bezug auf die Abgrenzungen im Einzelfall sind allerdings auch damit kaum beseitigt[120].

Ein Kriterium der Unterscheidung könnte in der Art formuliert werden, daß eine Lieferung einer Gattungssache grundsätzlich als Falschlieferung angesehen werden müsse, wenn sie gesetzlich verboten ist und das Verbot jedenfalls auch den Vertragspartner schützen soll[121]. Bei umweltbezogenen Regulierungen in der Form des Verbotes des Inverkehrbringens legt schon der Wortlaut ein Verkehrsverbot nahe mit der Folge, daß der Gegenstand schlechthin nicht verkehrsfähig und damit nicht erfüllungstauglich ist. Davon ist bei „Erfüllungs-Verboten" zum Schutze des Vertragspartners grundsätzlich auszugehen. Dieser soll ja gerade vor den (ihn gefährdenden) Konsequenzen des tatsächlichen Austauschvorganges geschützt werden, weshalb hier die Unwirksamkeit des Geschäftes insoweit anzunehmen ist. Mit anderen Worten: die gesetzeswidrige Erbringung der Leistung ist regelmäßig nicht erfüllungstauglich, soweit nach dem Schutzzweck der Norm gerade auch der Vertragspartner geschützt werden soll und dessen Schutzinteressen nicht bereits durch Schadenersatzansprüche genüge getan werden kann. Schließlich wird man übergreifend sagen können, daß - legt man das Kriterium der Genehmigungstauglichkeit zugrunde -, bei Erfüllung in gesetzlich unzulässiger Weise eine Genehmigung in aller Regel nicht erwartet werden kann: Soweit Gefährdungen der individuellen Sicherheit oder Gesundheit zu befürchten sind, wirkt sich insoweit die Hochrangigkeit der Rechtsgüter zugunsten des Gläubigers aus. Ist das in Rede stehende Verbot auch noch bußgeld- oder sogar strafbewehrt und würde der Gläubiger seinerseits in die Rolle des Pflichtigen gesetzt, spricht dies ebenso gegen die Genehmigungstauglichkeit.

Unter dieser Perspektive bekommt die teilweise gescholtene[122] „Glykol-Entscheidung" des Bundesgerichtshofs eine neuartige, vielleicht überzeugendere Begründung. Der VIII. Zivilsenat hatte unter anderem über die Lieferung von 200 Flaschen St. Georgener Auslese, Burgenland, Österreich (zu je ca. DM 5,--) zu befinden. Der Wein war mit Diethylenglykol versetzt und erhielt erst durch die Zusetzung die Merkmale einer Auslese. Mit dem Argument, es

---

119 Siehe etwa Esser/Weyers, SchuldR BT, § 5 IV 3; Larenz, SchuldR BT, Bd. 2, 1. Tb. § 41 III a.E.; Medicus, Bürgerliches Recht, § 15 III 2 und 3; Staudinger/Honsell, § 459 Rdnr. 21.

120 Der BGH hält dies lediglich für eine Verlagerung der Rechtsunsichheit auf ein anderes Kriterium unter Beibehaltung der Unbestimmtheit (BGH, NJW 1975, 2011).

121 In genereller Form nennt dies als Kriterium Wank, JuS 1990, 95 (98). - Argument klingt auch an in BGH, NJW 1986, 659: Milchpulver, das den EG-VOen nicht entspreche, sei keine mangelhafte Sache, sondern aliud.

122 Köhler, EWiR 1989, 237; Soergel/Huber, Vor § 459 Rdnr. 112, Fußn. 20.

handele sich bei dem Wein um eine andere Gattung, denn ursprünglich habe er nicht die Eigenschaften einer Auslese aufgewiesen, nahm der Bundesgerichtshof eine Falschlieferung an. Entscheidendes Kriterium ist entgegen der Annahme des Bundesgerichtshofes aber nicht, daß durch die Zufuhr von Glykol der Wein die Qualitätsstufe „Auslese" erst erreichte. Hierbei handelt es sich eher um eine Marginalie des Sachverhaltes, dessen Ungleichbehandlung zu sonstigen „Glykolwein-Fällen" völlig unverständlich bliebe. Danach wäre nämlich ein glykolversetzter Auslesewein, der weiterhin *als Auslese* verkauft wird, lediglich als Schlechtlieferung anzusehen sein[123]. Überzeugender wäre - aus den vorgestellten Gründen -, das Verbot des Inverkehrbringens nach § 52 Abs. 1 WeinG i.V.m. VO (EWG) Nr. 822/87 bzw. i.V.m. §§ 30 WeinG, 2 WeinVO auf die Erfüllungstauglichkeit durchschlagen zu lassen[124].

b) Schutz Dritter

Drittschutz meint im herkömmlichen Verständnis vor allem Schutz der *Vermögens*interessen von Dritt*gläubigern*[125]. Bei umweltbezogenen Drittbeeinträchtigungen stehen hingegen die *Integritäts*interessen Dritt*betroffener* in Rede. Angesprochen sind damit solche Normen, die speziell auf den Schutz von Arbeitnehmern, Konsumenten, Patienten oder Familienangehörigen gerichtet sind.

Maßgebende Perspektive bei Verstößen gegen drittschützende Sanktionsnormen ist die der Dritten. Ist nach dem telos der Sanktionsvorschrift in ihrem Interesse an dem Bestand des Vertrages nicht festzuhalten, führt dies zur Nichtigkeit über § 134 BGB. Grundsätzlich gilt auch für diesen Bereich, daß die Verträge nur insoweit unwirksam sind, als dies nach dem Schutzzweck des Verbotsgesetzes notwendig ist. Enthält der Vertrag auch ohne die unzulässige Beeinträchtigung einen zulässigen Kern und ist anzunehmen, daß der Vertrag auch ohne die beanstandete Regelung eingegangen worden wäre, kann der wirksame Teil aufrechterhalten bleiben[126]. Tendenziell wird man hier allerdings seltener zur Teilgültigkeit des Vertrages kommen, da es eine unmittelbare Beteiligung der Dritten am Vertrag nicht gibt, ein abgewogener Ausgleich mit ihren Belangen durch eine vertragsimmanente Korrektur deshalb entsprechend schwerer zu finden ist.

---

123 In diese Richtung gehen auch die Erwägungen des BGH im „Champignon-Fall", in dem der BGH Dosenpilze, die in einer völlig verdorbenen Flüssigkeit schwammen, als „fehlerhaft" ansah (BGH, NJW 1977, 821).

124 Siehe noch oben § 5 II. Mindestens hätte - wenn man schon nach Art und Gattung unterscheiden will - darauf abgestellt werden können, daß es sich bei dem gesundheitsbedrohenden Gemisch überhaupt nicht mehr um „Wein" gehandelt hat; dahingehend auch Köck/Meier, JZ 1992, 548 (556).

125 Siehe im einzelnen auch noch unter § 8 II.

126 Siehe im einzelnen J. Hager, Gesetzes- und sittenkonforme Auslegung und Aufrechterhaltung des Rechtsgeschäftes, 169 ff.

c) Schutz übergeordneter (Umwelt-)Interessen

Letztlich gilt das Hauptaugenmerk der meisten umweltrechtlichen Bestimmungen dem Schutz überindividueller Belange[127]. Objekt des Schutzes ist in erster Linie „die Umwelt" und darin enthalten u.a. allgemeine Gesundheitsinteressen bis hin zu den Belangen zukünftiger Generationen. Beispielsweise der Schutz klimabestimmender Faktoren, des Wasserhaushaltes oder der natürlichen Artenvielfalt lassen sich in ihrer beabsichtigten Wirkung nur in einer solchen überindividuellen Wahrnehmung begreifen.

Betrachtet man die umweltbezogenen Verbote eingehender, so fällt auf, daß die Verbote unterschiedliche Anforderungen zum Gegenstand haben. Den Großteil bilden „strikte" Untersagungen bestimmter Verhaltensweisen, solche Verbote also, die ein Verhalten *ausnahmslos* mißbilligen. Eine zweite Gruppe stellen Verbote dar, die die Verkehrsfähigkeit an vorhergehenden Registrierungen, Anmeldungen oder Zustimmungen ausrichten. Stark im Vordringen befindlich sind schließlich Kennzeichnungsvorschriften, deren Nichteinhaltung mit entsprechenden Verboten sanktioniert wird. Diese allgemeingültige Unterscheidung[128] administrativer Risikoregulierung im „Regelungsdreieck striktes Verbot-Zulassung-Kennzeichnung/Information" ist auch im Rahmen der Rechtsfolgenbestimmung von Bedeutung. Da neben den normfallgruppenbezogenen Erwägungen auch individuell-konkrete Momente einzustellen sind, können die folgenden Ausführungen nur erste Anhaltspunkte liefern.

(1) „Strikte" Umweltverbote

Soll der durch die verbotswidrige Vornahme herbeigeführte Zustand ausnahmslos verhindert werden, hat dem der zivilistische Verbotsvollzug Rechnung zu tragen und - soweit möglich - den Verstoß gar nicht erst zur Entstehung kommen zu lassen, nicht zu perpetuieren und gegebenenfalls auch rückgängig zu machen. Besteht etwa das Verbot, eine umwelt- oder gesundheitsgefährdende Substanz in Verkehr zu bringen, so richtet sich die betreffende Sanktion zur Wahrung überindividueller Interessen gerade gegen den Inhalt und Erfolg des Rechtsgeschäftes. Das jeweils vermutete Ergebnis (Artengefährdung, Gesundheitsbeeinträchtigung, Nachteilszufügung für Umweltmedien etc.) einer solchen Geschäftsvornahme soll abgewendet werden. Insonderheit wenn der durch die Erfüllung entstandene tatsächliche Zustand zwingend wieder beseitigt werden muß (etwa durch Einziehung), ist deutlich, daß ein geschaffener Zustand keinesfalls beibehalten bleiben kann[129].

Regelmäßig bietet sich bei „strikten" Untersagungen auch eine Reduktion der Nichtigkeitsfolgen nicht an, namentlich scheiden monetäre Lösungen zugunsten

---

[127] Kloepfer, NuR 1990, 337.

[128] Hart, KritVj 1991, 363 (368 f.)

[129] Vgl. Pawlowski, JZ 1970, 506 (508); Staudinger/Löwisch, § 309 Rdnr. 5 zu absoluten Verfügungsverboten.

einer Vertragspartei wegen der Überindividualität der berührten Belange weitreichend aus. Hier mag im Einzelfall allerdings anderes gelten, wenn ausnahmsweise etwa eine Schadstoffüberschreitung auf anderem Wege reduziert werden kann.

Schwierigkeiten kann - wie schon mehrfach angesprochen - die Rechtsfolgenwahl bereiten, wenn die Vertragsparteieninteressen mit den Zielsetzungen des Verbotsgesetzes kollidieren. Werden mehrere Schutzzwecke mit der zu vollziehenden Norm verfolgt, kann das Verfahren äußerst abstrakt dahingehend benannt werden, daß die Zwecke und Interessen einzelnorm- und -fallspezifisch abgewogen werden müssen. Sprechen insoweit die Interessen der auch geschützten Partei für eine (teilweise) Aufrechterhaltung des Rechtsgeschäftes und erhöht sich das Gefahrenpotential für die Umwelt oder Allgemeinheit nicht, kann gegebenenfalls, tendenziell indes eher als Ausnahme auch am Bestand des Rechtsgeschäftes festgehalten werden. Zweierlei ist dabei hervorzuheben: Da das Schutzpflichtverhältnis von der eventuellen Nichtigkeit des Vertrages unberührt bleibt[130], sollten grundsätzlich auch dort die vertragsinternen Schutzgesichtspunkte berücksichtigt werden. Widersprüche zum Verbot sind stets zu vermeiden. Vertragsrechtlich darf kein Vertragspartner zu einer gesetzwidrigen Leistung verpflichtet werden, die dann möglicherweise sogar noch mittels staatlicher Institutionen durchgesetzt werden müßte. Dieser Gesichtspunkt wurde schon für die Differenzierung in unterschiedliche Vertragsstadien hervorgehoben, kann aber auch hier nicht unerwähnt bleiben. Für die Fälle der Schwarzarbeitsverstöße, bei denen sich Vertrags- und Allgemeininteressen in geradezu klassischer Weise widersprechen können[131], wird dies etwa deutlich, wenn gefordert wird, die Gewährleistungsrechte des Bestellers sollten aufrechterhalten bleiben[132], denn dadurch würde der schwarzarbeitende Unternehmer bei Nachbesserungsansprüchen zu weiterer Schwarzarbeit verpflichtet werden.

(2) Anmelde-, Registrier- und Zulassungsvorbehalte

Bei der Rezeption von „Ordnungsvorschriften" soll die Nichtigkeitsfolge des § 134 BGB davon abhängen, ob sich ein Verbot gegen das Rechtsgeschäft selbst wendet („inhaltliches Verbot") oder nur gegen die Art und Weise der Geschäftsvornahme („formelles Verbot")[133]. Unter letzteren werden etwa solche Vorschriften gefaßt, deren Sinn und Zweck sich in einer Registrierung, Anmeldung oder behördlichen Genehmigung erstreckt, und solche, die nicht das

---

130 § 6 III 1.

131 Zu den parteiübergreifenden Interessen gehören etwa die des Handwerksstandes, das allgemeine Interesse an der Finanzierung der Sozial- und Arbeitslosenversicherung, fiskalische Interessen des Staates. Siehe Westphal, Zivilrechtliche Vertragsnichtigkeit, 140.

132 Dahingehend insbes. Soergel/Hefermehl, § 134 Rdnr. 55; Westphal, Zivilrechtliche Vertragsnichtigkeit, 143; OLG Celle, JZ 1973, 246 ff.

133 Palandt/Heinrichs, § 134 Rdnr. 8; RGRK-Krüger-Nieland/Zöller, § 134 Rdnr. 13, 16.

Rechtsgeschäft inhaltlich verbieten wollen, sondern beispielsweise nur den Zeitpunkt des Leistungsaustausches regeln. Sicherlich macht es einen Unterschied, ob das Verbot sich gegen den Inhalt des Vertrages richtet oder gewissermaßen ergebnisneutral ist. Die Feststellung der Ergebnisneutralität steht indes weniger am Anfang denn am Ende rechtlicher Überlegungen, da die Ziel- und Schutzrichtung des Verbotes und damit dessen Auswirkungen auf das Rechtsgeschäft erst *nach* entsprechenden Normzweckerwägungen benannt werden können. So kann eine Registrierpflicht statistischen Zwecken, aber ebenso auch dem Schutz der Volksgesundheit dienen. Auch bei einer „bloßen" Anmelde-, Registrier- oder Genehmigungspflicht ist mithin zu fragen, ob die Wirksamkeit eines entgegenstehenden Rechtsgeschäftes berührt wird, wenn dieses den gesetzlichen Vorgaben nicht Rechnung trägt, weil ansonsten eine Gefährdung individueller oder überindividueller Belange zu befürchten gilt[134]. Die Feststellung, eine Vorschrift regele ihrem Gehalt nach nur Modalitäten der Geschäftsvornahme, genügt deshalb allein als Entscheidungskriterium nicht aus[135].

(3) Kennzeichnungsvorschriften

Die „Kennzeichnung als Instrument des produktbezogenen Umweltschutzes" nimmt gerade in den letzten Jahren rasant zu. Umweltrechtliche Kennzeichungspflichten finden sich unter anderem im Gefahrstoffrecht[136], Abfallrecht[137] und Immissionsschutzrecht[138] sowie in vielen angrenzenden Rechtsgebieten mit Umweltbezug (etwa dem Lebensmittelrecht und dem Arzneimittelrecht). Ausfluß der Favorisierung von Informationsanforderungen sind schließlich auch die diversen Regelungen zur Verwendung von Umweltzeichen und -kennzeichnungen auf nationaler und europaweiter Ebene, die sich allerdings zunehmend durch die Freiwilligkeit ihrer Verwendung auszeichnen und insoweit vorliegend nicht von weiterer Bedeutung sind.

Es ist generell zweifelhaft, ob eine Verabsäumung von Kennzeichnungspflichten sich auf den Bestand eines zuwiderlaufenden Rechtsgeschäftes auswirken soll. Zweck der Verordnungen ist sicher zumeist auch, den Schutz bestimmter Umweltgüter zu fördern[139]. Insofern ließe sich vermuten, die Bestimmungen

---

[134] BGH, NJW 1968, 2286, der solche Erwägungen gerade nicht anstellt.

[135] Für den rechtsgüternahen Bereich des Arzneimittelrechts ist dies bereits anhand der Entscheidung des BGH zum Verkauf eines nicht angemeldeten Arzenimittels (NJW 1968, 2286) gezeigt worden. Siehe noch oben § 6 I 2 und II 2.

[136] Z.B. §§ 4 Abs. 1, 5, 7 GefStoffV; § 20 PflanzenSchG; § 3 DüngemittelG; § 35 StrahlenschutzV; § 30 GentG. Über bloße Kennzeichnung weit hinausgehende Informationspflichten finden sich in § 3 ChemVerbotsV.

[137] Z.B: § 5 VO über die Entsorgung gebrauchter halogenierter Lösemittel.

[138] Z.B. § 6 der 3. BImSchV (Schwefelgehalt von leichtem Heizöl und Dieselkraftstoff); § 5 der 8. BImSchV (Rasenmäherlärm); § 4 BenzinbleiG.

[139] Beispielshalber für die nach § 7 Abs. 1 FCKW-Halon-Verbots-V bestehende Untersagung, Druckgaspackungen ohne Hinweis auf ihre FCKW-Haltigkeit in den Verkehr zu bringen, dürfte

wendeten sich gegen den Inhalt abweichender Kontrakte selbst, was zur Unwirksamkeit derselben führen könnte. In bezug auf die Kennzeichnung ist jedoch der Schutz des Umweltgüter regelmäßig nur *vermittelt* anvisiert. In erster Linie soll mit der Kennzeichnung die freie Entscheidung für und wider den Kauf eines umweltbedenklichen Produktes ermöglicht werden[140]. Der Verbraucher soll über das Zustandekommen eines Rechtsgeschäftes frei staatlicher Bevormundungen befinden. Entscheidet er sich für den Kauf eines ökotoxischen Produktes trotz Kennzeichnung - sogar unabhängig davon, ob er den Hinweis überhaupt zur Kenntnis genommen hat -, wird dies von den Verboten nicht sanktioniert. Im Hinblick auf den Schutz der Umwelt ist die Kennzeichnung gewissermaßen „ergebnisneutral", mithin nicht gegen den Inhalt des Rechtgeschäftes selbst gerichtet. Die mit der Kennzeichnungspflicht intendierte Verbraucheraufklärung kann gegebenenfalls über eine entsprechende Statuierung als vertragliche Aufklärungspflicht zivilistisch nachvollzogen werden[141], so daß auch aus diesem Grunde nicht auf die Unwirksamkeit des Vertrages geschlossen werden muß.

4. Ergebnis

Für einen Großteil der ökologiebezogenen und -berührenden Schutzgesetze, nämlich solche, die ein Verhalten ausnahmslos untersagen, weist die zu bestimmende Rechtsfolge tendenziell eher auf Totalnichtigkeit des Rechtsgeschäftes hin. Nichtigkeitsbeschränkungen aus Erwägungen des Parteischutzes, wie sie in vielen anderen Bereichen nachzuweisen sind, kommen wegen der unmittelbaren Berührung überindividueller Interessen grundsätzlich nur unter der Bedingung deren zureichender und vollständiger Wahrung in Betracht. Den Parteiinteressen kann im Rahmen von Schadenersatzansprüchen aus „culpa in contrahendo" und „positiver Vertragsverletzung" Rechnung getragen werden.

Bei Anmelde-, Registrier- und Zulassungspflichten bedarf es stets einer besonderen Würdigung des bezweckten Schutzes und der einzelfallbezogenen Interessen. Sie führen weder zwangsläufig zur Totalnichtigkeit, noch enthalten sie ein Indiz für die Wirksamkeit des Rechtsgeschäftes. Hingegen dürften die Kennzeichnungsvorschriften des Umweltrechts nach Durchführung des Vertrages sich auf dessen Bestand nicht auswirken, da sie die Entscheidungsfreiheit des Verbrauchers stärken sollen, im Hinblick auf das Rechtsgeschäft selbst aber keine weitere Aussage zulassen.

---

nicht ernstlich zwiefelhaft sein, daß damit der grundsätzliche Nichtgebrauch FCKW-haltiger Produkte auch angestrebt ist.

140 Schiffer/Delbrück, DB 1991, 1002 (1003 ff.)

141 Siehe oben § 1 IV 1.

Dritter Teil: Ökologische Sittenwidrigkeit

Absoluten Neuigkeitswert können Überlegungen zu einer ökologischen Sittenwidrigkeit nicht für sich reklamieren. Medicus benennt in seinem Lehrbuch „Bürgerliches Gesetzbuch - Allgemeiner Teil" eine „Fallgruppe Umweltschutz" im Rahmen von § 138 Abs. 1 BGB[1]. E. Schmidt regt in der 7. Auflage des „Esser/Schmidt" eine „ökologische Aktivierung" des § 138 Abs. 1 BGB an[2]. Heinrichs nennt die Möglichkeit „umweltbezogener Sittenwidrigkeit" erstmals in der 1994 erschienenen 53. Auflage des „Palandt"[3]. Damit sind Vorüberlegungen erkennbar, umweltbeeinträchtigenden Vertragsinhalten die rechtsgeschäftliche Geltung wegen eines Verstoßes gegen die guten Sitten zu versagen. Die rechtspraktische Bewährung des § 138 Abs. 1 BGB als Instrument der Regulierung umweltbezogener Risiken steht dagegen vollständig aus. Die nachfolgenden Erörterungen bewegen sich demgemäß weitgehend auf juristischem Neuland und können in bezug auf die Konzeption einer ökologischen Sittenwidrigkeit nur als ein erster, unabgeschlossener Näherungsversuch verstanden werden.

Mit dem Verweis auf die Guten Sitten war § 138 Abs. 1 BGB nach klassisch-liberaler Intention restriktiv gedacht: Was den allgemeinen sittlichen Anschauungen, der „Sittenordnung", widersprach, sollte nicht gelten. In den Vorstellungen des klassischen Liberalismus konnten mit der Generalklausel auf diese Weise Extremfälle abgefangen werden, im übrigen aber sollte das freie Spiel der Kräfte Vertrag und Markt selbstregulierend ordnen[4]. Mit der Hinwendung zur industriellen Massengesellschaft und der Entstehung eines Sozialstaates nahm indes auch der Regulierungsbedarf enorm zu. Die Rechtsprechung setzte § 138 BGB zusehends stärker zum Schutz intellektuell und/oder ökonomisch Schwächerer sowie zur Ordnung wirtschaftlicher Verkehrspraktiken ein. Die Sittenklausel entwickelte sich von einer (restriktiven) Moralnorm zur (extensiven) Interventionsnorm[5]. § 138 Abs. 1 BGB dient dieserart den Gerichten zur sozialstaatlich notwendigen Festlegung und Beschränkung zulässiger Vertragsinhalte, so daß Inhalt und Grenzen der Privatautonomie und

---

[1] Medicus, AT Rdnr. 795

[2] Esser/Schmidt, SchuldR AT, Tb. 1, § 2 V.

[3] Palandt/Heinrichs, § 138 Rdnr. 45a.

[4] Esser/Schmidt, SchuldR AT, Tb. 1, § 1 I 1; Teubner, Standards und Direktiven, 56 ff.; L. Raiser, JZ 1958, 1 (3 f.); Soergel/Hefermehl, § 138 Rdnr. 5; Wieacker, Privatrechtsgeschichte der Neuzeit, 546 ff.

[5] Teubner, Standards und Direktiven, 56 f.; s.a. Soergel/Hefermehl, 11. Aufl., § 138 Rdnr. 4.

Vertragsfreiheit einem ständigen Bedeutungs- und Funktionswandel unterliegen[6]. Der Wert der Generalklausel ist mithin gerade darin zu sehen, daß sie aufgrund ihrer Offenheit eine flexible Reaktion auf sich stetig wandelnde ökonomische, gesellschaftliche und soziale Gegebenheiten und daraus folgende aktuelle Regelungsbedürfnisse in unterschiedlichen Sozialbereichen gewährleisten kann.

Es liegt wegen der gegenwärtigen und zukünftig erwartbaren Bedeutung umweltschutzbezogener Fragestellungen nahe, den sozialen und ökonomischen Regulierungen durch § 138 Abs. 1 BGB eine ökologische Dimension hinzuzufügen. Gerade ökologische Erfordernisse sind der Grund für eine bereits seit einigen Jahren andauernde permanente Veränderung der bundesrepublikanischen Wirtschafts- und Sozialordnung. Gesundheits- und Umweltschutz sind zu öffentlichen Aufgaben von höchster Priorität avanciert: „Der Schutz-Staat geht um"[7]. Die neuerdings immer stärker werdende Betonung von Vorsorge, Sicherheit und Schutz als Staatsaufgaben und deren inflationäre regulative Umsetzung könnte mit einer Funktionserweiterung von § 138 Abs. 1 BGB einhergehen, die der Funktionsverlagerung des Anwendungsbereiches der Generalklausel durch den Wandel des liberalen Rechtsstaats zum modernen Sozialstaat ähnlich wäre. § 138 Abs. 1 BGB könnte somit der Kontrolle von Vertragsinhalten in bezug auf ihre ökologische Verträglichkeit dienen. Grundlegend ist dabei zu klären, was eigentlich unter den „guten Sitten" zu verstehen ist und wie sie auf die vorliegende Fragestellung hin konkretisiert werden können (§ 7). Sodann stellt sich die Frage nach den Zwecken und den potentiellen Voraussetzungen einer „Fallgruppe Umweltschutz" sowie deren Legitimation im Gefüge bekannter Inhaltskontrollen des Vertrages (§§ 8 und 9).

§ 7 Konkretisierung des „gute Sitten"-Begriffes

I. Konzeptionen der Konkretisierung

Der Rechtsbegriff der guten Sitten ist ein Paradebeispiel einer *wertausfüllungsbedürftigen Generalklausel.* Erst durch die in Rechtsprechung und Rechtswissenschaft verfolgten Systematisierungen und Typisierungen läßt sich der Inhalt des unbestimmten Begriffes einigermaßen erschließen. Grundlegend für die Darstellung unterschiedlicher Konzeptionen zur Konkretisierung der Sittenklausel ist dabei immer noch G. Teubners Untersuchung zu den „Standards und Direktiven in Generalklauseln"[1]. In diesem Sinne ist zwischen

---

6 AK-BGB/Damm, § 138 Rdnr. 6 ff.; Esser/Schmidt, SchuldR AT, Tb. 1, § 10 II; Wieacker, Privatrechtsgeschichte der Neuzeit, 2. Aufl. 1967, 547 FN 9 m.w.N.

7 Siehe den gleichnamigen Aufsatz von H.A. Hesse, JZ 1991, 744

Rezeptions-, Transformations- und Delegationsfunktion des § 138 Abs. 1 BGB zu unterscheiden. Die guten Sitten seien als Verweis auf außerrechtliche Maßstäbe zu bestimmen: Aufgabe des § 138 Abs. 1 BGB sei es, solche Wertmaßstäbe im Privatrecht zu rezipieren. Die guten Sitten werden weiter interpretiert als Bezugnahme auf innerrechtliche Maßstäbe, die in das Zivilrecht zu transformieren seien. Und schließlich wird vertreten, die Gute-Sitten-Klausel beauftrage die Gerichte zu eigener Norm(fort)bildung. Daß die dargestellten Funktionen des § 138 Abs. 1 BGB einander nicht ausschließen, daß der „gute Sitten"-Begriff vielmehr die Rezeption außerrechtlicher, die Transformation innerrechtlicher Maßstäbe und auch einen Auftrag zur Rechtsfortbildung umfaßt, ist weithin konsentiert[2]. Gleichwohl ergeben sich bereichsbezogen ganz unterschiedliche funktionale Schwerpunkte der Sittenklausel[3], weshalb eine abstrakte Differenzierung der Funktionen notwendig bleibt, die im Rahmen dieser Arbeit im folgenden nur knapp und verkürzt erfolgen kann:

Die Guten Sitten verweisen auf außerrechtliche Wertvorstellungen, denen unter anderem durch § 138 Abs. 1 BGB Geltung zu verleihen ist[4]. Einig ist man sich weitestgehend darüber, daß mit den Sitten nicht Usancen bestimmter Verkehrskreise gemeint sind, sondern daß auf das sittliche Empfinden und allgemeine Moralvorstellungen abzustellen ist, daß gute Sitten mithin *gesollte* Sitten meinen[5]. Definiert wird der Gute-Sitten-Begriff diesbezüglich oftmals mit der (Leer-)Formel, das Rechtsgeschäft sei sittenwidrig, wenn es gegen das Anstandsgefühl aller billig und gerecht Denkenden verstoße[6]. Nach überwiegender Meinung verweist die Generalklausel § 138 Abs. 1 BGB so auf eine „herrschende Rechts- und Sozialmoral" und damit auf die Gebote der Ethik, Moral und Sittlichkeit[7] (wobei zwischen den Begriffen meist nicht weiter differenziert wird).

---

1 Ihm folgend etwa: MünchKomm/Mayer-Maly, § 138 Rdnr. 3; Veelken, AcP 185 (1985), 46, 49 ff.

2 Etwa MünchKomm/Mayer-Maly, § 138 Rdnr. 3; Soergel/Hefermehl, § 138 Rdnr. 8; Veelken, AcP 185 (1985), 46 (51 ff.). In der Rechtsprechung des Bundesgerichtshofes finden sich alle drei Funktionen innerhalb der Leerformel vom Anstandsgefühl der billig und gerecht Denkenden wieder (Haberstumpf, Anstandsformel, 69 ff.).

3 Die außerrechtlichen Maßstäbe stehen im Vordergrund etwa im Familien- und Sexualbereich; vgl. Wolf, Privatautonomie, § 4 I.

4 MünchKomm/Mayer-Maly, § 138 Rdnr. 11; RGRK/Krüger-Nieland/Zöller, § 138 Rdnr. 19 f.; Soergel/Hefermehl, § 138 Rdnr. 3 ff.; Staudinger/Dilcher, § 138 Rdnr. 5 („ethisches Minimum").

5 Sack, GRUR 1970, 493 (495).

6 Z.B.: BGHZ 10, 228 (232); 69, 297; RGZ 48, 114, 124; 80, 219, 221 - die Formel findet sich bereits in den Motiven (Mot. II, 125) und wird auch im Schrifttum verwendet (siehe etwa Enneccerus/Nipperdey AT II § 191 I2, S. 1165). Vgl. insgesamt noch Haberstumpf, Anstandsformel, insbes. 73 ff.

7 Enneccerus/Nipperdey, AT II, 1164; Larenz, AT, § 22 III; RGRK/Krüger-Nieland/Zöller, § 138 Rdnr. 21 ff., jew. m.w.N.

In der zweiten Grundkonzeption der Sittenklausel wird dieselbe dagegen weitgehend ihrem Moralbezug entkleidet, indem eine Orientierung an den geltenden Maßstäben des Rechts erfolgt. Die guten Sitten verweisen danach auf die Einhaltung des *ordre public*[8]. Ganz überwiegend wird angenommen, daß § 138 Abs. 1 BGB - jedenfalls auch - Verstöße gegen die grundlegenden Prinzipien der Rechtsordnung erfasse[9]. Zutreffend stellt Heinrichs fest, daß es in der Rechtspraxis sogar nur noch ausnahmsweise um die Rezeption außerrechtlicher Maßstäbe gehe, im Vordergrund stünden vielmehr Konkretisierungen von Wertmaßstäben, die in der Rechtsordnung selbst angelegt seien[10]. Die Präzisierung erfolgt dabei primär anhand einer Transformation verfassungsrechtlicher Gebote und Werte (etwa des Sozialstaatsprinzips) über die Generalklausel § 138 Abs. 1 BGB in die rechtsgeschäftliche Ebene[11].

Schließlich beinhaltet der Verweis auf die guten Sitten einen *richterlichen Normbildungsauftrag*[12]. Da es keine klaren normtatbestandlichen Voraussetzungen der Sittenwidrigkeit gibt, müssen die Gerichte die Entscheidungsvoraussetzungen selbst herausarbeiten, sozusagen als Ersatzgesetzgeber tätig werden[13]. Namentlich bei *neuen Problemlagen* lassen die gute Sitten sich nicht anhand ausgeprägter sozialer Wertvorstellungen oder bestehender Rechtsordnungen konkretisieren. In solchen Fällen legitimiert § 138 Abs. 1 BGB die Gerichte, die Konkretisierung im Wege richterlicher Rechtsfortbildung vorzunehmen[14]. Oftmals wird die Generalklausel damit als eine Anweisung zur Präzisierung durch Fallgruppenbildung gesehen[15] und immer steht in diesem Zusammenhang der mehr oder minder pauschale Verweis auf eine Rechtsfindung durch „Interessenabwägung im Einzelfall“[16].

---

[8] Die genaue Definition des ordre public ist schwer. Zu kurz ist es, ordre public mit „öffentlicher Ordnung“ gleichzusetzen. Dieser Begriff ist polizeirechtlich „besetzt“ und wird dort sehr weitgehend auf jede Störung bezogen, die das geordnete staatsbürgerliche Gemeinschaftsleben beeinträchtigt (Drews/ Wacke/ Vogel/ Martens, Gefahrenabwehr, 245 ff.; grundlegend siehe K. Simitis, Ordre public, 169). Ordre public ist eher beschreibend zu bestimmen, er umfaßt die „grundlegenden Prinzipien der Rechtsordnung“, das den „allgemeinen Rechtsgrundsätzen gemäße Wirken der Rechtsinstitute“ (K. Simitis, Ordre Public, 174). Im weitesten Sinne meint ordre public „öffentliches Interesse“ (Siehe schon Steinbach DJZ 1899, 47).

[9] Siehe etwa BGHZ 68, 4; 80, 158; 106, 338; AK-BGB/Damm, § 138 Rdnr. 52 ff.; Esser/Weyers, SchuldR BT, § 56 II 2; Esser, ZHR 135 (1971), 320 (330 ff.); MünchKomm/Mayer-Maly, § 138 Rdnr. 11; Larenz, AT, § 22 IIIa; Palandt/Heinrichs, § 138 Rdnr. 3; Soergel/Hefermehl, § 138 Rdnr. 6 f.; Staudinger/Dilcher, § 138 Rdnr. 9; Wolf, Privatautonomie, § 4 I.

[10] Palandt/Heinrichs, § 138 Rdnr. 3; - ebenso bereits Kraft, Interessenabwägung, 116.

[11] BVerfGE 81, 242 (255); 89, 214 (229 f.).

[12] Siehe Nachweise bei Teubner, Standards und Direktiven, 43 ff., Fußn. 333 ff.

[13] Vgl. Soergel/Hefermehl, § 138 Rdnr. 8.

[14] MünchKomm/Mayer-Maly, § 138 Rdnr. 3.

[15] Siehe jüngst Beater, AcP 194 (1994), 82; vgl. auch Soergel/Hefermehl, § 138 Rdnr. 8.

[16] Erman/Brox, § 138 Rdnr. 30; Soergel/Hefermehl, § 138 Rdnr 8 f.; zu § 1 UWG namentlich Kraft, Interessenabwägung.

II. Tauglichkeit der Konzeptionen für umweltbezogene Konflikte

Die prinzipielle Tauglichkeit des § 138 Abs. 1 BGB in ökologiebezogenen Konflikten steuernd einzugreifen, wird zunächst auch davon abhängen, ob und inwieweit sich die gerade vorgestellten Funktionen der Rezeption, Transformation und Delegation für die diskutierten Umweltbezüge wiederfinden lassen. Grundlegend für eine ökologische Sittenwidrigkeit ist zu klären, an welchen Funktionen der Sittenklausel sie sich primär ausrichten könnte und mit welchen Konsequenzen die jeweilige Funktionsbestimmungen verbunden ist.

1. „Umweltmoral" und gute Sitten

Bezugspunkt außerrechtlicher Wertmaßstäbe kann nur ein heteronom zu verstehender Moralbegriff sein: Sittenwidrigkeit meint insoweit eine Sozialmoral oder Sozialethik mit überindividuellem Charakter, der jede Person als Teil der Gemeinschaft zwangsläufig unterworfen ist. Vorrangig dieser Erkenntnis entstammt auch die *Anstandsklausel* mit der Ausrichtung auf *das Gefühl aller billig und gerecht Denkenden*[17].

Das eigentliche Problem liegt darin, daß die Bezugnahme auf „eine herrschende Sozialmoral" in Einklang mit den Postulaten der freiheitlich-demokratischen Massengesellschaft zu bringen ist. Angesichts der auf dem Freiheits- und Demokratieanspruch der Rechtsordnung gründenden Werteheterogenität und Interessenpluralität unserer modernen Gesellschaft ist schon die Feststellung *allgemeiner* Sittlichkeitsvorstellungen eher selten möglich[18]. Wenn man indes - etwa anhand einer empirischen Untersuchung[19] - bestimmte Mehrheitsanschauung der „billig und gerecht Denkenden" feststellen könnte, wäre noch nicht viel gewonnen. Zu den vornehmlichen Zielen einer demokratischen Gesellschaft gehört gerade auch der Schutz von Minderheiten, der es nicht ohne weiteres zuläßt, auf deren Kosten Mehrheitsanschauungen durchzusetzen[20]. Hinzu tritt vorliegend, daß gerade im Hinblick auf die zu leistenden *ökologischen Standards* breit divergierende Auffassungen bestehen. So etwas

---

17 Zusammenfassend Haberstumpf, Anstandsformel, 31 ff.; 34 f.

18 AK-BGB/Damm, § 138 Rdnr. 9; Esser/Schmidt, SchuldR AT, Tb. 1, § 10 II 2; Esser, ZHR 135 (1971), 320 (335 ff.) ; zu § 1 UWG: Baumbach/Hefermehl, UWG, Einl. Rdnr. 66. - Anders aber Lenzmann, in: Mugdan, Materialien zum Bürgerlichen Gesetzbuch, Bd. I, 1017: Boni mores seien klarer terminus technicus, „ein bestimmter Rechtsbegriff, der in der Rechtsprechung feststeht." Dahingehend auch II. Kommission, in: Mugdan, 969.

19 Im Rahmen des § 138 Abs. 1 BGB ist mir kein einziger Fall bekannt, in denen ein demoskopisches Gutachten einmal eingeholt wurde. Bei Wettbewerbs- und Warenzeichenprozessen sind Umfragen dagegen seit langem eingeführt und als Beweismittel anerkannt, siehe schon RGZ 167, 171 (177 f.) - „Alpenmilch" sowie BGH, GRUR 1957, 426 (428). Siehe noch Teubner, Standards und Direktiven, 10 ff.

20 Esser/Schmidt, SchuldR AT, Tb. 1, § 10 II 2.

wie *eine* „Umweltmoral“ hat sich nicht herausgebildet, vielmehr wird zusehends deutlich, daß in kaum einem anderen Bereich so unterschiedliche Wahrnehmungen, Interessen und Vorstellungen aufeinandertreffen wie bei der Bewertung umweltrelevanter Sachverhalte. Krasse Beispiele kann man hier anführen: Dem von Radikalökologen geforderten gänzlichen Verzicht auf schadstoffemittierende PKW's steht beispielsweise die ebenso feste Vorstellung einiger Autonutzer auf „freie Fahrt für freie Bürger“ entgegen[21]. Hinzu treten Unsicherheiten, die eine Wert- und Meinungsbildung erschweren. Im Hinblick auf die meisten Gefahrstoffe konnte sich eine Meinung oder gar ein „Anstandsgefühl“ schon deshalb nicht bilden, weil die tatsächlichen Gefährdungen sehr häufig unbekannt oder jedenfalls fraglich sind.

Hierdurch soll nicht der Blick davor verschlossen werden, daß sicher ein Kern, ein Fundament elementarer Gesetze der Sittlichkeit existiert, die ungeschrieben von keinem verständigen Menschen angezweifelt werden[22]. Dies insbesondere auch deshalb, weil in den letzten 20 Jahren ökologisches Bewußtsein auf breiter Front zugenommen hat. So dürfte eine Vereinbarung nicht hingenommen werden, wenn deren vorrangiger Beweggrund es ist, die natürliche Umwelt zu beeinträchtigen[23]. Die Pointierung weist zugleich darauf hin, daß es sich tendenziell eher um Extremfälle handelt, die in der Rechtspraxis selten sein dürften.

In Fällen, in denen eine konsentierte „Umweltmoral“ festzustellen ist, wird sich diese jedoch nahezu zwangsläufig auch aus den innerrechtlichen Maßstäben der Rechtsordnung deduzieren lassen, so daß selbst dann der Bezug auf außerrechtliche Anschauungen in den Hintergrund rücken kann[24]. Wenn andererseits aber außerrechtliche „Umweltmoral“ und innerrechtliche Wertordnung konfligieren sollten, gebührt der legislativen Entscheidung grundsätzlich der Vorrang[25].

Zusammengefaßt ergibt sich, daß der Bezugnahme auf eine herrschende Rechts- und Sozialmoral bei „Umweltkonflikten“ nur ein eingeschränkter Bedeutungsgehalt zukommen wird.

2. *Ordre public (écologique) und gute Sitten*

Der Hinweis auf Prinzipien und Wertmaßstäbe der Rechtsordnung könnte demgegenüber erhellender sein. „Gute Sitten“ meint, auf innerrechtliche

---

21 Neuerdings wird gar versucht, solche Abstrusitäten juristisch zu unterfüttern, indem ein „Grundrecht auf Mobilität“ postuliert wird (Ronellenfitsch DAR 1992, 321; DAR 1994, 7).

22 So insbesondere auch Baumbach/Hefermehl, UWG Einl. Rdnr. 71.

23 Palandt/Heinrichs, § 138 Rdnr. 45a.

24 Pawlowski, AT Rdnr. 498.

25 BGHZ 67, 48 (51); Palandt/Heinrichs, § 138 Rdnr. 6; - vgl. auch Baumbach/Hefermehl, UWG, Einl. Rdnr. 91.

Wertungen bezogen, die „Vereinbarkeit mit den Voraussetzungen, von denen her Privatautonomie ihre Aufgabe in unserer Wirtschaftsordnung erfüllen *kann*"[26]. Die große Schwierigkeit liegt hier in der Konkretisierung rechtsimmanenter Wertmaßstäbe. Unterscheiden kann man danach, ob verfassungsrechtliche Wertungen und Prinzipien über die Generalklausel umgesetzt werden oder ob sich die Maßstäbe aus einfachrechtlichen Bestimmungen ergeben.

a) Transformation verfassungsrechtlicher Gesichtspunkte

Richtungsweisend sind für eine Präzisierung der innerrechtlichen Maßstäbe - wie jüngst erneut in zwei Entscheidungen des Bundesverfassungsgerichtes hervorgehoben wurde - die Wertvorstellungen des Grundgesetzes:

> *„(K)eine bürgerlich-rechtliche Vorschrift darf im Widerspruch zu den Prinzipien stehen, die in den Grundrechten zum Ausdruck kommen. Das gilt vor allem für diejenigen Vorschriften des Privatrechts, die zwingendes Recht enthalten und damit der Privatautonomie Schranken setzen (...). Solche Schranken sind unentbehrlich, weil Privatautonomie auf dem Prinzip der Selbstbestimmung beruht, also voraussetzt, daß auch die Bedingungen freier Selbstbestimmung tatsächlich gegeben sind. Hat einer der Vertragsteile ein so starkes Übergewicht, daß er vertragliche Regelungen faktisch einseitig setzen kann, bewirkt dies für den anderen Vertragsteil Fremdbestimmung. Wo es an einem annähernden Kräfteausgleich der Beteiligten fehlt, ist mit den Mitteln des Vertragsrechts allein kein sachgerechter Ausgleich der Interessen zu gewährleisten. (...) Selbst wenn der Gesetzgeber davon absieht, zwingendes Vertragsrecht für bestimmte Lebensbereiche oder für spezielle Vertragsformen zu schaffen, bedeutet das keineswegs, daß die Vertragspraxis dem freien Spiel der Kräfte unbegrenzt ausgesetzt wäre. Vielmehr greifen dann ergänzend solche zivilrechtlichen Generalklauseln ein, die als Übermaßverbote wirken, vor allem §§ 138, 242, 315 BGB. Gerade bei der Konkretisierung und Anwendung dieser Generalklauseln sind die Grundrechte zu beachten (...).“*[27]

Die bisherigen Entscheidungen des Bundesverfassungsgerichtes behandelten vorrangig den de constitione lata zu gewährleistenden Schutz einer benachteiligten Vertragspartei. Die *konstitutionelle Präzisierung* der guten Sitten beschränkt sich indes nicht im grundrechtlich vermittelten *Vertragsparteienschutz*, sondern kann überall dort zur Geltung kommen, wo aus den Grundrechten und der verfassungsmäßigen Ordnung Wertungen und Anspruchspositionen folgen, die auch im Verhältnis der Bürger untereinander gelten[28].

Verfassungsrechtlicher Bezugspunkte bei der anvisierten ökologischen Regulierung sind einesteils der entsprechend der Empfehlung der Gemeinsamen Verfassungskommission neu eingeführte Art. 20a GG sowie anderenteils die in Art. 2 Abs. 1 GG und Art. 14 Abs. 2 GG ausgesprochenen Bindungen an das

---

[26] Esser, ZHR 135 (1971), 320 (336) [Hervorhebung im Original].

[27] BVerfGE 81, 242 (254 ff.). Siehe auch BVerfG, NJW 1994, 36 mit starker Betonung, daß Inhaltskorrekturen insbesondere bei „struktureller Unterlegenheit“ eines Vertragsteiles erfolgen müßten (S. 38 und 39.).

[28] Esser/Schmidt, SchuldR AT, Tb. 1, § 3 V 2.

Allgemeinwohl. Im Art. 20a GG wird der Schutz der natürlichen Lebensgrundlagen zum Staatsziel berufen. Ausdrücklich wendet sich diese Bestimmung an alle drei Gewalten, womit schon aus dem Wortlaut des Art. 20a GG selbst folgt, daß fürderhin Normen im Lichte eines wohlverstandenen Schutzes der Umwelt auszulegen sind. Ihre privatrechtliche Verankerung kann die objektiv-rechtliche Staatszielbestimmung auch hier am ehesten über die Generalklauseln finden. Einschränkend ist allerdings anzumerken, daß Art. 20a GG zu keiner wirklichen Präzisierung der Generalklausel führt. Dafür ist die Vorschrift selbst zu allgemein gefaßt und unter einem zu weitgehenden Gesetzesvorbehalt gestellt. Das Staatsziel kann insofern eher nur als Beleg dafür genommen werden, daß das (Zivil-)Recht für die Berücksichtigung ökologischer Belange offen sein muß und daß die Vertragsfreiheit auch von dieser Seite Beschränkungen erfahren kann.

Ergänzend ist auf die Sozialpflichtigkeit nach Art. 2 Abs. 1 GG i.V.m. dem Sozialstaatsgebot und Art. 14 Abs. 2 GG hinzuweisen. Grundrechtstheoretisch gelten Art. 2 Abs. 1 und 14 GG als die vertragsnahen Grundrechte[29], durch die auch die Vertragsparteien an die Prinzipien gebunden sind, „die aus Gründen des gemeinen Wohls auch für die Gestaltung der Rechtsbeziehungen zwischen den einzelnen verbindlich sein sollen und deshalb der Herrschaft des Privatwillens entzogen sind“[30]. Der Umweltschutz nimmt bei der Gestaltung der Sozialordnung eine immer bedeutendere Rolle ein, und daraus resultieren weitreichende Bindungen privater Freiheiten und Institutionen[31]. Beschränkungen des Eigentumsgebrauchs ergeben sich unbestritten auch und gerade aus umweltbezogenen Erfordernissen, namentlich aus dem Natur- und Landschaftsschutzrecht[32]. Es kann daher von einer durch Art. 2 Abs. 1, 14 Abs. 2 GG begründeten mittelbaren „Umweltpflichtigkeit“ gesprochen werden, die die Ausübung privater Autonomie und damit auch die Möglichkeiten rechtsgeschäftlicher Verfügung beeinflußt und beschränkt.

Aus den vorgestellten knappen Erwägungen ist der Schluß zu ziehen, daß verfassungsrechtlich eine Aufnahme umweltbezogener Wertungen in den Regulierungsbereich der Generalklausel prinzipiell möglich ist. Allerdings nähren diese eine Konkretisierung der Anwendungsvoraussetzungen kaum, da sich Wertungen des Grundgesetzes hier - ohne Einstellung einfachrechtlicher Umweltschutzbestimmungen - tendenziell nur sehr abstrakt ergeben.

---

[29] Siehe insbes. Esser/Schmidt, SchuldR AT, Tb. 1, § 1 II 2; Höfling, Vertragsfreiheit, 4 ff.

[30] BVerfGE 7, 198 (206).

[31] Koepfer, Umweltrecht, § 2 Rdnr. 10 ff.; im Gegenteil, die umweltbezogenen Verpflichtungen der Privatrechtssubjekte werden bereits zunehmend als „quasi-total“ empfunden (Leisner, Eigentum, in HdBdStR VI, § 149 Rdnr. 133 ff., 142 m.w.N.)

[32] Papier, in: Maunz/Dürig, Art. 14 Rdnr. 366 m.w.N.

b) Transformation umweltschutzrechtlicher Maßstäbe

Konkreter und damit vielleicht auch hilfreicher könnten indes die einfachgesetzlichen Normierungen mit mittelbarem und unmittelbarem Umweltbezug sein. Die enorme Zunahme umweltschützender Gesetze und die dadurch klarer erkennbaren legislativen Entscheidungen könnten Bezugspunkt entsprechender Verkehrsverbote über § 138 Abs. 1 BGB sein. Würde man sich an umweltschützenden Normen bei der Feststellung des Sittenwidrigkeitsurteiles orientieren, könnte das Umweltrecht mit seinen strukturellen Prinzipien, Wertentscheidungen und Verhaltensanforderungen in sehr konkreter Weise Einfluß auf zivilistische Regulierung nehmen.

Zweifelhaft ist allerdings, ob die umweltrechtlichen Entscheidungen über die Rechtmäßigkeit und Rechtswidrigkeit, über das Erlaubt- und Verbotensein bestimmter Handlungen in das Zivilrecht ohne weiteres übernommen werden können. Aufgeworfen ist damit in erster Linie die Frage nach der *Eingriffsschwelle* der Sittenklausel, deren Beantwortung maßgeblich davon abhängt, ob § 138 Abs. 1 BGB „Ungerechtigkeit" oder „Unerträglichkeit" korrigiert, ob schlicht („einfache") Rechtswidrigkeit oder eine besonders qualifizierte Ausprägung derselben sanktioniert wird.

Landläufig wird Sittenwidrigkeit als qualifizierte bzw. gesteigerte Form der Rechtswidrigkeit angesehen[33]: Sittenwidrigkeit meine „Unanständigkeit"[34], „gesteigertes Unrecht"[35], „Unerträglichkeit"[36] bzw. einen „auf Extremfälle beschränkten Minimalschutz"[37]. Die Begründung für die dahingehende Qualifizierung scheint im „Wesen" der Sittenwidrigkeit begründet und fällt demgemäß eher knapp aus: Die Steigerung von Rechtswidrigkeit folgt offenbar aus dem originären Verständnis des Begriffes der guten Sitten selbst, der - so unklar auch im Detail - den sittenwidrig Handelnden mit einem „Makel"[38], „sittlichen Tadel"[39], „sittlichen Vorwurf"[40] oder „schweren (persönlichen)

---

33 Etwa BGHZ 22, 167, 180; BGH, NJW 1974, 1333; RGZ 88, 250, 254; Deutsch, JZ 1963, 385 (389).

34 Canaris, AcP 184 (1984), 201 (235); Schmalzbauer, Drittwirkung, 134 f.

35 Deutsch, JZ 1963, 385 (389).

36 MünchKomm/Mayer-Maly, § 138 Rdnr. 1, 138.

37 Canaris, AcP 184 (1984), 201 (236).

38 Aus der Rechtsprechung des BGH etwa BGHZ 3, 270 (279); 14, 294 (303); 52, 17 (20); BGH, NJW 1968, 932; NJW 1979, 365 (366). - Vgl. i.e. Sack, WRP 1985, 1 (13).

39 RG, JW 1911, 761 (762).

40 BGHZ 32, 361; Staudinger/Schäfer § 826 Rdnr. 36.

Vorwurf"[41] belege. Folgerichtig wird daher nicht selten zusätzlich eine „verwerfliche Gesinnung" der sittenwidrig Handelnden gefordert[42].

Mit Deutsch kann die (wohl) h.M. dahingehend zusammengefaßt werden, Sittenwidrigkeit sei eine „gesteigerte Form der Rechtswidrigkeit mit subjektiver Färbung"[43]. Die dementsprechend anspruchsvoll formulierten objektiven und subjektiven Tatbestandsmerkmale der Sittenwidrigkeit stehen allerdings in einem unverkennbaren Kontrast zu der tatsächlichen Rechtsprechungsentwicklung: Weitreichende Objektivierungen[44] und „Entdramatisierungen"[45] der Sittenklausel sind augenscheinlich. In nahezu allen bekannten Fallgruppen des § 138 Abs. 1 BGB haben sich übergreifende, allgemeingültige Kriterien herausgebildet, deren Erfüllung faktisch nie von einer besonders verwerflichen Gesinnung oder sonstiger positiver Kenntnis abhängig gemacht wird[46]. So sind beispielshalber durch eine jahrzehntelange Rechtsprechung anhand konkreter Äquivalenzbezüge Grenzen der inhaltlichen Bonität von Ratenkreditverträgen, der Zulässigkeit von Forderungsabtretungen und sonstigen Kreditsicherungen etabliert worden, jenseits derer Verträge grundsätzlich nichtig sein sollen[47]. Subjektive Momente werden bei der Beurteilung zunehmend zurückgedrängt: Die Kenntnis des objektiv sittenwidrig Handelnden wird teils nicht für notwendig erachtet, teils vermutet und teils auf das Erfordernis grobfahrlässiger Unkenntnis reduziert[48]. - Ein weiteres Beispiel kann in der Rechtsprechung

---

41 BAG, JZ 1975, 737; BGH, DB 1962, 1003.

42 Eine solche Vorsätzlichkeit wird insbesondere gefordert, sofern das Rechtsgeschäft gegen geschützte Belange der Allgemeinheit verstößt (siehe BGH, NJW 1990, 568; WM 1966, 495.

43 Deutsch, JZ 1963, 385 (389). Deutsch sieht bemerkenswerterweise zugleich eine zweite Komponente der Sittenwidrigkeit. Diese könne auch ein Weniger zur Rechtswidrigkeit darstellen, gewissermaßen als Vorstufe der Rechtswidrigkeit, wenn ein Verhalten neu sei oder sich frühere Bedenken nunmehr verdichtet hätten, so daß ein Verhalten als unzulässig erscheine (JZ 1963, 385 (390 unter lit. b)).

44 AK-BGB/Damm, § 138 Rdnr. 13, 77 ff.; Esser/Schmidt, SchuldR AT, Tb. 1, § 10 II 2; Soergel/Hefermehl, § 138 Rdnr. 31; vgl. auch Baumbach/Hefermehl, UWG, Einl. Rdnr. 125 ff., insbes. 128.

45 AK-BGB/Damm, § 138 Rdnr. 92.

46 Unter anderem: Wucherähnliche Geschäfte (z.B. Ratenkreditverträge); Ausnutzung einer Monopolstellung; Ausnutzung einer Schwächesituation; Knebelungsverträge; Drittgläubigergefährdung; Förderung des Vertragsbruchs; Standesrechtliche Verstöße.

47 Man denke nur an die ausdifferenzierte Rechtsprechung zu Ratenkreditverträgen, die bei relativer Überschreitung des Marktzinses um 100% (st. Rspr. BGHZ 104, 105; 110, 338) oder absoluter um 12% (BGHZ 110, 338) stets nichtig sein sollen.

48 Vgl. BGHZ 104, 102, 107. Konsequenter und dogmatisch wie praktisch nachvollziehbarer ist es hingegen, bei inhaltlichen Verstößen von Verträgen gegen grundlegende Ordnungsprinzipien auf das Vorliegen subjektiver Momente gänzlich zu verzichten, da die Unverträglichkeit mit Rechtsgrundsätzen nicht von der Kenntnis und der Gesinnung der Handelnden abhängt. Ob das Recht privatautonomer Rechtsgestaltung bewußt oder unbewußt mißbraucht wird, macht nach außen hin keinen Unterschied. Denn anders als bei § 826 BGB, wonach Schadenersatz gefordert werden kann, versagt § 138 BGB dem Rechtsgeschäft „nur" die Anerkennung, nimmt aber noch

zum Verkauf von Arzt- und Anwaltspraxen mit Patienten- bzw. Mandantenkarteien sowie der Abtretung von Forderungen aus dem Vertragsverhältnis zum Patienten/Mandanten gesehen werden. Nachdem der Bundesgerichtshof noch in Entscheidungen vom 18. Dezember 1954 und 7. November 1973 keinerlei Bedenken an der Zulässigkeit solcher Rechtsgeschäfte hegte[49], im Gegenteil, die Überlassung von Patientenkarteien als praktisch üblich, sachlich sinnvoll und rechtlich unbedenklich postulierte[50], wird im Gefolgschaft einer Entscheidung des Bundesgerichtshofes von 1991[51] der Verkauf von Mandanten- und Patientendaten überwiegend als rechts- *und* sittenwidrig angesehen[52]. Daß damit die anders handelnden Ärzte und Anwälte nicht mit einem „Makel" belegt waren, daß ihr - jahrzehntelang von der Rechtsprechung getragenes - Handeln nicht mit einem Mal „unerträglich" oder „unanständig" oder „anstößig" wurde, scheint evident zu sein. Faktisch wurde lediglich die Grenze des rechtlich Zulässigen zum rechtlich Unzulässigen neu bestimmt. Letztlich bleibt deshalb festzustellen, daß dem Verstoß gegen die guten Sitten kein Vorwurf an die Vertragsparteien anhaftet[53].

Gegen die Qualifizierung der Sittenwidrigkeit als „Unerträglichkeit" usw. spricht weiter die der Sittenklausel richtiger Ansicht nach zugesprochene Aufgabe eines *Auffangtatbestandes mit lückenfüllender Funktion*[54]. Gesetzliche Regelungen sind unausweichlich lückenhaft. Dies schon deshalb, weil alle in Betracht kommenden Fallgestaltungen wegen ihrer Heterogenität in speziellen Tatbeständen überhaupt nicht eingefangen werden können und weil überdies neue, teils nicht vorherzusehende Schwierigkeiten hinzukommen, die der Gesetzgeber nicht immer antizipiert regeln kann. Schließlich soll über die Rechtmäßigkeit oder Rechtswidrigkeit mancher Fragen bereits nach ausdrücklicher gesetzgeberischer Intention eine endgültige Klärung erst durch die Gerichte erfolgen. Generalklauseln gewähren demnach in mehreren Facetten eine flexible Reaktion des Rechts auf neue Problem- und Gefährdungslagen[55]. Die Funktion umfassender Lückenfüllung bedingt, daß die Lücken unter

---

keine abschließende Stellungnahme zu der Risiko- und Lastenverteilung unter den Vertragspartnern. Siehe unten § 7 III 2.

49 BGHZ 11, 71, 74; BGH, NJW 1974, 602.

50 BGH, NJW 1974, 602.

51 BGHZ 116, 268 - allerdings unter Annahme von § 203 StGB als Verbotsgesetz i.S.v. § 134 BGB.

52 Siehe AK-BGB/Damm, § 138 Rdnr. 186 m.w.N.; Palandt/Heinrichs, § 138 Rdnr. 60.

53 AK-BGB/Damm, § 138 Rdnr. 82 f.; Flume, AT II, § 18, 1; Soergel/Hefermehl, § 138 Rdnr. 19.

54 Pawlowski,AT Rdnr. 498; Sack, WRP 1985, 1 (2 ff.); - zu § 1 UWG: vgl. noch Sack, GRUR 1970, 493 (498) m.w.N.; zu § 826 BGB: Deutsch, JZ 1963, 385 (390); Esser/Weyers, SchuldR BT, § 56 II 2.

55 So bereits BVerfGE 3, 225, 243; 13, 153, 164; im Schrifttum siehe etwa: Kraft, Interessenabwägung, 2, 41 ff.; Sack, WRP 1985, 1 (3), jew. m.w.N.

gleichartigen Anwendungsvoraussetzungen gefüllt werden, weshalb Sittenwidrigkeit insoweit entsprechend von Rechtswidrigkeit ausgeht.

Zuletzt ist darauf hinzuweisen, daß der Gute-Sitten-Begriff in § 1 UWG und § 1041 Abs. 1 Nr. 2 ZPO längst im Sinne „einfacher“ Rechtswidrigkeit ausgelegt wird[56]. Es kommt hier gar nicht so sehr auf den Streit an, ob der Gute-Sitten-Begriff einheitlich auszulegen ist[57]. Möglicherweise kann die inhaltliche Ausfüllung verschieden sein, so daß ein Verhalten etwa nach § 1 UWG sittenwidrig, nach § 138 BGB aber tolerabel sein könnte. Es handelt es sich aber um ein und denselben Wortlaut. Wenn die guten Sitten etwa im Wettbewerbsrecht und Schiedsverfahrensrecht qualitativ als Rechtswidrigkeit gedeutet werden, spricht offenbar der gewählte Terminus „gute Sitten“ auch im Rahmen von § 138 Abs. 1 BGB nicht gegen eine solche Reduzierung. Betrachtet man letztlich noch Normbestände, die auf früherer Rechtsprechung zu § 138 BGB fußen (insbes. das AGB-Gesetz), schließen diese deutlich nicht an Unsittlichkeit, Unerträglichkeiten an, sondern orientieren sich an Rechtswidrigkeit etwa in Form „unangemessener Benachteiligung“ (§ 9 AGBG), ohne die Kontrollmaßstäbe entscheidend geändert zu haben[58].

Festzuhalten bleibt also, daß Sittenwidrigkeit, jedenfalls soweit sie innerrechtliche Maßstäbe aufgreift, qualitativ Rechtswidrigkeit meint und nicht etwa eine besondere, gesteigerte Form derselben. In diesem Sinne vollzieht § 134 BGB Gesetzeswidrigkeit und § 138 Abs. 1 BGB ergänzt anhand von „Richterrechtswidrigkeit“. Damit ist grundsätzlich eine Orientierung auch an einfachrechtlichen Vorschriften und Prinzipien möglich, wodurch die Begründung ökologischer Verkehrsverbote erleichtert werden kann, ohne daß damit zugleich die Komplexitäten der Konkretisierung beseitigt wären. Letzteres ist schon wegen der Heterogenität umweltrechtlicher Regelungen ausgeschlossen.

3. *Richterliche Umweltrechtssetzung und gute Sitten*

In zweifacher Weise problematisch ist, ob über die Umsetzung außer- und innerrechtliche Maßstäbe hinaus Gerichte über § 138 Abs. 1 BGB zu selbständiger Rechtsfortbildung und Rechtsschöpfung legitimiert sind und unter welchen Voraussetzungen eine solche Rechtssetzung steht.

Allgemein unumstritten ist, daß die an die Judikative gestellte Aufgabe der Konkretisierung der Sittenklausel sich nicht in der Rezeption außerrechtlicher Maßstäbe oder Transformation innerrechtlicher Wertungen erschöpft, sondern stets auch ein - fallbezogen variierendes - Maß richterlicher Entscheidung über

---

[56] Zu § 1 UWG vgl. Sack, WRP 1985, 1, 4; - zu § 1041 ZPO: vgl. Stein-Jonas/Schlosser, § 1041 Rdnr. 20 ff., 25 ff.

[57] Einheit der guten Sitten bejahend: Sack, WRP 1985, 1 (4); - verneinend: MünchKomm/Mayer-Maly, § 138 Rdnr. 18 ff.; jew. m.w.N.

[58] Für das AGBG: Wolf/Horn/Lindacher, AGBG, Einl. Rdnr. 5 ff.

die bloße Umsetzung vorgegebener Moral- und Rechtsnormen hinaus beinhaltet[59]. Mit der Aufgabe, die Generalklausel § 138 Abs. 1 BGB auf den Einzelfall anzuwenden, ist den Gerichten eigene Gestaltungsmacht eingeräumt, ihnen fällt gleichzeitig ein Auftrag zur Rechtsfortbildung zu. Die Generalklausel ist sozusagen ein Bereich „offengelassener Gesetzgebung"[60]. Die Konkretisierung des Sittenwidrigkeitsbegriffes ist - entgegen regelmäßig anderslautender Betonungen der Gerichte selbst - zu einem Gutteil eine durch außer- wie innerrechtliche Wertungen kaum gestützte *eigene* Entscheidung des jeweils erkennenden Gerichts[61].

Die Delegation legislativer Kompetenzen auf die Judikative muß stets begleitet sein durch eine eingehende *Begründungspflicht*[62]. Das in vielen Geschäftsordnungen der Gerichte vorgesehene Gebot bündiger Kürze von Entscheidungen (etwa § 12 Abs. 1 GO-BGH) darf nicht zu leerformelhaften Argumentationen und zufällig anmutenden Postulaten ausschlagen[63]. Gesteigerte Anforderungen an die Darlegung sind schon deshalb anzunehmen, weil Gesetze in einem rechtsstaatlich geregelten Verfahren zustande gekommen und auf ihre verfassungsrechtliche Vereinbarkeit überprüfbar sind (vgl. Art. 100 Abs. 1 GG; § 13 Nr. 10 und 11 BVerfGG), während entsprechende Regelungen für Richterrecht fehlen. Daneben gehört die Begründungspflicht bei Urteilen zu den grundlegenden demokratischen Rechtsprinzipien[64]. Zweck der Begründungspflicht ist es, eine Kontrolle auch der rechtsprechenden Gewalt zu ermöglichen[65]. Während man ansonsten Entscheidungen an den gesetzlichen Vorgaben messen kann, ist eine solche Überprüfbarkeit bei der Konkretisierung des § 138 Abs. 1 BGB weitestgehend nur an den von den Gerichten selbst gesetzten Maßstäben, Prinzipien und Prämissen möglich.

Vielfach wird in diesem Zusammenhang auf eine Konkretisierung durch *einzelfallbezogene Interessenabwägung* hingewiesen[66]. Unabdingbar ist die Erfassung und auch die Abwägung von Interessen oft bereits, um Interessen-

---

59 Siehe beispielsweise MünchKomm/Mertens, § 826 Rdnr. 2; Sack, WRP 1985, 1 (4); Sambuc, Folgenerwägungen, 50 f.; Soergel/Hefermehl, § 138 Rdnr. 4; Veelken, AcP 185 (1985), 46 (55 ff.).

60 Hedemann, Die Flucht in die Generalklauseln, 1933, 58.

61 Esser/Weyers, SchuldR BT, § 56 II 2.

62 AK/BGB-Damm, § 138 Rdnr. 75 ff.; Baumbach/Hefermehl, UWG, Einl. Rdnr. 72 f.; Berkemann, Gesetzesbindung, in: FS Geiger 1974, 299 (305 ff.); Brüggemann, Die rechtliche Begründungspflicht, 91 ff., 129 ff., 171 ff.; Damm, JZ 1986, 913 (925 f.): Koch/Rüßmann, Juristische Begründungslehre, 112 ff., 115 ff, 373 ff.; Sack, WRP 1985, 1 (7 f.); Sambuc, Folgenerwägungen, 121 ff; Soergel/Hefermehl, § 138 Rdnr. 7; Teubner, Standards und Direktiven, 107 f.

63 Berkemann, Gesetzesbindung, in: FS Geiger 1974, 299 (305).

64 Dazu jüngst eingehend Kroitzsch, NJW 1994, 1032 m.w.N.

65 Kroitzsch, NJW 1994, 1032.

66 Etwa Erman/Brox, § 138 Rdnr. 30; Kraft, Interessenabwägung, 32 ff.; Sack, GRUR 1970, 493 (500 ff.); Soergel/Hefermehl, § 138 Rdnr. 8.

konflikte überhaupt transparent zu machen. Allerdings kann sich die Rechtsfindung nicht in einem diffusen, ungeleiteten Abwägungsprocedere erschöpfen, denn mit dem bloßen Verweis auf die Abwägung von Interessen wäre für die Betroffenen keine zusätzliche Vorhersehbarkeit, Rechtssicherheit und Kontrollierbarkeit ermöglicht. Vielmehr können die konkreten Belange und Umstände nur *innerhalb* festgelegter Wertungskriterien und *innerhalb* bindender, fallübergreifender Prämissen der Beurteilung dienen[67].

Von dem Verfahren einer „normativen Interessenabwägung“[68], das im Rahmen dieser Untersuchung nicht abschließend dargestellt werden kann[69], ist die Rechtsprechungspraxis weit entfernt. Dezidierte, nachvollziehbare und fallübergreifende Begründungen bei der Ausfüllung der Generalklausel § 138 Abs. 1 BGB sind selten. Allerdings finden sich leerformelhafte Begründungssätze. Dies betrifft in erster Linie den immer noch anzutreffenden Rekurs auf die nichtssagende Anstandsklausel[70]. Aber auch soweit auf Wertentscheidungen der Rechtsordnung und auf den telos bestimmter Normierungen verwiesen wird, handelt es sich häufig mehr um Apodicta, denn um nachvollziehbare, überprüfbare Argumentation[71]. Abstrakt könnten - wie gesehen - leitende und bindende Prämissen zunächst begründet werden aus konstitutionellen und einfachrechtlichen Prinzipien, gesetztem Recht und ungeschriebene Rechtsgrundsätzen und Wertentscheidungen der Legislative. Je weniger sich aber daraus schließen läßt, desto stärker werden außerpositivrechtliche Gesichtspunkte von Belang sein. Zu nennen sind dabei etwa Verkehrsanschauungen der betroffenen Kreise, Präjudizien und Folgenerwägungen[72].

4. Ergebnis

Es existiert keine Einheitslösung der Konkretisierung der guten Sitten. Die guten Sitten verweisen auf außer- wie innerrechtliche Maßstäbe und begründen

---

67 AK-BGB/Damm, § 138 Rdnr. 76; Soergel/Hefermehl, § 138 Rdnr. 8; entsprechend zu § 1 UWG: Baumbach/Hefermehl, UWG, Einl. Rdnr. 83 m.w.N. - Siehe noch Staudinger/Schmidt, § 242 Rdnr. 168 ff., zur Notwendigkeit einer Begründung neuer „Sachnormen“.

68 Begriff bei Erman/Brox, § 138 Rdnr. 30. - Vgl. noch zur Interessenabwägung im Rahmen von § 1 UWG sehr detailliert: Kraft, Interessenabwägung, insbes. 209 ff., 251 ff

69 Siehe aber noch die grundsätzlichen Erwägungen unter § 9 III 1.

70 Diese häufig benutzte Formel ist trotz oder gerade wegen ihrer ständigen Heranziehung zu eingehender Konkretisierung ungeeignet. Sie verstellt eher den Blick für die eigentlichen Probleme der vorgeblichen Rezeption einer Sozialmoral. Polemisch - aber im Kern zutreffend - ist ihr entgegenzuhalten, daß es schon mit den Gefühlen von Denkenden so eine eigene Sache sei (s.a. Teubner, Standards und Direktiven, 22 f.) und das hier wohl eher „das Anstandsgefühl älterer Richter in hoher Stellung“ entscheide (so die prominente Aussage Baumbachs, Wettbewerbsrecht, 1. Auflage 1929, S. 175.) Siehe noch Haberstumpf, Anstandsformel, 73 f.

71 Haberstumpf, Anstandsformel, 73 ff.; Herzberg, NJW 1990, 2525 (2527); Sambuc, Folgenerwägungen, 30 ff.

72 Vgl. zu den berücksichtigungsfähigen Kriterien etwa Soergel/Hefermehl, § 138 Rdnr. 8.

von diesen ausgehend, jedoch über den Verweis hinausgehend einen eigenen Normbildungsauftrag der Gerichte, wobei sich die judikative Rechtssetzung in einem offenen und prämissegeleiteten Verfahren zu vollziehen hat, das als „normative Interessenabwägung" beschrieben werden kann. Für den in Rede stehenden umweltbezogenen Kontext soll § 138 Abs. 1 BGB primär als Verweis auf rechtsimmanente Wertungen, gewissermaßen den *„ordre public écologique"*, interpretiert werden. Das Verdikt der Sittenwidrigkeit ist damit, in erster Linie und soweit dies möglich ist, aus den Wertungen und Prinzipien der positivrechtlichen (Umwelt-)Ordnung zu deduzieren. Die Anschauungen und Moralvorstellungen der Allgemeinheit oder bestimmter Verkehrskreise sind von eher randständiger Bedeutung. Abstrakt heißt dies, daß bei der Konkretisierung der Generalklausel die Wertvorstellungen der Verfassungsordnung zu beachten sind, die für die Auslegung der guten Sitten richtungsweisend sind[73]. Des weiteren sind die Normierungen des einfachen Rechts als legislative Wertentscheidung in den Prozeß richterlicher Entscheidungsfindung einzustellen. Je weniger sich das Ergebnis aus den verfassungsrechtlichen und einfachgesetzlichen Wertungen deduzieren läßt, desto größer ist der Zwang zur Begründung und Rechtfertigung der rechtssetzend getroffenen Entscheidung, wobei auch insoweit eine weitestmögliche Orientierung an grundgesetzlicher Ordnung, positivem Recht und präjudizieller Rechtsprechung zu erfolgen hat.

III. Folgefragen

1. Konkurrenz von § 134 und 138 Abs. 1 BGB

Mit der vorrangigen Orientierung an innerrechtlichen Wertungen des Verfassungs- wie des einfachen Rechts stellt sich die Frage nach dem Konkurrenzverhältnis von § 134 BGB und § 138 Abs. 1 BGB. Nach dem hier vertretenen Ansatz rezipieren sowohl § 134 BGB als auch § 138 Abs. 1 BGB Setzungen und Wertungen der Rechtsordnung. Darüber hinaus sind sich beide Normen in ihrer zugrundeliegenden Struktur ähnlich: Beide haben (auch) überindividuelle Interessen im Blickfeld, beiden Normen kommt wegen ihrer Unbestimmtheiten, die gleicherweise nur durch Abwägung der Zwecke, Interessen und Folgen determinierbar sind, der Charakter einer Generalklausel zu[74]. Deshalb könnte man meinen, daß § 134 BGB keinen eigenen Regelungsbereich mehr hätte, weil jedes rechtswidrige Verhalten zugleich auch sittenwidrig wäre und deshalb stets schon von § 138 Abs. 1 BGB erfaßt sein könnte.

---

73 Siehe BVerfGE 7, 198 (206 ff.); 24, 236 (251); 25, 256 (263); 42, 143 (148); 73, 261 (263).

74 AK-BGB/Damm, § 138 Rdnr. 26; Damm, JZ 1986, 913 (919) („strukturelle Parallelität"); Westphal, Zivilrechtliche Vertragsnichtigkeit, 134.

Richtig ist - wie dies zwischenzeitlich offenbar auch in Rechtsprechung und Schrifttum überwiegend gesehen wird -, § 134 BGB als die speziellere Norm zu interpretieren[75], denn das, was der Gesetzgeber ausdrücklich bestimmt hat, ist grundsätzlich vorrangig zu dem, was sich nur mittelbar aus den Rechtsprinzipien und Ordnungen ergibt. Wenn nämlich bei der Feststellung des Sittenwidrigkeitsurteiles eine Orientierung vorrangig an innerrechtlichen Wertungen erfolgt, dann dürfen erst recht keine ausdrücklichen Vorschriften entgegenstehen[76].

Zwischen Gesetzeswidrigkeit nach § 134 BGB und Sittenwidrigkeit nach § 138 BGB besteht kein Unterschied im Hinblick auf die Eingriffsschwelle: Jeweils wird über die Rechtswidrigkeit eines Verhaltens oder eines Vertragsinhaltes entschieden. §§ 134 und 138 Abs. 1 BGB stehen damit - jedenfalls im umweltbezogenen Kontext - in einem durchweg gleichgerichteten Verhältnis zueinander. § 134 BGB kommt die Funktion zu, positiv normierte Gesetze zu *vollziehen*, während § 138 BGB diesen Vollzug anhand innerrechtlicher Maßstäbe *ergänzt*[77]. Diese Parallelität von Verbotsvollzug einerseits und Ausgleich bestehender Vollzugsdefizite andererseits spiegelt sich im Verhältnis von *geschriebenem* zu *ungeschriebenem Recht* wider: „Verträge, die gegen ausdrückliche gesetzliche Verbote verstoßen, sind nach § 134 zu beurteilen; Verträge, die gegen Verbote verstoßen, die im Wege der Analogie aus den übrigen gesetzlichen Vorschriften abgeleitet werden, sind nach § 138 zu beurteilen."[78] Selbstverständlich sind aus der Rechtsordnung ungeschriebene Verbote nicht immer (eindeutig) ableitbar, so daß die Aussage dahingehend einzuschränken ist, daß die Ergänzung über § 138 Abs. 1 BGB stets auch einen Akt (legitimer) richterlicher Rechtssetzung darstellt, daß mithin die in § 138 Abs. 1 BGB angesiedelten Ersatzüberlegungen begründungsbedürftig sind.

Läßt sich demnach ein Verbot sowohl aus § 134 BGB als auch aus § 138 Abs. 1 BGB herleiten, geht § 134 BGB vor. Die § 138 Abs. 1 BGB damit zugewiesene Funktion der „Lückenschließung" könnte sich derart vollziehen, daß unvollkommene, anstehende und ausstehende Regelungen des öffentlichen Umweltrechts privatrechtlich vollzogen werden[79]. Damit ist selbstverständlich nur ein denkbarer Teilbereich ökologischer Sittenwidrigkeit gekennzeichnet, denn je weniger sich die Wertung der Sittenwidrigkeit aus innerrechtlichen

---

[75] BGHZ 116, 268 (276 f.) - Patientenkartei; BGH, NJW 1983, 868, 869; Erman/Brox, § 138 Rdnr. 8; MünchKomm/Mayer-Maly, § 138 Rdnr. 4; Palandt/Heinrichs, § 138 Rdnr 6; Soergel/Hefermehl, § 138 Rdnr. 63; RGRK/Krüger-Nieland/Zöller, § 138 Rdnr. 9; von Olshausen, ZHR 146 (1982), 259 (290); - für eine Gleichrangigkeit aber: BGHZ 53, 152 (160); Staudinger/Dilcher, § 138 Rdnr. 121.

[76] v. Olshausen, ZHR 146 (1982), 259 (290).

[77] Pawlowski, AT Rdnr. 498.

[78] Pawlowski, AT Rdnr. 498.

[79] Die Unterscheidung soll an dieser Stelle vorerst nur angedeutet werden. Ich werde darauf unter § 9 III zurückkommen, um dort mithilfe der Differenzierung zu versuchen, konkretere Voraussetzungen für eine ökologische Sittenwidrigkeit darzustellen.

Maßstäben ableiten ließe, desto eher kommt die Begründung eigenständiger Verbote (unter weitestmöglicher Bezugnahme auf umweltordnungsrechtliche Wertungen) als „Richterrechtswidrigkeit" in Betracht.

2. *Bedeutung subjektiver Beweggründe*

Die Relevanz subjektiver Beweggründe für die Erfüllung des Normtatbestandes der Sittenklausel ist insgesamt sehr umstritten. Die Palette verschiedener Auffassungen zieht sich von der Notwendigkeit einer besonders verwerflichen Gesinnung über das Bewußtsein der Sittenwidrigkeit oder nur der Kenntnis bzw. leichtfertigen Unkenntnis der Umstände, aus denen sich die Sittenwidrigkeit begründet, bis hin zur grundsätzlichen Unbeachtlichkeit subjektiver Merkmale als eigenständige Voraussetzung der Sittenwidrigkeit[80].

Nach herrschender Lehre ist zwischen Inhalts- und Umstandssittenwidrigkeit zu unterscheiden[81]. Bei der Inhaltssittenwidrigkeit verstoße das Rechtsgeschäft schon seinem objektiven Inhalt nach gegen die guten Sitten, weshalb der Gesinnung und Kenntnis sowie den Vorstellungen der Vertragsparteien kein tatbestandsbegründender Charakter zukomme. Habe das Rechtsgeschäft hingegen einen an sich zulässigen Inhalt, verstoße aber wegen begleitender Umstände gegen die guten Sitten, müßten subjektive Merkmale in Form der Kenntnis der Tatumstände bzw. als eine zu mißbilligende Gesinnung hinzutreten[82]. - Die Rechtsprechung bietet ein sehr uneinheitliches Bild. Zwar wird stets wiederkehrend die generelle Erforderlichkeit eines subjektiven Tatbestandes gefordert[83]. Mit zahlreichen Reduktionen der Tatbestandsvoraussetzung und Vermutungen von Vorsätzlichkeiten wird diese Voraussetzung allerdings zugleich wieder „aufgeweicht"[84].

Die Kenntnis und Gesinnung der Parteien kann bei ökologiebezogenen Konfliktlagen jeweils nur als *eines* von mehreren Kriterien des Abwägungsprozesses von Bedeutung sein. Die Einordnung als „Inhalts- oder Umstandssittenwidrigkeit" hilft dabei nicht, da schon deren genauere Abgrenzung unklar ist[85]. Die Bewertung eines ökologiebeeinträchtigenden Verhaltens kann sich

---

80 Zusammenfassend: AK-BGB/Damm, § 138 Rdnr. 79; MünchKomm/Mayer-Maly, § 138 Rdnr. 111 ff.

81 Erman/Brox, § 138 Rdnr. 37; Flume, AT II, § 18, 2; Hübner, H., AT, Rdnr. 496; Medicus, AT Rdnr. 690; RGRK-Krüger-Nieland/Zöller, § 138 Rdnr. 25 ff.; Soergel/Hefermehl, § 138 Rdnr. 31 ff.

82 Soergel/Hefermehl, § 138 Rdnr. 34 m.w.N.

83 Guter Überblick bei MünchKomm/Mayer-Maly, § 138 Rdnr. 111.

84 Vermutung einer „verwerflichen Gesinnung" bei „groben" Mißverhältnis, so bereits RGZ 150, 1 (5); s.a. BGH, NJW 1957, 1274. - Grobfahrlässige Unkenntnis soll beispielsweise bei „Knebelung" und „Gläubigergefährdung" reichen: Etwa BGHZ 10, 228 (233); 20, 43 (52); 80, 153 (160 f.)

85 Ausführlich AK-BGB/Damm § 138 Rdnr. 85 m.w.N.

gleichwohl auch danach unterscheiden, ob die Schädigung nachgerade beabsichtigt, bekannt oder für die Vertragsparteien völlig überraschend war. Gerade hiervon kann einzelfallbezogen abhängen, welchen Stellenwert die individuellen Schutzpositionen im Abwägungsvorgang einnehmen. Generelle Tatbestandsvoraussetzung der Sittenklausel ist die Gesinnung bzw. Kenntnis vom schädlichen Verhalten deshalb indes nicht. Das folgt schon aus der hier vertretenen Parallelität von § 134 BGB und § 138 Abs. 1 BGB, nach der es inkonsequent wäre, für die ergänzende Norm ein Wissen zur Voraussetzung zu machen, das bei § 134 BGB unstreitig nicht notwendig ist[86]. Es steht nämlich nicht primär die individuelle Vorwerfbarkeit und erstrangig auch nicht ein sittlichen Vorwurf zur Diskussion, sondern es geht um die Beachtung überindividueller Belange. Soweit das Rechtsgeschäft bereits seinem objektiven Gehalt nach das Sittenwidrigkeitsverdikt begründet, kann es grundsätzlich nicht auf eine verwerfliche Gesinnung oder andere subjektive Momente ankommen[87]. Mit Mayer-Maly ist deshalb festzustellen, daß „subjektive Faktoren (...) Unbedenkliches bedenklich werden lassen (können); ihr Fehlen bewirkt aber nicht, daß Bedenkliches unbedenklich wird“[88].

3. *Rechtsfolgenbestimmung*

Die weitgehende Parallelisierung von § 134 BGB und § 138 Abs. 1 BGB auf der Tatbestandsseite scheint auf der Rechtsfolgenseite nicht gleichfalls vorzuliegen. Während § 134 BGB eine gewisse Flexibilität der Rechtsfolgenbestimmung zuläßt, ordnet § 138 Abs. 1 BGB dem Wortlaut nach scheinbar strikt Nichtigkeit als Rechtsfolge an.

Überwiegend werden im Schrifttum Beschränkungen der Nichtigkeit nach § 138 Abs. 1 BGB unter Berufung auf den Wortlaut in grundsätzlicher Weise abgelehnt[89]. Die weitere Begründung dieser Regel fällt meist sehr knapp aus. Die strikte Nichtigkeit als Rechtsfolge scheint im „Wesen“ der Sittenwidrigkeit selbst begründet, oder wie es Mayer-Maly exemplarisch darlegt, die durch die Sittenwidrigkeit hervorgerufene *Unerträglichkeit* erfordere die totale Nichtigkeit (will selbst aber wieder einige Ausnahmen insbesondere bei Dauerschuldverhältnissen zulassen!)[90].

---

86 AK-BGB/Damm, § 138 Rdnr. 84 ff.; Sack, WRP 1985, 1 (11); vgl. auch Veelken, AcP 185 (1985), 46 (60 f.).

87 Vgl. inbes. Esser, ZHR 135 (1971), 320 (322); Flume, AT II, § 18, 3.

88 MünchKomm/Mayer-Maly, § 138 Rdnr. 112.

89 Erman/Brox, § 138 Rdnr. 44 ff.; Flume, AT II, § 18, 9; Larenz, AT, § 23 IIb; RGRK-Krüger-Nieland/Zöller, § 138 Rdnr. 34 ff.; Soergel/Hefermehl, § 138 Rdnr. 46; Staudinger/Dilcher, § 138 Rdnr. 107 ff.; Zimmermann, Richterliches Moderationsrecht oder Totalnichtigkeit, 80 ff.

90 MünchKomm/Mayer-Maly, § 138 Rdnr. 132 und 138.

Die recht strikte Ablehnung von Nichtigkeitsbeschränkungen kontrastiert zu der in der Rechtspraxis festzustellenden *Tendenz* zu Beschränkungen der Nichtigkeit innerhalb und außerhalb der Sittenklausel. Innerhalb des § 138 BGB werden schutzzweckbezogene Relativierungen der Nichtigkeitsfolge vielfach vorgenommen und zwar insbesondere bei in Vollzug gesetzten Dauerschuldverhältnissen (stichwortartig nenne ich hier nur wucherische Mietverträge; Bierlieferungsverträge mit überlanger Bezugspflicht; faktische Vertragsverhältnisse; Grundsätze der „fehlerhaften" Gesellschaft[91]). Alle Rechtsfiguren der Nichtigkeitsbeschränkung, die im Rahmen des Rechtsfolgenprogramms zu § 134 BGB herangezogen werden, finden sich hier wieder, so etwa die Möglichkeit des sittenwidrig Handelnden, sich auf die Nichtigkeit zu berufen[92] oder die geltungserhaltende Reduktion gesellschaftsvertraglicher Verpflichtungen[93] und die Aufrechterhaltung des Rechtsgeschäfts unter Kürzung des sittenwidrigen Übermaßes[94]. Bei anderen Nichtigkeitsvorschriften ist eine Tendenz der Rechtsfolgenrestriktion ebenfalls festzustellen, wobei zuerst wiederum auf § 134 BGB zu verweisen ist. Im übrigen finden sich vielfache Beschränkungen der Nichtigkeit, denen im Schrifttum kaum widersprochen wird, beispielsweise bei der Anfechtbarkeit von Rechtsgeschäften[95] oder bei Nichtigkeitsfolgen wegen Formmangels[96], obgleich in beiden Fällen das Gesetz dem Wortlaut nach als einzige Rechtsfolge „Nichtigkeit" anordnet.

Die von einigen Autoren postulierte *Unerträglichkeit* eines sittenwidriges Vertrages deutet darauf hin, daß jedwede Relativierung ausgeschlossen ist, so daß die Position zunächst folgekonsequent erscheint. Selbst wenn man aber Sittenwidrigkeit in dieser herkömmlichen Form verstehen müßte, wäre doch einzuwenden, daß der Verstoß gegen ein geschriebenes Gesetz regelmäßig nicht weniger unerträglich sein wird als der Verstoß gegen Wertungen, die nur mittelbar aus dem positiven Recht folgen, und erst recht nicht unerträglicher wäre, als ein Verstoß gegen herrschende Moralvorstellungen, die doch kaum über der Legitimation des berufenen Gesetzgebers stehen können. Interessant ist in diesem Zusammenhang auch, daß es im Rahmen von § 826 BGB, der sich ja ebenfalls auf Sittenwidrigkeit bezieht, längst allgemein anerkannt ist, daß die Rechtsfolge Schadenersatz nach dem jeweiligen *Schutzzweckzusammenhang* zu

---

91 Vgl insgesamt zu dieser Tendenz mit zahlreichen Nachweisen: Damm, JZ 1986, 913 (915 f.); Krampe 194 (1994), 1 (30 ff.); Sack, WRP 1985, 1 (11 f.); jew. m.w.N.

92 BGH, DB 1957, 843; NJW 1981, 1439 f.

93 BGHZ 107, 351 - Sittenwidrige Hinauskündigungsklausel.

94 BGH, NJW 1972, 1459; WM 1973, 357 (359) - Bierlieferungsverträge; BGHZ 52, 17 (23 f.) - „Mätressentestament".

95 Siehe die Übersichten bei Soergel/Hefermehl, Vor § 116 Rdnr. 56 ff. und Staudinger/Schmidt, § 242 Rdnr. 389 ff. jew. m.v.w.N.

96 Vgl die zahlreichen Nachweise bei Soergel/Hefermehl, § 125 Rdnr. 35 ff. und Staudinger/Dilcher, § 125 Rdnr. 38 ff.

begrenzen ist[97]. Der Gedanke, daß Sittenwidrigkeit nicht ausnahmslos zur Nichtigkeit führt, kommt schließlich auch in der Regelung des § 139 BGB zum Ausdruck. Soweit danach ein abgrenzbarer Teil eines einheitlichen Rechtsgeschäftes[98] nichtig ist, geht das Bürgerliche Gesetzbuch selbst in § 139 BGB von der prinzipiellen Möglichkeit der teilweisen Aufrechterhaltung aus, und zwar in gleicher Weise für § 134 BGB und § 138 Abs. 1 BGB. Die im Wortlaut mit der Zweifelsregelung angedeutete, freilich keineswegs zwingende[99], Favourisierung der Nichtigkeit würde ebenfalls beide Normen betreffen.

Letztlich zwingend ergibt sich die Möglichkeit der Beschränkung von Nichtigkeitsfolgen aus der hier vertretenen Parallelität von Gesetzesvollzug des § 134 BGB und Sittenwidrigkeit nach § 138 BGB. Richtigerweise ist Sittenwidrigkeit qualitativ als einfache Rechtswidrigkeit zu deuten und ist nicht auf Unerträglichkeit beschränkt[100]. Die damit verbundene Herabstufung der Eingriffsschwelle führt zu einer potentiell forcierten Handhabung des § 138 BGB. Dies entspricht den parallel dazu festzustellenden Interventionszuwächsen von § 134 BGB[101]. Beide Normen beziehen ihre Rechtsfolgen auf vergleichbare Voraussetzungen. Dieser Gleichlauf auf der Tatbestandsseite muß zu einer Parallelisierung auch auf der Rechtsfolgenseite führen[102]. Ansonsten käme man zu unüberbrückbaren Wertungswidersprüchen, weil gleichartige Sachverhalte im Ergebnis ungleich behandelt würden. Diese Schwierigkeiten sind dadurch zu beseitigen, daß eine *teleologische Reduktion* der Generalklausel in bezug auf ihre Rechtsfolgenanordnung vorzunehmen und die Sanktion vom Regulierungszweck (Schutzzweck - bzw. Rechtswidrigkeitszusammenhang) abhängig ist[103].

Das unter § 6 dieser Untersuchung dargestellte „Rechtsfolgenprogramm" für § 134 BGB gilt sinngemäß also auch im Rahmen der Rechtsfolgenbestimmung nach § 138 Abs. 1 BGB: Schadenersatzansprüche aus den Rechtsinstituten der culpa in contrahendo bzw. der positiven Forderungsverletzung bleiben unabhängig von etwaigen Nichtigkeitsfolgen aufrechterhalten. In bezug auf die

---

97 BGHZ 57, 137 (142); Fikentscher, SchuldR, 663; Larenz, SchuldR BT, Band 2, § 72 IV; MünchKomm/Mertens § 826 Rdnr. 52 ff.; Palandt/Thomas § 826 Anm. 8; Sack, WRP 1985, 1 (12)- A.A. RGZ 79, 55 (59); Staudinger/Werner, Vor § 249 Vorbem. 33

98 Nur dann findet § 139 BGB überhaupt Anwendung: Palandt/Heinrichs, § 139 Rdnr. 10 m.w.N.

99 AK-BGB/Damm, § 139 Rdnr. 17; Palandt/Heinrichs, § 139 Rdnr. 14 ff.

100 Siehe oben § 7 II 2 b).

101 Vgl. oben § 3.

102 Vgl. Damm, JZ 1986, 913 (919).

103 Dahingehend ebenfalls: AK-BGB/Damm, § 138 Rdnr. 90 ff.; Canaris, Gesetzliches Verbot, 34; Damm, JZ 1986, 913 (915 f., 918 ff.); Krampe, AcP 194 (1994), 1 (31); Pawlowski, AT Rdnr. 499; H. Hübner, AT-BGB, Rdnr. 502 ff.; U. Hübner, Personale Relativierung, in: FS H. Hübner, 487 (501 f.); Sack, WRP 1985, 1 (11 f.); - kritisch zur teleologischen Reduktion von Rechtsfolgen jüngst Herzberg, NJW 1990, 2525 (2527).

Sanktion selbst ist zwischen vollzogenen und noch nicht durchgeführten Rechtsgeschäften zu unterscheiden. Bei letzteren besteht regelmäßig kein Anspruch auf Durchsetzung sittenwidriger Bestandteile. Ist der Vertrag hingegen vollzogen, ist zu unterscheiden, welche Ebene des Rechtsgeschäftes betroffen ist, also eine Differenzierung nach Verpflichtungs- und Erfüllungsebene. Die in Betracht kommenden Folgen für die Wirksamkeit des Verpflichtungsgeschäftes und die Tauglichkeit gelieferter Ware als Erfüllung sind sodann im Schutzzweckzusammenhang des Sittenwidrigkeitsurteiles zu bestimmen. Dabei kann mindestens tendenziell davon ausgegangen werden, daß sich bei primären Schutz von Umweltinteressen Rechtsfolgendifferenzierungen seltener anbieten und in diesen Fällen eher Schadenersatzansprüche den fälligen Schutz der Parteien beinhalten.

§ 8 Legitimation des Partei-, Dritt- und Allgemeinheitsschutzes durch § 138 Abs. 1 BGB

Mit der Aufgabenzuweisung umfassender lückenfüllender Funktionen ist noch nicht gesagt, daß die Kontrolle zum Schutze vor umweltbezogenen Risiken über die Sittenklausel zu bewerkstelligen ist. Ausgangspunkt der angestellten Überlegungen ist, daß jeder richterliche Eingriff in privat gestaltete Verträge einer eigenständigen Rechtfertigung bedarf. Vorderhand obliegt es den Parteien unabhängig von richterlichen Anschauungen ihren privaten (!) Bereich eigenbestimmt zu regeln. Schlagsatzartig heißt dies: was nicht verboten ist, ist zunächst einmal erlaubt; judikative Verbote bedürfen stets einer besonderen Legitimation.

Die Plausibilität des Versuchs, eine „Fallgruppe Umweltschutz" innerhalb des § 138 Abs. 1 BGB zu etablieren, wird deshalb maßgeblich davon abhängen, ob neben den Besonderheiten einer ökologischen Sittenwidrigkeit zu bekannten Vertragsinhaltskontrollen auch Parallelen zu konstatieren sind. Bevor wir uns deshalb der Legitimation einer ökologischen Regulierung durch § 138 Abs. 1 BGB zuwenden, sollen im folgenden die Rechtfertigungen bislang bekannter Interventionen eruiert werden. Dabei wird eine Schwerpunktsetzung auf marktbezogene Regulierungen zur Herstellung einer „guten" Wirtschafts- und Sozialordnung durch § 138 Abs. 1 BGB vorgenommen. In diesem Zusammenhang sind die meisten Fallgruppen des § 138 Abs. 1 BGB angesiedelt, weshalb sich mutmaßlich auch insoweit am ehesten verallgemeinerungsfähige Aussagen treffen lassen. Im übrigen legt schon die stets betonte Verschränkung von Ökonomie und Ökologie nahe, daß die ökonomie- und sozialordungsbezogenen Steuerungen in Zweck, Verfahren und Legitimation der Intervention gewisse Vergleichs- und Überschneidungspunkte zur Regulierung ökologischer Risiken aufweisen könnten. Der Hauptpunkt ist aber, daß die Regulierung des Wirtschaftsverkehrs ihren Geltungsgrund in übergreifenden Gedanken des „ordre public économique“ findet[1]. Dies entspricht dem hier vorgeschlagenen Modell, die Regulierung umweltbezogener Risiken weitestgehend an innerrechtlichen Wertungen, an einem „ordre public écologique“, zu orientieren und nicht erstrangig an einer „Umweltmoral“. Die Konzentrierung auf wirtschafts- und sozialbezogene Interventionen bedingt allerdings, daß damit vordergründig Vermögensinteressen ins Blickfeld genommen werden, während der Ökologiebezug zuvorderst nichtvermögensrechtliche Interessen in das Zentrum der Überlegungen stellt. Aus diesem Grunde ist auf die rechtsgüternähere Fallgruppe von Verträgen mit mißbilligenswerten Kommerzialisierungen noch besonders einzugehen.

Die Schutzrichtungen bekannter Interventionen nach § 138 BGB sind im Hinblick auf den Schutz des Geschäftspartners, Schutz am Vertrage nichtbeteiligter Dritter sowie Schutz der Allgemeinheit unterscheidbar. Anzumerken ist dabei, daß die Differenzierung praktisch nur in begrenzter Trennschärfe vollzogen wird und werden kann, da oftmals erst aus der Bündelung und Gegenüberstellung von Individual-, Dritt- und Allgemeininteressen das Sittenwidrigkeitsverdikt folgt.

I. Vertragsparteienschutz

Die Vertragsbeteiligten sind grundsätzlich frei, den Inhalt und die Modalitäten ihres Leistungsaustausches festzulegen. Diese triviale wie grundlegende Erkenntnis folgt aus dem - verfassungsrechtlich garantierten - Selbstbestimmungsrecht, der Privatautonomie, die im Schuldvertragsrecht ihre Konkretisierung in der Vertragsfreiheit, dem *gemeinsamen* Gebrauch autonomer Rechte, findet[2]. Das vertraglich Gewollte gilt, weil beide Vertragsschließenden in jeweils gewährter Privatautonomie vereinbart haben, daß die Übereinkunft in dieser Form getroffen werden soll. Der Vertrag ist damit zunächst vom Erfordernis materialer Gerechtigkeit entlastet, seine Gültigkeit und Richtigkeit resultiert aus dem Verfahren seines Zustandekommens, dem Prozeß des Aushandelns, in dem jeder der Beteiligten seine Interessen einbringt, teils zugesteht, teils einfordert und so ein für beide Teile akzeptables Resultat erzielt wird[3].

Ihre äußeren Schranken findet die Vertragsfreiheit lediglich in Fällen, in denen eine von Anfang an unmögliche Leistung versprochen wird, das Rechtsgeschäft gegen ein Gesetz oder schließlich gegen die guten Sitten verstößt. Ein Verstoß gegen die boni mores wird zum Schutz einer Vertragspar-

---

[1] Siehe Esser, ZHR 135 (1971), 320 (335).

[2] E. Schmidt, DRiZ 1991, 81 (82 f.).

[3] E. Schmidt, DRiZ 1991, 81 (82 f.); MünchKomm/Kramer, Vor § 145 Rdnr. 2 ff.

tei dann angenommen, wenn der eine Vertragspartner die ihm gewährte Autonomie mißbraucht, indem beispielsweise der einseitige Gebrauch von Freiheit durch den einen zur Fremdbestimmung des anderen degeneriert, namentlich deshalb, weil er eine bestehende Macht- oder Monopolstellung, eine Zwangslage oder die Unerfahrenheit des anderen ausnutzt oder der andere Vertragspartner durch die vertraglichen Verpflichtungen in seiner zukünftigen wirtschaftlichen Betätigungsfreiheit vollkommen eingeschränkt ist („Knebelung")[4]. Gemeinsam ist der Regulierung zum Schutz des Vertragspartners, daß die Regulierungen einerseits auf die Restitution bzw. Sicherung personaler Freiheit und andererseits auf die Bändigung ökonomischer Übermacht zielen[5]. Das Bundesverfassungsgericht hat in seiner Entscheidung vom 19. Oktober 1993 in bemerkenswerter Nachdrücklichkeit erklärt, daß mit den Mitteln des Vertragsrechts insbesondere dann korrigierend eingegriffen werden müsse, wenn „der Inhalt des Vertrages für eine Seite ungewöhnlich belastend und als Interessenausgleich offensichtlich unangemessen" sei und die „Regelung eine Folge strukturell ungleicher Verhandlungsstärke" sei[6].

Die Intervention in das Rechtsgeschäft bedarf einer besonderen Legitimation, da - wie vorgehend knapp darlegt - die Übereinkunft als solche zunächst eine Gewähr der bilateralen Richtigkeit in sich birgt und demgemäß im Grunde richterliche Enthaltsamkeit geboten ist. Im wesentlichen sind bei vertragspartnerschützenden Interventionen drei legitimierende Gründe zu erkennen:

Das Modell der Vertragsfreiheit und die daraus resultierende Richtigkeitsgewähr basiert auf der Prämisse eines im Wege beidseitiger Selbstbestimmung *ausgehandelten* Ergebnisses[7]. Allein weil beide Parteien die *Möglichkeit* hatten via Aushandlung auf den Inhalt des Vertrages Einfluß zu nehmen, ist von der interparteilichen Angemessenheit auszugehen. Entfällt indes die *Möglichkeit* der Aushandlung, also der verfahrensmäßigen Durchsetzung eigener Interessen, namentlich weil die ökonomische Macht des anderen eine echte Aushandlung nicht zuläßt, dann ermangelt es auch dem zentralen Anknüpfungspunkt der Gewähr für eine individuelle Angemessenheit des gefundenen, oder präziser: einseitig bestimmten, Ergebnisses[8]. Man kann diesbezüglich von einer

---

4 Überblick bei Palandt/Heinrichs, § 138 Rdnr. 41 ff.

5 AK-BGB/Damm, § 138 Rdnr. 28 ff.; MünchKomm/Kramer, Vor § 145 Rdnr. 3.

6 NJW 1994, 36, 39.

7 U.a. MünchKomm/Kramer, Vor § 145 Rdnr. 2 ff.; E. Schmidt, DRiZ 1991, 81 (82 ff.). Dagegen Coester-Waltjen, AcP 190 (1990), 1 (21) und Zöllner, AcP 176 (1976), 221 (236), die meinen, die Aushandlung gehöre „nicht unabdingbar zu einer Vertragsabschlußkultur".

8 BVerfGE 89, 214 (229 f.); MünchKomm/Kramer, Vor § 145 Rdnr. 2 ff.; E. Schmidt, DRiZ 1991, 81 (82 ff.). Die fehlende Aushandlung ist ebenso Ausgangspunkt für eine Inhaltskontrolle nach dem AGB-Gesetz (siehe nur § 1 Abs. 2, § 4 AGBG).

Legitimation durch das *Verfahren jedenfalls prinzipiell möglicher Aushandlung* sprechen[9].

Der Stellenwert der Aushandlungsmöglichkeit ist jüngst nachhaltig durch die EG-Richtlinie über mißbräuchliche Klauseln in Verbraucherverträgen[10] betont worden. Danach findet eine Inhaltskontrolle statt, wenn Vertragsklauseln nicht im „einzelnen ausgehandelt wurden" (Art. 3 Abs. 1 RiL), wovon auszugehen ist, wenn die Klausel „im voraus abgefaßt wurde und der Verbraucher deshalb, insbesondere im Rahmen eines vorformulierten Standardvertrages, keinen Einfluß auf ihren Inhalt nehmen konnte" (Art. 3 Abs.2 RiL).

Eine damit teilweise überlappende Rechtfertigung findet die Inhaltskontrolle bei fehlenden Regulativwirkungen des Anbieter und Nachfragermarktes. Die Erkenntnis, daß aufgrund disproportionaler Machtverteilung das Prinzip der beiderseitigen Selbstbestimmung zu einseitiger Fremdbestimmung pervertieren kann, daß gerade weil beiden Parteien formale Autonomie zuerkannt wird, diese in Eingriffe in den Heteronomiebereich umschlagen kann, ist schließlich keinesfalls neu, sie ist ein „ewiges Dilemma der Privatautonomie"[11]. Als Regulativ unbestreitbarer Machtgefälle zwischen den Vertragsparteien sollte und soll *der Markt* treten, durch den der wirtschaftlich Mächtigere aufgrund des eröffneten Wettbewerbs zu angemessenen Konditionen und Verhaltensweisen gezwungen wird[12]. Der Institution Markt kommt damit eine besondere Funktion der Selbststeuerung von Wirtschaftsbeziehungen zu: Der Unterlegene (Verbraucher, marktschwächeres Unternehmen, etc.) kann in der Regel zwar nicht über die Konditionen mit einem bestimmten Anbieter verhandeln, er kann aber bei entsprechender Information zwischen den Konditionen mehrerer Anbieter auswählen und sich dann für den „günstigsten" Anbieter entscheiden.

Das auf unbeschränkten Wettbewerb und lautere Information angelegte autonome „Modell Markt" verfängt nicht, wenn Unternehmen als Monopol oder Oligopol den Markt beherrschen oder einem Marktteilnehmer aus sonstigen Gründen eine einseitige Übermacht zukommt, die die Steuerungskraft des Marktes gänzlich oder partiell aufhebt. In diesen Fällen versagt der Markt, der selbständige und freie Wirtschaftssubjekte voraussetzt, die *freien* Zugang zum Markt haben und sich auf diesem als Anbieter oder Nachfrager betätigen können[13]. Neben festzustellenden Aushandlungsdefiziten tritt als - teils konvergenter, teils eigener - Legitimationsgrund ein - wie auch immer geartetes - *Marktversagen*.

---

[9] Hervorzuheben auch hier: E. Schmidt, DriZ 1991, 81 (82) und MünchKomm/Kramer, Vor § 145 Rdnr. 2.

[10] Richtlinie 93/13/EWG des Rates v. 5.4.1993, ABlEG Nr. L 95 v. 21.4.1993, 29. Hierzu siehe insbes. Damm, JZ 1994, 161 ff.

[11] Flume, AT II, § 1, 7.

[12] Flume, AT II, § 1, 7; Hart AG 1984, 72 f.

[13] Baumbach/Hefermehl, UWG, Allg. Rdnr. 70.

Schließlich legitimieren sich Eingriffe zum Schutz eines Vertragspartners aus übergreifenden verfassungsrechtlichen Erwägungen. Bemerkenswert ist zunächst, daß die aufgezeigte mehrfache Restriktion personaler Autonomie zugunsten der Autonomie des anderen Vertragsteils, der Gesamtordnung und der guten Sitten sich ausdrücklich in Art. 2 Abs. 1 GG wiederfindet: Das Recht zur Entfaltung der Persönlichkeit jedes einzelnen besteht nur, „soweit er nicht die Rechte anderer verletzt und nicht gegen die verfassungsmäßige Ordnung oder das Sittengesetz verstößt." Alle Vertragsparteien können sich gleichermaßen auf die Garantie und den Schutz des Art. 2 Abs. 1 GG berufen. Art. 2 Abs. 1 GG gewährt kein Recht nur für den Stärkeren. Dort wo gedachte Selbstbestimmung in Fremdbestimmung umschlägt, indem etwa der eine den Vertragsinhalt faktisch einseitig bestimmen kann, ruft Art. 2 Abs. 1 GG zum Schutz des Schwächeren[14]. Des weiteren ergibt sich das Erfordernis des Parteischutzes und dessen Rechtfertigung aus dem *Sozialstaatsprinzip*[15]. Zu den vorzüglichen Aufgaben der freiheitlich demokratischen Grundordnung zählt, daß „auch im Verhältnis der Bürger untereinander für Menschlichkeit und Gerechtigkeit" zu sorgen ist[16]. Namentlich die Determinierung und Beschränkung der Vertragsfreiheit hat durch das Sozialstaatsprinzip zu erfolgen[17]. Die Judikative ist über Art. 1 Abs. 3 GG zur Beachtung des verfassungsrechtlichen Prinzips unmittelbar verpflichtet, die privatrechtliche Konkretisierung erfolgt insbesondere über eine (mittelbare) Ausfüllung und Auffüllung der Generalklauseln mit sozialstaatlichem Inhalt[18]. Hierdurch wird festgelegt, daß die Notwendigkeit gewisser Machtparität und/oder das Funktionieren eines Marktes nicht auf formalen Kriterien, sondern auf faktischen Zuständen beruhen muß[19].

II. Drittschutz

Der Einbezug Dritter in das Schuldverhältnis ist regelmäßig nur zum Vorteil des Dritten vorgesehen, was zentral in der klassischen Ausformung des Vertrages zugunsten Dritter in § 328 BGB ersichtlich ist. Des weiteren ist eine Ausweitung der Positivwirkung des Vertrages um Schutzpflichten zugunsten Dritter zu konstatieren (Vertrag mit Schutzwirkung zugunsten Dritter, Drittschadensliquidation). Jeweils ist zwar auch der Autonomiebereich des Dritten tangiert, weil ihm ein vertragliches Recht ohne eigene Teilnahme zuerkannt wird. Diese Berührung ist aber deshalb unproblematisch, weil ihm nach § 333 BGB das Recht zur Zurückweisung der Leistung offensteht bzw. im Rahmen

---

[14] Sehr deutlich auch insoweit das BVerfGE 89, 214 (233 ff.).

[15] BVerfGE 81, 242 (254 ff.); BVerfGE 89, 214 (232).

[16] So schon BVerfGE 5, 85 (206).

[17] BVerfGE 8, 274 (329).

[18] AK-GG/Kittner, Art. 20 Abs. 1-3 IV Rdnr. 59.

[19] Siehe insbes. BVerfGE 89, 214 (233 f.); E. Schmidt, DRiZ 1991, 81 (82 f.).

erworbener Schadenersatzansprüche die Geltendmachung der Schäden seiner Entscheidung verbleibt.

Demgegenüber reagiert das privatrechtliche System sensibel auf unmittelbare Obligationen und mittelbare Beeinträchtigungen Dritter durch Vertragsversprechen. *Verträge zu Lasten Dritter* sollen ohne weiteres unwirksam sein[20]. Unwirksam können nach § 138 Abs. 1 BGB desgleichen *Verträge mit Lastwirkungen für Dritte* allein aus dem Gesichtspunkt einer Benachteiligung des Dritten sein. Der Gedanke, alle Verträge, die die Inhalts- und Abschlußchancen Dritter beschränken, im Grundsatz für unwirksam zu erklären, hat sich allerdings nicht durchgesetzt, vielmehr sollen die betroffenen Interessen im Einzelfall gegeneinander abgewogen werden und je nachdem wie das Ergebnis ausfällt, der Vertrag aufrechterhalten bleiben, angepaßt oder für nichtig erklärt werden[21].

Trotz der Betonung der Einzelfallbedeutung hat die Judikatur insonderheit bei Sicherungsverträgen zwischen Banken/Gläubigern und Kreditschuldnern objektivierte Kriterien des Sittenwidrigkeitsverdiktes erarbeitet.[22] Ob zu den objektiven Merkmalen zwingend eine, möglicherweise beiderseitige, verwerfliche Gesinnung, lediglich Kenntnis hinzutreten muß oder ob subjektive Erfordernisse obsolet sind, ist umstritten[23]. Folgt man der neueren Judikatur, dann kann auf die *Kenntnis der Tatumstände* nicht verzichtet werden; wobei einschränkend hinzuzufügen ist, daß an der subjektiven Seite in den letzten Jahren - soweit ersichtlich- die Nichtigerklärung in der Rechtsprechung des Bundesgerichtshofes nie gescheitert ist.

Die Legitimation judikatorischer Kontrolle ergibt sich aus der Beschränkung der Richtigkeitsgewähr auf die *interparteiliche Austauschgerechtigkeit*[24]. Die gemeinsame Autonomie der Vertragsparteien reicht so weit, daß ausgehandelten Ergebnissen eine Vermutung der Richtigkeit im Sinne einer *internen* Angemessenheit zukommt. In bezug auf die Interessen Dritter gilt dies nicht[25], da der Dritte seine Interessen, die in Polarität zu den Belangen sogar beider Vertragsparteien stehen können, nicht in die Verhandlungen einbringen konnte. Die Rechtsordnung reagiert bei Drittverpflichtungen und -belastungen sensibel, weil die Freiheit zur autonomen Rechts- und gemeinsamen Vertragsgestaltung

---

20 Habersack, Vertragsfreiheit und Drittinteressen, 26 ff. m.w.N.

21 Siehe hierzu mit weiteren Nachweisen Habersack, Vertragsfreiheit und Drittinteressen, 69 ff.

22 Stichwortartig genügt es die Rechtsprechung zur Kredittäuschung, Konkursverschleppung, Globalzession, verlängerter Eigentumsvorbehalt und zu „Schmiergeldverträgen" anzuführen.

23 Siehe oben § 7 III 2.

24 Habersack, Vertragsfreiheit und Drittinteressen, 66.

25 Biedenkopf, Vertragliche Wettbewerbsbeschränkung und Wirtschaftsverfassung, 132; Habersack, Vertragsfreiheit und Drittinteressen, 66; Martens, AcP 177 (1977), 113 (139, 168, 171 ff.).

notwendig Grenzen findet, wenn Freiheitsräume Dritter tangiert sind. Ein dahingehendes Handeln ist als Mißbrauch des Rechtsinstitutes Vertrag anzusehen[26].

Steuernde Eingriffe zum Schutze eines am Vertrag nichtbeteiligten Dritten finden darüber hinaus eine überlagernde Rechtfertigung im Verfassungsrecht. Bereits das in Art. 2 Abs. 1 GG garantierte personale Selbstbestimmungsrecht findet seine Schranke in den *Rechten anderer*, was mit Blick auf die konsensuale Gestaltung von Verträgen heißt, daß der Autonomiebereich des an der Konsensfindung nicht beteiligten Dritten stets zu beachten ist.

III. Schutz überindividueller Interessen

1. Schutz des ordre public

Wiewohl es zweifelsohne zu den Aufgaben der Sittenklausel zählt, gerade auch überindividuelle Belange zu sichern, sind eher wenige Sachverhalte bekannt, in denen *allein* und *ausdrücklich* zum Schutz des ordre public vertraglichen Vereinbarungen die rechtliche Anerkennung versagt wurde[27]. Andererseits kann aber auch kein Zweifel daran bestehen, daß sich gerade hinter der Regulierung zum Schutz eines Vertragsteiles oder Dritten die Vorstellung einer bestimmten guten Wirtschafts- und Sozialordnung verbirgt[28]. In solchen Sachverhalten überschneiden sich individualschützende und überindividuelle Gesichtspunkte, weil der nach der geltenden Rechtsordnung zu übende Sozialschutz namentlich auf den Schutz der am Vertrag Beteiligten abzielt[29]. Im folgenden stehen gleichwohl solche Konstellationen im Vordergrund, in denen eine justitielle Regulierung gerade nicht aus individualschützenden, sondern vordringlich aus überindividuellen Gesichtspunkten angezeigt war. Denn gerade bei der Wahrung ökologiebezogener Güter müssen sich keine Entsprechungen in den Interessen der am Vertrag konkret Beteiligten finden.

Regulierung mit dem Ziel des Erhaltes einer guten Gesamtordnung wird insofern nicht von ungefähr bei *krisenbedingter Ressourcenknappheit*[30] und für Fälle der *Ausnutzung sozialer Einrichtungen*[31] diskutiert. Aktuelles Beispiel ist hier die Rechtsprechung zum nachehelichen Unterhaltsverzicht. Auch ohne ein

---

[26] Habersack, Vertragsfreiheit und Drittinteressen, 66 m.w.N.

[27] Soergel/Hefermehl, § 138 Rdnr. 194-205, zu „gemeinschaftswidrigen Geschäften".

[28] Esser ZHR 135 (1971), 320 (330 f.).

[29] Wolf, Privatautonomie, § 4 I. - Deutlich wird dies insbesondere in den Tatbeständen des Mietrechts und des individuellen Arbeitsrechts, deren Schutzsubjekt die speziellen Mieter resp. Arbeitnehmer sind.

[30] RG JW 21, 1308 - Währungsschädigung; JW 26, 2838 - Deviseneinfuhr; Soergel/Hefermehl, § 138 Rdnr. 194 f.

[31] BGHZ 84, 268 (278) - Versicherungsvertrag zu Lasten der Versicherungsgemeinschaft; 86, 82 (89) - Nachehelicher Unterhaltsverzicht; Soergel/Hefermehl, § 138 Rdnr. 196.

dahingehendes geschriebenes Verbot sollen solche Kontrakte nichtig sein, wenn der Vertragspartner (in aller Regel die Vertragspartnerin) durch die Übereinkunft der Sozialhilfe anheim fallen würde und dadurch die Vermögensinteressen der Gesamtheit berührt sind[32]. Durchgängig ist den Entscheidungen zu entnehmen, daß jeweils ein - mehr oder weniger konkreter - Abwägungsprozeß der Individualinteressen und Allgemeininteressen vorgenommen werden muß und daß hierbei der beiderseitigen Kenntnis von den Tatsachen eine besondere Bedeutung zukommen soll[33].

Die zum Schutz überindividueller Interessen ergangene Rechtsprechung findet ihre Rechtfertigung in der Beschränkung der Richtigkeitsgewähr vertraglicher Vereinbarungen auf die interparteiliche Austauschgerechtigkeit. Extrakontraktuelle Elemente des Vertrages sind von der Vermutung einer interparteilichen Angemessenheit und Ausgewogenheit dem Grunde nach schon nicht erfaßt. Weil ein „Vertreter des öffentlichen Interesses" an den Verhandlungen nicht teilnimmt und die Beachtung eigener Parteiinteressen durchaus im Gegensatz zu überindividuellen Interessen stehen kann, liegen bei Verstößen gegen den ordre public keine grundsätzlichen Einschränkungen der Inhaltskontrolle über § 138 Abs. 1 BGB vor[34].

Ergänzend ist auch hier auf die privatrechtlich zu beachtenden Wertungen des Verfassungsrechts, insbesondere auf Art. 2 Abs. 1 GG und Art. 14 GG hinzuweisen. Art. 2 Abs. 1 GG gewährt im Rahmen der allgemeinen Handlungsfreiheit auch die wirtschaftliche Betätigungsfreiheit, indes nur unter einschränkender Bezugnahme auf die Rechte anderer, das Sittengesetz und die verfassungsmäßige Ordnung, welche sich insbesondere auch durch das Sozialstaatsgebot konkretisiert[35]. Art. 14 GG schreibt in Absatz 2 die Sozialpflichtigkeit des Eigentumsgebrauchs durch den Verweis auf das Wohl der Allgemeinheit sogar ausdrücklich vor. In beiden, die Vertragsfreiheit konkretisierenden[36], Grundrechten wird eine Sozialpflichtigkeit demnach hervorgehoben. Obligationen, die das soziale System bzw. Belange der Allgemeinheit nachteilig berühren, stehen demgemäß nur unter einem eingeschränkten Schutz der Verfassung, so daß sich die Inhaltskontrolle in bezug auf die Verletzung

---

32 BGHZ 86, 82; OLG Karlsruhe, FamRZ 1982, 1215; VGH Baden-Württemberg - 6 S 1068/92 vom 8.6.1993. - Teilweise kontrastiert damit eine Entscheidung des BGH (E 111, 36 - Behindertentestament), wonach es nicht zu beanstanden sei, wenn der „Vater eines Behinderten sein bescheidenes Vermögen im Interesse des behinderten Kindes so überleitet, daß die Sozialbehörde keine Möglichkeit hat, wegen ihrer Aufwendungen für das Kind auf den Nachlaß zuzugreifen." Der zentrale Unterschied wird hier sein, daß mindestens ein positiver Effekt, das greifbar höhere Kindeswohl, der Inanspruchnahme der Allgemeinheit gegenüberzustellen ist.

33 RGZ 123, 208, 211; BGHZ 86, 82 (86); OLG Hamm, NJW-RR 1989, 1414; OLG Köln, FamRZ 1990, 634; Soergel/Hefermehl, § 138 Rdnr. 194.

34 Diese Situation zieht sich de lege lata auch durch den Zivilprozeß. Zur Beteiligung von „Sozialschutzfunktionären" siehe Koch KritVj 1991, 386 ff.

35 Esser/Schmidt, SchuldR AT, Tb. 1, § 1 II 2.

36 Esser/Schmidt, SchuldR AT, Tb. 1, § 1 II 2 m.w.N.

überindividueller Belange unmittelbar aus der Beschränkung von Grundrechten rechtfertigt.

Die eher geringe Relevanz von direkten Interventionen zum Schutz einer „guten" (Wirtschafts-)Ordnung ist wohl in erster Linie darauf zurückzuführen, daß ein freiheitlich bestimmtes, *unökonomisches* Handeln vorrangig Sache der Vertragsparteien ist, und ein judikativer Eingriff regelmäßig als unzulässige Bevormundung empfunden werden muß. Die Schäden für die Allgemeinheit von wirtschaftlich unsinnigen Verträgen liegen dementsprechend auch nicht ohne weiteres bloß. So stellt die Entreicherung des einzelnen, weil er beispielsweise ein Produkt zu einem marktmäßig überhöhten Preis ersteht - sei es aus Liebhaberei, Unwissenheit, Übereilung oder Not - zunächst noch keine Beeinträchtigung überindividueller Interessen dar. Mit einigen Relativierungen ist für diesen Teilbereich die Feststellung Säckers[37] in ökonomischer Hinsicht weitgehend plausibel, daß „angesichts individueller Machtlosigkeit kaum je die Möglichkeit zur Beeinträchtigung des Gemeinwohls besteht". Es kann im Kern konstatiert werden, daß solange wir es mit den herkömmlichen Risiken der Industriegesellschaft zu tun haben, bei einverständlichem Zusammenwirken grundsätzlich erlaubt ist, was nicht verboten wurde[38].

2. *Mißbilligenswerte Kommerzialisierungen*

Eine bedeutsame Ausformung zum Schutz überindividueller Interessen ist in der Rechtsprechung zu *mißbilligenswerten Kommerzialisierungen* zu sehen. In der Kommentarliteratur[39] werden hierunter sehr unterschiedliche Sachverhalte gefaßt, beispielshalber Zuwendungen aus sexuellen Gründen, Titel- und Ordenshandel, Zahlung von Bestechungs- und Schmiergeldern sowie verstärkt bei Kommerzialisierungen personaler und gesundheitlicher Positionen (z.B. Leihmutterschaften und entgeltliche Organtransplatationen). Für die in Rede stehenden Regulierungen umweltbezogener Risiken ist diese Fallgruppe besonders interessant, da eine Schutzgüterähnlichkeit (u.a. Personalität, Gesundheitsschutz) besteht. Dementsprechend wird von einigen Autoren gerade auch im Hinblick auf Umweltgüter die Befugnis (und Möglichkeit) bestritten, sich deren Wert in barer Münze auszahlen zu lassen[40]. Hier wie dort spielen nichtvermögensrechtliche Gesichtspunkte eine übergeordnete Rolle.

An der Beurteilung von sog. *Leihmutterverträgen* kann man den sich überschneidenden Regelungsbereich deutlich machen. In Leihmutterverträgen verpflichten sich Frauen, für ein fremdes Paar ein Kind gegen Entgelt auszutra-

---

37 Säcker, Kollektive Koalitionsfreiheit, 52.

38 Vgl. Esser/Schmidt, SchuldR AT, Tb. 1, § 10 II 2.

39 Siehe AK-BGB/Damm, § 138 Rdnr. 197 ff.; MünchKomm/Mayer-Maly, § 138 Rdnr 109 f.; Palandt/Heinrichs, § 138 Rdnr. 56.

40 Frank, Publizistik 25 (1980), 290 (294 ff.); Medicus, AT Rdnr. 705.

gen, um es nach der Geburt zu übergeben und zur Adoption durch die „Wunscheltern" freizugeben[41]. Nach § 1 Abs. 1 Nr. 7 EmbryonenschutzG[42] sind bestimmte Leihmutterschaften strafbar, und zwar für denjenigen, der es unternimmt bei der Ersatzmutter eine künstliche Befruchtung durchzuführen oder auf sie ein menschliches Embryo zu übertragen. Die Nichtigkeitsfolgen werden deshalb fürderhin § 134 BGB zu entnehmen sein[43]. Bislang wurden Leihmutterschaften ausschließlich unter dem Gesichtspunkt der Sittenwidrigkeit thematisiert, was zunächst auch als eindrucksvoller Beleg für das vorliegend favorisierte Ineinandergreifen von § 134 und § 138 BGB sowie für die mögliche Vorreiterfunktion des Zivilrechts bei der Regulierung neuer Problematiken anzuführen ist. Es wurde vis dato nahezu einhellig vertreten, daß eine dahingehende Vereinbarung sittenwidrig sei[44]. Dabei werden verschiedene Begründungsstränge angeführt. Begründet wird die Sittenwidrigkeit einesteils generell mit der zu befürchtenden Gefährdung des Kindeswohles[45] sowie anderenteils speziell damit, daß „das Kind zum Gegenstand eines Geschäfts gemacht und dadurch sozusagen zu einer Handelsware degradiert"[46] wird. Wie schwierig dennoch ein vorwiegend auf solche Argumentationen gegründetes Sittenwidrigkeitsverdikt fällt, zeigt die vorzüglich begründete Entscheidung des OLG Hamm zu Leihmutterverträgen[47]. Erst unter Auswertung und Darstellung der Fach- und Laienanschauungen zum „womb leasing", der Berücksichtigung kindespsychologischer Gefährdungen sowie durch Parallelwertungen des Familienrechts kommt es zur Sittenwidrigkeit des Vertrages. Für eine Mißbilligung, bestimmte Umweltgüter zu kommerzialisieren, könnten Begründungen noch wesentlich schwerer darzustellen sein, da Anschauungen hierüber regelmäßig weit auseinanderdriften und die Folgen für die Umwelt oftmals zweifelhaft sind.

---

41 Vgl. AK-BGB/Damm, § 138 Rdnr. 206 ff. m.w.N; Wolf, Privatautonomie, § 4 I.

42 G. v. 13.12.1990, BGBl. I, 2746.

43 Angedeutet jüngst bei Deutsch, NJW 1991, 721 (723).

44 OLG Hamm, NJW 1986, 781 (782); LG Freiburg, NJW 1987, 1486 (1488); AK-BGB/Damm, § 138 Rdnr. 206 f. m.w.N. Daß die Entgeltlichkeit für sich genommen noch unproblematisch ist, stellt Kollhosser, JZ 1986, 446, heraus.

45 Kollhosser, JZ 1986, 446.

46 OLG Hamm, NJW 1986, 781 (782).

47 NJW 1986, 781.

§ 9 Zweck, Legitimation und mögliche Konkretisierung der ökologischen Sittenwidrigkeit

I. Zweck

Wegen der Weite des Umweltbegriffes und der Heterogenität umweltbeeinträchtigenden Verhaltens läßt sich der Zweck einer Regulierung ökologischer Risiken nur auf einen sehr allgemeinen Nenner bringen: Er beinhaltet den Schutz der menschlichen Lebensgrundlagen einschließlich derer zukünftiger Generationen, den Schutz der Umweltmedien Boden, Luft und Wasser sowie der Pflanzen- und Tierwelt und die Beseitigung bereits eingetretener Schäden und Nachteile[1] .

II. Legitimation

Den nachfolgenden Erörterungen liegt die Erwägung zugrunde, daß die Regulierung ökologischer Risiken Legitimation durch den teils angekündigten, teils vollzogenen Wandel von der Sozialen zur umweltsozialen Marktwirtschaft2 beziehen könnte und daß die Regulierung umweltbezogener Risiken sich jedenfalls partiell aus bekannten Zwecken, Verfahren und Legitimationen deduzieren läßt. Ausgangspunkt ist, daß der Sittenklausel seit jeher die Funktion zukommt, übergreifende Wert- und Ordnungsfunktionen auch in den privaten Verkehr einzustellen[3] . War bislang eine Vertragsinhaltskontrolle indes in erster Linie den sozialen und wirtschaftlichen Geboten geschuldet, so könnte die Erweiterung um ökologische Standards und Reglementierungen dem Erfordernis eines privatrechtlichen Nach- und Weitervollzugs einer vorhandenen, allerdings nicht immer widerspruchsfreien „Umweltsicherheitsordnung“ folgen.

Es wurde bereits festgestellt, daß es keine Gewähr für die Richtigkeit und Angemessenheit der Wahrung vertragsexterner Belange gibt und daß auch eine parteiliche Aushandlung daran nichts ändert. Allerdings ist gleichzeitig zu vermerken, daß Regulierungen allein zum Schutze überindividueller Interessen eher selten sind, da die (ökonomischen) Belange der Allgemeinheit durch private Verträge kaum beeinträchtigt werden (können). Deshalb wäre die tatsächliche Vermutung aufzustellen, daß Allgemeinheitsbelange grundsätzlich

---

[1] Vgl. Hoppe/Beckmann, Umweltrecht, § 1 Rdnr. 46; Kloepfer, Umweltrecht, § 1 Rdnr. 18 ff.

[2] Fikentscher, Umweltsoziale Marktwirtschaft, 3 ff.

[3] Esser/Schmidt, SchuldR AT, Tb. 1, § 10 II 2; Wolf, Privatautonomie, § 4 I.

zureichend gewahrt sind, so daß eine Vertragsinhaltskontrolle zwar möglich wäre, aber nicht nötig ist. Führt de facto also Aushandlung und Wettbewerb geradezu zwingend zu allgemeiner Wohlfahrt? Wenn ja, gilt dies auch für ökologische Belange?

Die Erkenntnis, daß die freie Aushandlung bei ausreichend bestehender Konkurrenz prinzipiell zugleich das Allgemeinwohl fördert, geht zurück auf Adam Smiths berühmtes Werk „An Inquiry into the Nature and Causes of the Wealth of Nations“[4]. Mit diesem aushandlungs- und konkurrenzbetonten Modell und dessen nuancierten Fortführungen in der Ökonomie waren indes ganz vorrangig die dadurch bewirkten Mehrungen des allgemeinen *ökonomischen* Reichtumes gemeint[5]. Für den ökologischen Reichtum gilt dies nicht. Gerade dieser Erkenntnis sind die mannigfaltigen Versuche geschuldet, Ökonomie und Ökologie nicht länger als Gegensatz zu begreifen, sondern deren Notwendigkeiten aufeinander abzustimmen, miteinander in Ausgleich zu bringen[6]. Hierbei haben sich allerdings einige, nur schwer überwindliche Probleme gezeigt, die in Kurzform besagen: Die Kontrollwirkungen und -funktionen des auf Wettbewerb ausgerichteten Marktes greifen bei Umweltgütern vielfach nicht. Im Hinblick auf Umweltgüter versagen ökonomische Betrachtungsweisen selbst bei optimalen Marktbedingungen tendenziell deshalb, weil bislang noch stets von privaten Gütern ausgegangen wurde, die individuell genutzt werden, wohingegen der kollektive Gebrauch und die Belastung der Umwelt potentiell unberücksichtigt bleiben[7]. Die natürliche Umwelt stellt - zumindest partiell - ein Gut dar, dessen Nutzung „frei“ ist, dem Handelnden die Knappheitsgrenzen nicht unmittelbar signalisiert und damit keine unmittelbaren (merkantilen) Anreize zur Berücksichtigung bei der Aushandlung und sonstigen Marktprozessen schafft. Die Schonung von Umweltressourcen hat für die Wirtschaftssubjekte keinen unmittelbaren merkantilen Nutzen, so daß sie in einem auf Egoismen ausgerichteten Markt potentiell vernachlässigt bleiben[8]: Denn so nützlich Umweltschutz sein mag, bedeutet er für viele auch Einschränkungen, Nachteile und Kosten. Als

---

4 Positive Folge vordergründig egoistischen Verhaltens und Handelns sei gesteuert durch Mechanismen des Marktes („invisible hand“) eine allgemeine ökonomische und kulturelle Wohlstandsmehrung. „Gerade dadurch, daß er [der einzelne] das eigene Interesse verfolgt, fördert er häufig das der Gesellschaft nachhaltiger, als wenn er wirklich beabsichtigt, es zu tun.“ (Adam Smith, Der Wohlstand der Nationen. Übertragen und hrsg. von Recktenwald, S. 371).

5 Cansier, Umweltökonomie, 20; Recktenwald, Würdigung des Werkes [Adam Smiths], XL f.

6 Im wesentlichen kann das Bemühen mit den Erörterungen zur „Internalisierung externer Effekte“ zusammengefaßt werden. Grundlegend hierzu: Pigou, The Economics of Welfare, London 1920, und Coase, The Problem of Social Cost, Journal of Law and Economics, Vol. 3, 1. Einen guten Überblick aus juristischer Sicht bietet Köck, NuR 1992, 412 ff.

7 Vgl. aus der vielfältigen Literatur zur Umweltökonomie etwa Cansier, Umweltökonomie, 37 ff. Siehe auch E. Rehbinder, Wirtschaftsordnung und Instrumente des Umweltschutzes, in: FS Böhm, 499 (502 ff.).

8 Cansier, Umweltökonomie, 27.

generelles Problem kommt hinzu, daß mit der monetären Sichtweise der Ökonomie die in materiellen Werten nur schwer bezifferbare Umwelt kaum erfaßt werden kann[9], weil das hierfür notwendige Wissen über die Risikobewertung und -gewichtung jedenfalls teilweise fehlt. Bei den „Umwelt-Werten" handelt es sich um eine mit ökonomischen Maßstäben weitestgehend inkommensurable Größe, wofür zunächst der Verweis auf die Debatte über die Monetarisierbarkeit von Umweltgütern genügen soll[10].

Die konkurrenzorientierten Eigeninteressen der am Austauschprozeß Beteiligten bieten deshalb keine Gewähr für die zureichende Berücksichtigung ökologischer Belange. Diesem Befund steht auch die Tendenz zu einer *Ökologisierung der Vertragspraxis*[11] - indem beispielsweise Banken günstige „Öko-Kredite" vergeben, Unternehmen umweltbezogene Qualitätssicherungsvereinbarungen statuieren, etc. - nicht entgegen, da durch die dabei geübte *ideelle Berücksichtigung* über die Angemessenheit und Richtigkeit der zugrunde gelegten überindividuellen Belange keine Aussage getroffen wird, ja es sogar möglich ist, daß im vollen Bewußtsein beider Vertragspartner eine Vereinbarung zu Lasten der natürlichen Umwelt geschlossen wird.

Die Feststellung, daß der Richtigkeitsgewähr des Vertrages rein interparteiliche Bedeutung zukommt, daß für die angemessene Wahrung der Belange Dritter und der Allgemeinheit keine Vermutung besteht, gilt für ökologische Belange nach dem vorhergehend Gesagten also *erst recht*.

Die verfassungsrechtliche Begründung einer Begrenzung von Vertragsfreiheit, die bei den Regulierungen zugunsten der Vertragspartei, Dritter wie auch der Allgemeinheit angeführt werden kann, findet sich auch bei der Regulierung ökologischer Risiken wieder. Vorrangig ist insoweit auf den neu eingeführten Art. 20a GG und ergänzend auf die Sozialbindungen der Art. 2 Abs.1 GG und Art. 14 Abs. 2 GG hinzuweisen. Diesbezüglich kann auf die obigen Darstellungen verwiesen werden[12].

III. Mögliche Voraussetzungen einer ökologischen Sittenwidrigkeit

Abschließend soll der Versuch unternommen werden, eine Konkretisierung der Sittenklausel in bezug auf Verträge mit umweltbeeinträchtigendem Inhalt zu versuchen. Die Allgemeinheit, Offenheit und Vorläufigkeit der nachstehenden

---

9 E. Rehbinder, Wirtschaftsordnung und Instrumente des Umweltschutzes, FS Böhm, 499 (503 f.); ders., NuR 1989, 105.

10 Siehe hierzu insbes. E. Rehbinder, NuR 1989, 105.

11 Gärtner, JZ 1992, 73 (76); Hart/Köck, ZRP 1991, 61 (65, 66 f.). Zu einem speziellen Gegenstand, dem „Vertragsnaturschutz", siehe den gleichnamigen Aufsatz von Gellermann/Middeke, NuR 1991, 457.

12 § 7 II 2 a).

Erwägungen soll dabei besonders betont werden, da letztlich erst die Rechtspraxis eine Typisierung und Verallgemeinerung der tatbestandlichen Voraussetzungen ermöglichen wird.

Die Erkenntnis, daß nicht bereits bei jeglicher nachteiliger Berührung von Umweltinteressen der zugrunde liegende Vertrag nichtig sein kann, sondern daß es einer Bewertung und Gewichtung der beeinträchtigten wie auch der verfolgten Interessen der beteiligten und affizierten Personen bedarf, ist so trivial wie grundlegend. Durch die Pluralisierung von Werten ist die Orientierung an *einem* allgemeinen Interesse nahezu vollständig ausgeschlossen. Der Forderung, einen Vertrag regelmäßig dann für nichtig zu erklären, wenn er gegen Belange der Umwelt verstößt, läge demgemäß keine substantielle Aussage zugrunde, sondern diese würde die entscheidenden Fragen erst aufwerfen.

Der Tatbestand des § 138 Abs. 1 BGB wird für die in Rede stehenden Sachverhalte nur anhand zu verwirklichender Ziele konkretisierbar sein; das Ergebnis folgt erst aus einem *prämissegeleiteten Verfahren Güterabwägung*, einer *normativen Interessenabwägung*, in dem das breite Set einzustellender Gesichtspunkte berücksichtigt und ein Ausgleich sich widersprechender Belange versucht wird[13]. Insgesamt verringert sich die Unbestimmtheit der „guten Sitten" damit nicht; dies insbesondere auch deshalb, weil die umweltbezogenen Rechtsentwicklungen und - entscheidungen in sich nicht immer widerspruchsfrei und abgeschlossen sind. Und während die Sozialregulierung weitgehend auf Erfahrungswissen und Vergleichsmaßstäbe zurückgreifen konnte - etwa die Marktüblichkeit bestimmter Konditionen, Zinssätze, etc. -, fehlen oftmals gesicherte Erkenntnisse und tradierte Werte in bezug auf ökologische Risiken und Schäden. Die Bestimmung von Grenzen und Grenzwerten, die Feststellung von Risikoakzeptanz und die Definition von Zielvorgaben werden den Gerichten auch zukünftig Schwierigkeiten bereiten[14]. Im Ergebnis sollte die Betonung neuer Komplexitäten aber nicht den Blick dafür verstellen, daß es auch *einfache Fälle* gibt, in denen keine schwierigen Beweiserhebungen, Mutmaßungen über die Umweltfolgen und Feststellung individueller wie überindividueller Interessen notwendig sind[15].

---

[13] Vgl. Ladeur, ARSP 69 (1983), 463 (479): „Kompatibilisierung heterogener Rechtsdiskurse und Rechtsziele".

[14] Vgl. Luhmann, Ökologische Kommunikation, 134, der meint, daß die Probleme mit der „Codierung" Recht-Unrecht nicht mehr eingefangen werden können, denn „(g)erade dort, wo es um Natur geht, funktioniert Naturrecht nicht."

[15] Die Entscheidung in BGHZ 77, 310 („Safari") scheint mir ein solcher Fall zu sein; siehe unter § 9 III 2 c).

1. Normative Interessenabwägung

Zum Verfahren einer solchen *Interessenabwägung* kann insbesondere auf die Habilitationsschrift Krafts zur Interessenabwägung im Rahmen von § 1 UWG und den dort einzubringenden Kriterien verwiesen werden[16]. An dieser Stelle sollen einstweilen nur folgende Grundsätzlichkeiten bei der Berücksichtigung ökologischer Belange genannt werden:

Einzelfallbezogen sind öffentliche und private Belange zu berücksichtigen, das heißt, die gegebenenfalls divergierenden Partialinteressen müssen miteinander und gegeneinander abgewogen werden. Grundlage einer zureichenden Abwägung ist eine Informationsbeschaffung über die relevanten Beeinträchtigungen. Als umweltbezogene Auswirkungen können nach der Schutzrichtung unterschieden werden[17]: Auswirkungen auf Leben und Gesundheit der Menschen jetzt und in Zukunft, die Integrität von Ökosystemen in Teilen und im Ganzen, Beeinträchtigungen von Tier- und Pflanzenarten, Einwirkungen auf die natürlichen Ressourcen Luft, Wasser und Boden, Störungen der klimabestimmenden Faktoren. Diese Aufstellung ist nicht abschließend.

Neben den umweltbezogenen Schutzpositionen sind ökonomische, soziale und kulturelle Ziele zu benennen, die - soweit betroffen - in einer Güterabwägung ebenfalls Berücksichtigung finden müssen. In bezug auf soziale und ökonomische Nutzen und Risiken sind die Kenntnisse sehr viel gesicherter, tendenziell mögen deshalb wegen der Erkenntnisunterschiede im Konfliktfeld Sozial- und Wirtschaftsschutz gegenüber Umweltschutz die Gewichte einseitig zugunsten des ersteren Komplexes verteilt sein[18].

In einem *zweiten Schritt* bedarf es sodann einer Bewertung und Gewichtung der Beeinträchtigungen anhand der durch innerrechtliche Wertungen resultierenden Prämissen - soweit dies möglich ist - und im übrigen im Lichte judikativ gesetzter, bindender Maßstäbe. In bezug auf die ökologischen Risiken ist hier das weite Feld der Technikfolgenabschätzung und Risikobeurteilung in dem Prozeß gerichtlicher Entscheidungsfindung angesprochen. Zwar mag die Konzentration auf den konkret zu entscheidenden Fall den Gerichten eine gewisse Erleichterung gewähren, doch insgesamt stellt sich durch die Aufgabe der Bewertung und Gewichtung ein prozessuales Informationsproblem, das droht, die forensische Praxis an manchen Stellen zu überfordern[19]. Zu bedenken ist dabei auch, daß mit der Entscheidung auch *allgemeine Sicherheitsaspekte* angesprochen sind, die neben die Entscheidung des Individual-

---

16 Kraft, Interessenabwägung, 28 ff., 34 ff., 39 ff.,209 ff.

17 Die Aufstellung folgt im wesentlichen Hoppe/Beckmann, Umweltrecht, § 1 Rdnr. 46.

18 Ladeur ARSP 69 (1983), 463 (474) in bezug auf das Spannungsfeld Technologie/Umweltschutz.

19 Siehe zum „Risikowissen und Risikoentscheidung“ den gleichnamigen Artikel von Ladeur, KritVj 1991, 241 ff. sowie Luhmann, Ökologische Kommunikation, 129 ff. Zu den Verfahrensproblemen siehe E. Schmidt, KritVj 1991, 378 ff.

konfliktes treten und prozessual mit der Ausrichtung auf einen Zwei-Personen-Konflikt, die sich unter anderem den Darlegungs- und Beweislasten, Säumnisfolgen, Kostenrisiken usw. widerspiegelt, tendenziell nur unzulänglich bearbeitet werden können[20].

Schließlich ist - nicht minder komplex -, eine *Abwägung im engeren Sinne* vorzunehmen, die festgestellten und gewichteten Punkte sind gegenüberzustellen und miteinander in Ausgleich zu bringen. Im Ergebnis läuft dies auf die Aufstellung einer Nutzen-Risiko-Bilanz hinaus. Im Hinblick auf die Risikobewertung sind hier u.a. der begründete Verdacht einer Schädlichkeit, der Grad der Eintrittswahrscheinlichkeit, die Schwere und Intensität der Einwirkungsmöglichkeit sowie die Beherrschbarkeit des Risikos durch die jeweiligen Vertragsparteien zu bedenken. Allgemein gilt dabei der Grundsatz, je größer das zu befürchtende Schadensausmaß, desto geringer die Anforderungen an die jeweilige Eintrittswahrscheinlichkeit[21].

Nach der hier vertretenen Konzeption der Gute-Sitten-Klausel ist eine solche Abwägung im engeren Sinne weitestgehend durch Orientierung an innerrechtlichen Wertungen des Umweltrechts vorzunehmen. In diesem Sinne kommt der Sittenklausel eine Ergänzungsfunktion zu § 134 BGB zu, die sich als „Lückenschließung" vollziehen könnte. Abstrakt sind dabei drei Ausrichtungen einer Ergänzung geschriebener Verbote auszumachen:

Erstens eine *Lückenschließung im engeren Sinne*, die vorliegt, wenn innerhalb eines Regelungszusammenhanges ein Sachverhalt nicht berücksichtigt wurde[22]. Bedarf an Regulierung dürfte sich insbesondere dadurch ergeben, daß sich aufgrund technischer Veränderungen oder neuerer wissenschaftlicher Erkenntnisse Gefährdungslagen offenbaren, die bei der Gesetzgebung noch nicht gesehen wurden bzw. nicht gesehen werden konnten. Durch die Fortschritte in der Gefahrenerkennung und -bewertung hat sich bei Feststellung etwaiger Gesundheits- und/oder Umweltschädlichkeiten eine große Dynamik entwickelt, die den Gesetzgeber zu immer neuen und mehr Verboten zwingt. Gleichzeitig sind Verbote einzelner Stoffe oder Verhaltensweisen regelmäßig nur eine Reaktion auf erkannte Risiken, die das Recht wegen der oftmals langwierigen Gesetzgebungsprozesse latent „zu spät" reguliert. Ein privatrechtlich statuiertes Verbot eines bestimmten Stoffes oder einer Verhaltensweise könnte solche Lücken schließen.

Zweitens die *Verbotsverlängerung*, die anzunehmen wäre, wenn ein Verbot bereits in bezug auf die konkrete Verhaltensweise oder den Vertragsinhalt besteht, seiner Adressierung nach oder aus anderen Gründen das zu beurteilen-

---

20 Vgl. Hart/Köck, ZRP 1991, 61 (65); Koch, KritVj 1991, 386; E. Schmidt, KritVj 1991, 378.

21 Vgl. etwa BVerwGE 47, 31 (40).

22 Vgl. hierzu Beispiel § 10 III 2 a).

de Rechtsgeschäft aber nicht erfaßt[23]. Anerkannt ist dies für ausländische Verbote, die über § 138 Abs. 1 BGB vollzogen werden können[24]. Denkbar wäre beispielsweise noch eine Verlängerung suprastaatlicher Verpflichtungen auf die Vertragsebene: verpflichtet sich etwa die Bundesrepublik Deutschland, einen bestimmten Gefahrstoff nur noch bis zu einem bestimmten Zeitpunkt zuzulassen, könnte dieses Obligo entsprechend auch für Vertragsparteien gelten.

Drittens die *Verbotsvorwegnahme*, die getroffen werden könnte, wenn ein Verbot zukünftig bestehen sollte und eine privatrechtliche Vorwegnahme des Verbotes angezeigt ist[25]. Hierunter können Sachverhalte gefaßt werden, in denen ein hinreichend konkretes oder zwingendes Verbot nicht oder noch nicht besteht, es gleichwohl nach den positivrechtlichen Wertungen zukünftig erwartbar ist. Unterdessen muß die privatrechtliche Vorwegnahme des Verbotes auch angezeigt sein, schließlich kann das Eingreifen erst ab einem späteren Zeitpunkt gerade bezweckt sein. Die Vorwegnahme eines Verbotes könnte beispielshalber angemessen sein, wenn eine Richtlinie auf EG-Ebene ein Verbot postuliert, die Untersagung aber noch nicht in innerstaatliches Recht übertragen wurde oder wenn nach einer ermessenseröffnenden Vorschrift des öffentlichen Rechts, insbesondere der polizeilichen Generalklausel, ein Verbot des Handelns anzunehmen wäre. Wie dargestellt handelt es sich hierbei nicht um Verbotsgesetze im Sinne des § 134 BGB[26]. Diese Erkenntnis verwehrt indes nicht, aufgrund einer besonderen Abwägung im Rahmen des § 138 Abs. 1 BGB unter Bezugnahme auf umweltrechtliche Standards die Sittenwidrigkeit des Handelns zu formulieren. Naheliegen dürfte das Verdikt insonderheit, wenn - um bei den genannten Beispielen zu bleiben - eine Direktwirkung einer Richtlinie im Verhältnis Staat-Bürger anzunehmen ist, aus der bei rechtzeitiger Umsetzung ein Verbotsgesetz im Sinne von § 134 BGB gefolgt wäre. Im Falle der polizeirechtlichen Generalklausel könnte ein Verstoß dagegen Sittenwidrigkeit des Rechtsgeschäftes zur Folge haben, namentlich wenn die Untersagung bestimmten Verhaltens einer entsprechenden Ermessensreduzierung folgen müßte.

Neben solchen Ergänzungen der positiven Rechtsordnung können - von den Wertungen des Umweltrechts zwar beeinflußt, aber nicht annähernd aus diesen deduzierbar - eigenständige Verbote über § 138 Abs. 1 BGB statuiert werden. Die denkbaren Voraussetzungen etwa von mißbilligenswerten Kommerzialisierungen, die sich nicht bzw. nicht deutlich aus der bestehenden Rechtsordnung herauslesen lassen, sind abstrakt kaum zu benennen. Aussagen, daß das Zivilrecht nicht untätig zusehen muß, wie sich einzelne Umweltwerte in bare

---

23 Vgl. hierzu Beispiel § 10 III 2 c).

24 Soergel/Hefermehl, § 138 Rdnr. 197.

25 Vgl. hierzu Beispiel § 9 III 2 b).

26 Siehe oben § 4 I 2 und § 4 II 3 c).

Münze auszahlen lassen,[27] oder daß es (irgendwelche) privatrechtlichen Grenzen der Verfügbarkeit über Umweltgüter gibt, sind „richtig", tragen zur Konkretisierung ökologischer Sittenwidrigkeit in dieser Allgemeinheit aber wenig bei. Hauptaufgabe der Rechtswissenschaft und -praxis wird fürderhin sein, umweltbezogene Fallgruppen - besser noch: neue „Sachnormen"[28] - zu formulieren und zu begründen, denen Voraussetzungen von übergreifender Gültigkeit entnommen werden können.

2. *Fallbeispiele*

Abschließend sollen konkrete Sachverhalte erwähnt werden, in denen umweltbezogene Sittenwidrigkeitserwägungen von Bedeutung sein könnten. Die Erörterungen beinhalten den Versuch, relevante Fragestellungen aufzuzeigen, ohne daß damit zugleich ein Ergebnis geliefert werden könnte. Eine dahingehende Unabgeschlossenheit und Offenheit ist wegen der abstrakt nicht leistbaren Einbeziehung einzelfallbezogener Momente und wegen der Neuartigkeit der Überlegungen zur ökologischen Sittenwidrigkeit notwendig - vielleicht sogar wünschenswert.

a) Kanzerogene Mineralfasern

Nach § 1 Abs. 1 i.V.m. Anhang (zu § 1) Abschnitt 2, Spalte 2 ChemVerbotsV ist das Inverkehrbringen von Asbest sowie von Zubereitungen, die Asbest in einem Massegehalt von insgesamt mehr als 0,1% enthalten, verboten[29]. Wie sich in Untersuchungen des früheren Bundesgesundheitsamtes herausgestellt hatte, sind auch Mineralfasern gleicherweise wie Asbest krebserzeugend[30]. Wegen der gegenüber Asbest gleichartigen Anwendung und Wirkung der Mineralfasern kann man privatrechtlich darüber nachdenken, ob das in § 1 Abs. 1 ChemVerbotsV gesetzte Verkehrsverbot entsprechend auch für Mineralfasern gelten müßte. Damit könnte hier in der vorgestellten Terminologie eine „Lückenschließung im engeren Sinne" angezeigt sein.

Folgende Aspekte wären bei den Überlegungen einzustellen: Da es bei krebserzeugenden Stoffen keine unbedenklichen Schwellenwerte gibt[31] und

[27] Medicus, AT Rdnr. 795.

[28] Staudinger/Schmidt, § 242 Rdnr. 168 ff.

[29] Bereits vor dem Verbot der ChemVerbotsV v. 14.10.1993 (BGBL. I, 1720) durfte Asbest nur noch eingeschränkt verwendet werden. Nach § 9 Abs. 1 Nr. 1-9 GefStoffV a.F. durfte Asbest beispielsweise in Spielzeug, Anstrichstoffen und bestimmten Isoliervorrichtungen nicht enthalten sein. Das jetzt weiterreichende Verbot ist Folge der Umsetzung der EWG-Richtlinien 76/769/EWG (ABl. EG Nr. L 262, S. 201); 83/478/EWG (ABl. EG Nr. L 263, S. 33); 85/610/EWG (ABl. EG Nr. L 375, S. 1) und 91/659/EWG (ABl. EG Nr. L 363, S. 36).

[30] Vgl. i.e. Vorholz, Die ZEIT Nr. 38/1993 v. 17.9.1993, 35.

[31] Vgl. Vorholz, Die ZEIT Nr. 38/1993 v. 17.9.1993, 35.

nicht allein der unmittelbare Vertragspartner der Gefährdung ausgesetzt ist bzw. sein muß, dürfte der Hinweis auf etwaige Gewährleistungs- und Schadenersatzrechte der anderen Vertragspartei jedenfalls nicht genügen und würde überdies den überindividuellen Implikationen der Gefährdungslage nicht gerecht. Gegen ein in Anlehnung an § 1 ChemVerbotsV zu formulierendes Verbot wären sicherlich die wirtschaftlichen Interessen der Mineralfaserindustrie aufzuführen. In Deutschland könnten damit insgesamt neun Unternehmen mit einer Jahresproduktion von knapp vierzehn Millionen Kubikmetern verschiedener Faserwollen[32] wirtschaftliche Einbußen erleiden. Allerdings dürften die gesundheitlichen Interessen der Allgemeinheit den ökonomischen Interessen der Unternehmen vorgehen. Und zum anderen wird die Kanzerogenität von Mineralfasern seit 1982 von Wissenschaftlern vermutet, 1990 wurde hierzu von der MAK-Kommission festgestellt, daß Mineralfasern sich im „Tierversuch (...) eindeutig als krebserregend erwiesen" haben[33]. F. Vorholz berichtet, daß die Faserindustrie hierauf lediglich mit abwehrenden Werbekampagnen und Öffentlichkeitsarbeit reagiert habe[34]. Wenn die Industrie demnach keine eigenen, präventiven Maßnahmen für eine anstehende Produktumstellung ergriffen hat, wird sie sich jetzt auch um so weniger auf ein tiefgreifendes Schutzbedürfnis berufen können.

Die rechtsgeschäftliche Verkehrsfähigkeit der möglicherweise allgemeingefährlichen Mineralfaserstoffe könnte durch § 138 BGB demnach eingeschränkt sein. Letztlich beantworten läßt sich die Frage im Rahmen dieser Untersuchung aber nicht, unter anderem deshalb nicht, weil dafür sachverständiges Wissen erforderlich wäre und selbstverständlich einzelfallbezogene Momente (etwa konkret hervorgerufene Gefahren, Verwendungszwecke; etc.) von Gewicht wären.

b) FCKW-haltige Produkte

Die Vorwegnahme von Verboten kann man an dem Verbot des Treibmittels FCKW diskutieren. Die von Hart 1991 aufgeworfene Frage[35], ob einem Dosier-Aerosol, das durch sein Treibgas FCKW mit zur Zerstörung der Ozonschicht beiträgt, die Vertragsfähigkeit über § 138 BGB aberkannt werden solle, wird zwischenzeitlich zu beantworten sein. In der FCKW-Halon-Verbots-V ist für die meisten Produkte schon heute ein Verbot des Gebrauchs und Handeltreibens aufgestellt worden, unter anderem auch für Druckgaspackungen, die FCKW-haltige Treibmittel in bestimmter Konzentration enthalten, soweit sie nicht den medizinischen Sektor betreffen.

---

[32] Vorholz, Die ZEIT Nr. 38/1993 v. 17.9.1993, 35.

[33] Zitiert nach Vorholz, Die ZEIT Nr. 38/1993 v. 17.9.1993, 35.

[34] Die Zeit Nr. 38/1993 v. 17.9.93, 35.

[35] KritVj 1991, 374.

Ist eine dezidierte Regelung in bezug auf das je betroffene Handeln getroffen, sollte grundsätzlich von der privatrechtlichen Zulässigkeit des umweltordnungsrechtlich Erlaubten ausgegangen werden. Ein privatrechtliches Verkehrsverbot über die Regelungen der FCKW-Halon-Verbots-V hinaus dürfte *grundsätzlich* nicht angezeigt sein, solange noch von den gleichen Voraussetzungen wie zur Zeit des Gesetzgebungsverfahrens ausgegangen werden kann. Man mag das Eingreifen eines früheren totalen Verbotes angesichts der unter anderem durch den Gebrauch von FCKW drohenden Katastrophen für dringend angezeigt halten. Bei einer privatrechtlich ausgesprochenen Nichtigkeit könnte es indes zu Widersprüchen zwischen richterlicher und legislatorischer Entscheidung kommen, wenn entgegen der innerrechtlichen Wertung ein Verbot angenommen würde. Zwar ist in der Rechtsprechung und im zivilistischen Schrifttum nahezu unbestritten, daß im Einzelfall auch strengere Schutzstandards als im öffentlichen Recht vorgesehen an Privatpersonen gestellt werden können[36]. Selbst die Bestandskraft einer öffentlichrechtlichen Genehmigung, also der behördlichen Zustimmung zu einem Verhalten, vermag daran grundsätzlich noch nichts zu ändern[37]. Jedoch ist der Geltungsgrund der weitgehenden Unabhängigkeit des Zivilrechts vom Öffentlichen Recht darin zu sehen, daß zivilistisch *im Einzelfall,* auf ein *konkretes Subjekt* bezogen eine Belastung unerträglich und damit rechtswidrig erscheint, die indes unter der *abstrakt-generellen Betrachtungsweise* des Öffentlichen Rechts noch akzeptiert würde[38]. Durch FCKW-Produkte gibt es keine direkte Beeinträchtigung einer bestimmten Person, denn dieser ansonsten völlig harmlose Stoff zeitigt ausschließlich Wirkungen auf die Ozonschicht und wirkt so „nur" allgemeinschädigend. Insofern liegt hier keine Perspektivenverschiedenheit von Öffentlichem und privatem Recht vor.

Allerdings kann die aus der hier vorgenommen Beschränkung resultierende Gesetzesprärogative in den Fällen enden, in denen sich die zugrunde liegenden Prämissen grundlegend gewandelt haben, beispielshalber weil neue Gefährdungspotentiale erkannt werden oder weil zwischenzeitlich ein (vergleichsweise) umweltschonenderes Produkt auf dem Markt ist. Dann könnte mittels privatrechtlicher Steuerung *im Einklang* mit innerrechtlichen Wertungen durchaus über gesetzliche Regelungen hinausgegangen werden.

---

36 Gerlach, Privatrecht und Umweltschutz, 69; ders., JZ 1988, 161 (164 f.); Sach, genehmigung als Schutzschild, § 6, 196 ff.; BGHZ 70, 102 (105 ff.); 92, 143 (151 f.); 69, 105 (114 ff.).

37 Gerlach, JZ 1988, 161 (172); Sach, Genehmigung als Schutzschild, 211 f.; 219 ff.., jew. m.w.N.

38 BGHZ 92, 143.

c) „Elefanten-Safari" (BGHZ 77, 310)

In der „Safari-Entscheidung" des Bundesgerichtshofes[39] hätte Anlaß bestanden, über die Verlängerung eines Verbotes nachzudenken. Der VII. Zivilsenat sah in seiner Entscheidung vom 26. Juni 1980 das Fehlen schießbarer Elefanten bei einer speziell dafür gebuchten Jagdsafari als Reisemangel an. Bedenken kann man allerdings daran haben, ob der „Safari-Vertrag" überhaupt wirksam war, regelt doch das Übereinkommen über den internationalen Handel mit gefährdeten Arten freilebender Tiere und Pflanzen (Washingtoner Artenschutzabkommen) vom 3. März 1973 in Artikel II, daß um das Überleben der in Anhang 1 genannten Arten, u.a. des afrikanischen Elefanten, nicht weiter zu gefährden, der Schutz der Arten besonders strengen Regelungen zu unterwerfen ist

Der vier Jahre nach dem Übereinkommen geschlossene Reisevertrag war davon nicht unmittelbar betroffen, denn Adressaten des Übereinkommens sind zunächst nur die unterzeichnenden Staaten, zu denen auch die Bundesrepublik gehört. Für eine unmittelbare innerstaatliche Geltung hätte es eines Transformationsgesetzes bedurft, in dem die Bundesrepublik Deutschland zum Schutz der wildlebenden Elefanten ein entsprechendes Jagdverbot erläßt. Mithin handelt es sich bei dem Abkommen nicht um ein Verbot i.S.d. § 134 BGB. Aber auch schon seinerzeit hätte der Vertrag nach § 138 Abs. 1 BGB bedenklich sein können, weil im Abkommen die uneingeschränkte Verpflichtung zum Artenschutz ausgedrückt ist[40], zu dem sich die Bundesrepublik mit der Unterzeichnung bekannt hat. Eine solche an den Staat, und damit mittelbar auch an alle Staatsbürger, gerichtete Verpflichtung würde unterlaufen, wenn von Deutschland aus ungehindert dem Übereinkommen widersprechende Großtierjagden organisiert und durchgeführt werden könnten. Ein zivilistisches Verbot ist insofern nicht nur dem Artenschutz geschuldet, sondern auch der Wahrung des Ansehens der Bundesrepublik, das durch eine Duldung dem Übereinkommen entgegenstehender Handlungen gemindert sein könnte. Des weiteren hätte das erkennende Gericht klären müssen, ob nicht am Reiseziel, in Kamerun, ein Jagdverbot für afrikanische Elefanten bestand, das möglicherweise über § 138 Abs. 1 BGB privatrechtlich umzusetzen wäre[41]. Auf der Seite des Jagdwilligen hingegen vermag man allein die Befriedigung seiner Jagdgelüste zu sehen, die zwar nicht als verwerflich angesehen werden müssen, die aber auch keines besonderen Schutzes bedürfen. Der Reiseveranstalter wäre in seiner verfassungsrechtlich garantierten Berufsausübungsfreiheit zwar tangiert[42], gleichwohl

---

[39] BGHZ 77, 310.

[40] Siehe Präambel und Art. II ff. WashArtSchÜ (BGBl II 1975, 773).

[41] Vgl. Flume, AT II, § 17, 1; Soergel/Hefermehl, § 138 Rdnr. 197.

[42] Wenn er ausschließlich Elefantenjagden organisiert, wäre er sogar in seiner Berufswahlfreiheit objektiv beschränkt.

wird auch er eine solche partielle Beschränkung hinnehmen müssen, weil er andere Ausflüge unproblematisch organisieren darf.

d) „Umweltverzicht gegen Entschädigung" (BGHZ 79, 131)

Als Beispiel für Erörterungen mißbilligenswerter Kommerzialisierungen soll schließlich eine Entscheidung des Bundesgerichtshofes dienen[43]. Grob zusammengefaßt ging es um folgenden Fall: Das Unternehmen Steag beabsichtigte, in Bergkamen-Heil (NRW) ein Kohlekraftwerk zu errichten. Es mobilisierte sich eine Initiative von etwa 200 Personen gegen den Bau des geplanten Kraftwerks. Gegen die ergangene Teilgenehmigung und den Vorbescheid für den Kraftwerksbau legten insgesamt 72 Mitglieder Widerspruch ein. Hierauf begannen Verhandlungen zwischen der Kraftwerksbetreiberin und den Sprechern der Bürgerinitiative, die in Verträgen etwa folgenden Inhalts endeten: Die Steag zahlt 1,9 Millionen an die Stadt Bergkamen. Diese wiederum zahlt 1,5 Millionen an die 72 in der Bürgerinitiative verbliebenen Mitglieder zu gleichen Teilen aus (ca. DM 20.000 / Mitglied) sowie an die Sprecher den doppelten Betrag, also etwa DM 40.000. Die der Stadt verbleibenden DM 400.000,-- sollten unter den übrigen Bürgern Bergkamen-Heils aufgeteilt werden. - Als Gegenleistung verzichteten die Mitglieder der Initiative auf Rechtsmittel und Ansprüche gegen den Bau und Betrieb sowie auf zukünftige Ansprüche aus dem Betrieb des Kraftwerks.

Es kam zur Klage von Initiativmitgliedern, weil die Stadt sich weigerte, die ihr überreichten DM 1,5 Millionen auszuzahlen. Das Landgericht Dortmund[44] wies die Klage „mit dem geradezu verwegenen Argument"[45] ab, die Bürgerinitiative habe eine durch den Bürgerprotest ausgelöste Notlage der Kraftwerksbetreiberin ausgenutzt und damit sittenwidrig gehandelt. Das Oberlandesgericht Hamm[46] gab der Klage im vollen Umfang statt. Es konnte insbesondere keinen Verstoß gegen § 138 Abs. 1 BGB in der bezahlten Rücknahme der Widersprüche entdecken. Dem folgte im wesentlichen auch der Bundesgerichtshof; er verneinte Verstöße der Bürgerinitiative gegen §§ 123; 134 i.V.m. Art. 19 Abs. 4 GG; 138 Abs. 2 und 138 Abs. 1 BGB. Im Leitsatz heißt es dazu, daß die Rücknahme eines Widerspruches nach dem Bundes-Immissionsschutzgesetz nicht „ohne weiteres gegen die guten Sitten" verstößt. In der Begründung führt der III. Zivilsenat aus, daß der „Charakter der geltend gemachten Abwehransprüche" eine Entgeltung des Widerspruchsrücknahme nicht entgegenstehe. Auch „für die durch das Bundes-Immissionsschutzgesetz zu wahrenden Belange gilt nichts anderes. Zwar steht hier der Schutz der Umwelt im Vordergrund und

---

43 BGHZ 79, 131.

44 3 O 191/77 und 3 O 192/77.

45 Frank, Publizistik 25 (1980), 290 (293).

46 11 U 2/78 und 11 U 3/78.

damit auch der durch Art. 2 Abs. 2 Satz 1 GG geschützten individuellen Gesundheit. Diese Verfassungsnorm gewährleistet jedoch zunächst nur den Schutz des Lebens und der körperlichen Unversehrtheit vor staatlichen Eingriffen und begründet die Pflicht staatlicher Organe, sich schützend und fördernd vor diese Rechtsgüter zu stellen (...). Den einzelnen will diese Vorschrift aber nicht davon abhalten, über seine körperliche Unversehrtheit selbst zu bestimmen. Die Grenze, von der ab die Preisgabe des individuellen Interesses an der körperlichen Unversehrtheit im Austausch gegen eine Geldleistung mit Rücksicht auf die in Art. 2 Abs. 2 Satz 1 GG verkörperte verfassungsrechtliche Grundentscheidung von der Rechtsordnung zu mißbilligen wäre (...), ist jedenfalls in dem hier zu prüfenden Fall nicht überschritten."

Engelhardt[47] und Schwerdtner[48] pflichten der Entscheidung in allen Punkten bei. Engelhardt weist auf die Wertungen von § 14 Satz 2 BImSchG und § 906 Abs. 2 BGB hin, wonach erlittene Beeinträchtigungen durch Geldleistung ausgeglichen werden könnten. Demzufolge sei auch ein (individueller) „Umweltverzicht gegen Entschädigung" grundsätzlich wirksam[49]. Schwerdtner wundert sich allein über den Begründungsaufwand, denn daß „Beeinträchtigungen der Umweltbedingungen vergleichsweise ausgeglichen werden, gehört zur Realität der Verwaltungsgerichtsbarkeit. Wer im entgeltlichen Verzicht auf nachbarschutzrechtliche Positionen eine unzulässige Kommerzialisierung erblickt, ergeht sich in moralischen Vorurteilen, von denen sich die gesellschaftlichen Wertungen der unmittelbar Betroffenen weit entfernt haben."[50]

Es lassen sich aber auch Bedenken an der Entscheidung formulieren. Es erscheint nämlich zweifelhaft, ob der Bundesgerichtshof die vom ihm selbst angedeutete Grenze eingehalten hat, daß eine Rücknahme dann unwirksam wäre, wenn durch den Vergleich auch allgemeine Interessen berührt sind. Medicus[51] wendet zutreffend ein, es handele sich jedenfalls dann um einen sittenwidrigen Mißbrauch, wenn „der Kampf gegen das Kraftwerk mit einer gemeinnützigen Zielangabe geführt worden sein sollte: Auch die Rechtsordnung braucht nicht untätig zuzusehen, wenn aus 'sauberer Luft für alle' endlich 'viel Geld für wenige' werden soll". In die gleiche Richtung weisen auch die Anmerkungen von Knothe und Frank mit unterschiedlicher Begründung. Knothe[52] stützt eine mögliche Sittenwidrigkeit darauf, daß mit der unter einer angeblich ökologischen Zielsetzung mobilisierten Öffentlichkeit die Kraft-

---

47 Engelhardt, NuR 1981, 145.

48 Schwerdtner, Jura 1979, 327 (329) (Die Anmerkung bezieht sich auf die vorangegangene Entscheidung des OLG Hamm.)

49 Engelhardt, NuR 1981, 145 (146 f.).

50 Schwerdtner, Jura 1979, 327 (329).

51 AT, Rdnr. 705.

52 Knothe, JuS 1983, 18 (21 f.)

werksbetreiberin unter Druck gesetzt werde. Einen derart erzeugten Meinungsdruck als Mittel zur persönlichen Bereicherung auszunutzen, sei „besonders verwerflich“[53]. - Dagegen sieht Frank[54] vorwiegend Interessen der Allgemeinheit verletzt. Die Rechtsordnung verwehre es, nicht zur persönlichen Disposition stehende Interessen aufzugeben und sich dafür eigene Vermögensvorteile zu verschaffen. Die Bürgerinitiative bestand zunächst aus über 200 Mitgliedern. Ausgewiesenes Ziel war offenbar allein die Verhinderung des Kraftwerks. Damit vertraten die in der Bürgerinitiative vertretenen Anwohner nicht nur eigene, sondern überindividuelle Interessen. Später schrumpfte die Initiative auf 72 widerspruchswillige Mitglieder, ohne daß die Zielsetzung verändert wurde. Daß es hier nicht nur um Eigeninteressen ging[55], kann man überdies schon daran erkennen, daß die drei Sprecher der Initiative den Vergleich aushandelten und der Vergleich für die Kraftwerksbetreiberin nur von Interesse sein konnte, wenn alle Widerspruchsführer ihr Rechtsmittel zurücknehmen würden. Ein Hauptanliegen und Tätigkeitsschwerpunkt war von vornherein - wie es für Bürgerinitiativen dieser Art gerade kennzeichnend ist -, eine breite und bemerkbare Öffentlichkeit gegen den Bau des Kraftwerks zu schaffen[56], da dieser Faktor über Erfolg und Mißerfolg einer Bürgerinitiative maßgeblich mitentscheidet. Die Bürgerinitiative ist damit gewissermaßen zur Sachwalterin übergeordneter Interessen geworden. Als solche war es ihr verwehrt, den durch Herstellung von Öffentlichkeit erzeugten Druck auf die Betreiberin sowie das ihr zugesprochene Vertrauen der Öffentlichkeit in eine eigene persönliche Bereicherung umzuwandeln.

Der Bundesgerichtshof hätte mit guten Gründen dem „Geschäft mit der Umwelt“ die Wirksamkeit verweigern können. Allerdings mögen hier ganz andere Überlegungen noch von Belang gewesen sein. So kann man sicher fragen, wem damit geholfen ist, wenn das Geld von den Mitgliedern der Bürgerinitiative nach vielen Jahren zurückbezahlt werden müßte und zugleich die Rechtsmittel gegen die Kraftwerkserrichtung lange präkludiert sind. Dahingehende Überlegungen hätten bei der *Rechtsfolgenbestimmung* ausdrücklich und richtigerweise Berücksichtigung finden können, indem etwa die Rechtsfolge der Nichtigkeit (personal) relativiert würde[57]. Selbst wenn man das Verhalten der Bürgerinitiative demnach als sittenwidrig bestimmt, müßte dies nicht zur vollständigen Nichtigkeit führen[58].

---

53 Knothe, JuS 1983, 18 (21).

54 Publizistik 25 (1980), 293 ff.

55 A.A. aber Knothe, JuS 1983, 18 (21), der schlicht auf die Feststellung des OLG Hamm (Urt. v. 7.2.1979 - 11 U 2 [3]/78) verweist, wonach Mitglieder der Initiative ganz wesentlich ihre Eigeninteressen als von dem Kraftwersbau und -betrieb betroffene Nachbarn vertraten.

56 Zu den Einzelheiten siehe Frank, Publizistik 25 (1980), 290 (291 f., 298 f.)

57 Hierzu siehe oben § 6 I, Fußn. 4 und II 1. Speziell für diesen Fall mit den bekannten dogmatischen Bedenken aber: Engelhardt, NuR 1981, 145 (147).

58 Siehe oben § 7 III 3.

Zusammenfassung

Umwelt(schutz)aspekte gewinnen zusehends im Rahmen des Vertragsrechts an Bedeutung. Als Instrumente vertragsrechtlichen Umweltschutzes werden die jeweiligen Gewährleistungsrechte, Regeln der Nicht- und Schlechterfüllung, Haftung für die Verletzung vertraglicher Informations- und Untersuchungspflichten sowie nur randständig Regeln der Vertragsanpassung und die Statuierung zivilistischer Verkehrsverbote in Bezug genommen. Signifikant ist die Zunahme von Konflikten mit Umweltbezug insbesondere im Gewährleistungsrecht des Kauf-, Miet- und Werkvertrages. Im Vordergrund steht dabei die Ausdehnung des Fehlerbegriffes auf den Gefahrenverdacht sowie die Rezeption öffentlicher „Grenz-"Werte zur Annahme eines „Umwelt-Fehlers" der Vertragsleistung. Eine tendenziell anwachsende Wichtigkeit kommt schließlich Umwelt(risiko)informationen im Vertragsrecht zu. Bemerkenswert ist die in nahezu allen Teilrechtsbereichen (u.a. Fehlerhaftung, Informationspflichten, Leistungsverweigerungsrechte) festzustellende Parallelisierung von öffentlichem Umweltrecht und Vertragsrecht, ohne daß damit allerdings die eigenständige Wahrnehmung im Privatrecht in Frage gestellt würde. Stets werden ökologische Aspekte in der bisherigen Rechtsprechungspraxis über die Parteiinteressen angesprochen, so daß umweltbezogenen Erwägungen erst vermittelt über den Gesundheits- und Vermögensschutz der Vertragsparteien zivilistische Relevanz beigemessen wird.

Diese Untersuchung zeigt, daß Schuldvertragsrecht durchaus in der Lage ist bzw. sein könnte, parteiübergreifende Umweltschutzaufgaben über § 134 BGB und § 138 Abs. 1 BGB unmittelbar wahrzunehmen.

Der über § 134 BGB zu sanktionierenden Gesetzeswidrigkeit vertraglicher Regelungen ist wegen der Fülle umweltbezogener Regelungen und Verbotstatbestände besondere Aufmerksamkeit zu schenken. Die Qualifizierung einer Norm als gesetzliches Verbot erfolgt aufgrund einer schutzzweckorientierten, abstrakt-generellen Auslegung. Danach sind Verbotsgesetze Normen, die eine Handlung oder einen Inhalt zwingend untersagen. Unterscheidet man umweltordnungsrechtliche Bestimmungen nach ihrer Normstruktur, ist festzustellen, daß eine begriffliche Unbestimmtheit auf der Tatbestandsseite sich auf die Qualifizierung als gesetzliches Verbot nicht auswirkt, hingegen Unbestimmtheiten der Rechtsfolgenseite, namentlich die Einräumung von Ermessen, die Annahme eines Verbotsgesetzes hindern. Insgesamt führt die signifikante Zunahme einschlägiger Verbotstatbestände im Umweltordnungsrecht zu einer Aufwertung und „ökologischen Aufladung" des § 134 BGB auf der Tatbestandsseite. Über § 134 BGB bleibt eine Intervention bei Rechtsgeschäften, die gegen umweltordnungsrechtliche Bestimmungen verstoßen, mindestens prinzipiell vorbehalten.

Bei der Beurteilung des rechtsgeschäftlichen Verbotsverstoßes ist zwischen der vertraglichen Verpflichtungs- und Erfüllungsebene zu unterscheiden. Verstößt nur die tatsächliche Erbringung der Leistung gegen ein gesetzliches Verbot und wäre eine gesetzeskonforme Erfüllung möglich, stellt sich allein die Frage nach der Erfüllungstauglichkeit der Leistung.

Schwierigkeiten bestehen allerdings hinsichtlich der Rechtsfolgenbestimmung bei Verstößen gegen Normen des Umweltrechts. Die Bestimmung erfolgt anhand gesetzesteleologischer und einzelfallbezogener Erwägungen. Sie bedarf stets einer nachprüfbaren Begründung. Ein einheitliches Konzept der Rechtsfolgenbestimmung ist entgegen Versuchen im Schrifttum abzulehnen, vielmehr können Sinn-und-Zweck-Erwägungen auch verschiedene Methoden der Rechtsfolgenbestimmung verlangen. Einzustellen ist den Überlegungen zur Nichtigkeitsfolge stets, ob jedenfalls den parteibezogenen Interessen bereits durch den Erhalt schadensrechtlicher Positionen Genüge getan ist. Dies könnte zu einer Forcierung der Rechtsfolgen im Sinne von „mehr Nichtigkeit“ bei Umweltrechtsverstößen führen, denn Kompensation über Geldzahlungen und Reduktionen des vertraglich Vereinbarten dürften sich nur selten anbieten.

Eine weitere Möglichkeit unmittelbarer zivilistischer Regulierung von Umweltrisiken besteht in der Begründung einer ökologischen Sittenwidrigkeit. Funktion der guten Sitten ist dabei sowohl die Rezeption außerrechtlicher und die Transformation innerrechtlicher Wertmaßstäbe sowie die Delegation zur richterrechtlichen Rechtsfortbildung. § 138 Abs. 1 BGB im umweltbezogenen Kontext in erster Linie als Verweis auf einen „ordre public écologique“ zu interpretieren, wobei die Wertvorstellungen der Verfassungsordnung und sodann auch die Normierungen des einfachen Rechts richtungsweisend sind. Je weniger sich das Ergebnis hieraus deduzieren läßt, desto größer ist dabei der Zwang zu einer prämissegeleiteten Begründung rechtssetzend getroffener Entscheidungen.

Sittenwidrigkeit meint - jedenfalls für den hier diskutierten Umweltbezug - nichts anderes als eine „Richterrechtswidrigkeit“ und beschränkt sich in diesem Sinne nicht auf unerträgliche und extreme Konstellationen. Der Generalklausel kommt vielmehr die Aufgabe eines Tatbestandes mit lückenfüllender Funktion zu. Somit sind § 134 BGB und § 138 Abs. 1 BGB in einem gleichgerichteten Verhältnis zu begreifen, das auf der Tatbestands- und Rechtsfolgenseite besteht: Die tatbestandlichen Senkungen der Eingriffsschwellen werden von Restriktionen der Nichtigkeit begleitet.

Vertragsrechtlich ist die Regulierung ökologischer Risiken über § 138 Abs. 1 BGB durch Gründe legitimiert, die sich auch bei Eingriffen zum Schutze eines Vertragspartners, Dritter oder der Allgemeinheit nachweisen lassen. In bezug auf vertragsinterne Interessen besteht eine Richtigkeitsgewähr nur dann, wenn eine Aushandlung des Ergebnisses jedenfalls prinzipiell möglich war. Extrakontraktuelle Interessen sind von der Vermutung der Richtigkeit von Anfang an ausgenommen, da dieselbe auf die interparteiliche Austauschgerechtigkeit beschränkt ist. Dies gilt erst recht auch für Interessen „der Umwelt", deren Wahrnehmung sich den ökonomischen Kategorien teilweise entzieht. Durch das Funktionieren eines Marktes können ökologische Defizite nur unzureichend kompensiert werden, weil dieser auf der Wahrnehmung markt- und konkurrenzorientierter Eigeninteressen der am Austauschprozeß Beteiligten beruht und somit solche Belange jedenfalls nicht notwendig zureichend berücksichtigt werden. Schließlich ergeben sich durch die objektiv-rechtlichen Dimensionen des in Art. 20a GG neu geregelten Staatszieles Umweltschutz sowie die Allgemeinwohlbindungen der Art. 2 Abs. 1 GG und Art. 14 Abs. 2 GG verfassungsrechtliche Grenzen der privaten Verfügbarkeit von Umweltgütern.

Regelmäßig wird sich die Sittenwidrigkeit erst anhand einer Interessenabwägung feststellen lassen, die sich weitestgehend an verfassungsrechtlichen Vorgaben, rechtlichen Bestimmungen und Wertungen sowie unter anderem an Präjudizien und den Entscheidungsfolgen auszurichten hat („normative Interessenabwägung"). Gefordert ist damit die Formulierung und Begründung (selbst-)bindender Voraussetzungen der Sittenwidrigkeit durch die Gerichte. Die Betonung der Funktion von § 138 Abs. 1 BGB als umweltrechtliche Verbote ergänzender Tatbestand könnte sich dahingehend konkretisieren lassen, daß mithilfe der Sittenklausel Lückenschließungen, Verlängerungen bestehender Verbote und Vorwegnahmen anstehender Verbote vorgenommen werden können, ohne daß damit allerdings eine auch nur annähernd abschließende Konzeption ökologischer Sittenwidrigkeit vorgenommen wäre.

Insgesamt würde mit dem Einsatz der §§ 134 und 138 Abs. 1 BGB die Tendenz zur Parallelisierung von öffentlichem Umweltrecht und privaten „Risiko-Vertragsrecht" fortgesetzt, wobei neben der Vollziehung gesetzter Standards die Ergänzung anhand richterrechtlich geprägter ökologischer Standards hinzuträte. Legt man dem eine optimistische Sichtweise zugrunde, könnte ein dieserart „ökologisiertes Schuldvertragsrecht" Lücken legislativer Normierung und Defizite des administrativen Vollzugs partiell kompensieren und die Entwicklung des Umweltrechts nachhaltig beeinflussen.

Literaturverzeichnis

[AK-BGB] Kommentar zum Bürgerlichen Gesetzbuch. In sechs Bänden. Reihe Alternativkommentare. Gesamthrsg. Rudolf Wassermann. Bd. 1: Allgemeiner Teil; Bd. 2: Allgemeines Schuldrecht, Neuwied 1987/1980

[AK-GG] Kommentar zum Grundgesetz für die Bundesrepublik Deutschland. Reihe Alternativkommentare. Gesamthrsg. Rudolf Wassermann. Bd. 1 (Art. 1- 37), 2. Aufl., Neuwied 1989

Ballerstedt, Kurt, Zur Haftung für culpa in contrahendo bei Geschäftsabschluß durch Stellvertreter, AcP 151 (1959/1951), 501.

Bar, Christian v., „Nachwirkende" Vertragspflichten, AcP 179 (1979), 452

Baumbach, Adolf, Kommentar zum Wettbewerbsrecht, 1. Aufl., Berlin 1929

Baumbach, Adolf/*Hefermehl,* Wolfgang, Wettbewerbsrecht. Gesetz gegen den unlauteren Wettbewerb, Zugabeverordnung, Rabattgesetz und Nebengesetze, 17. Aufl., München 1993

Beater, Axel, Generalklausel und Fallgruppen. (Erwiderung auf Ralph Weber, AcP 1992, S. 516 ff.), AcP 194 (1994), 82

Bechmann, Gotthard, Risiko als Schlüsselkategorie der Gesellschaftstheorie, KritV 1991, 212

Beck, Ulrich, Risikogesellschaft. Auf dem Weg in eine andere Moderne, Frankfurt a.M. 1986

—— Umweltpolitik in der Risikogesellschaft, ZAU 1991, 117

Berkemann, Jörg, Gesetzesbindung und Fragen einer ideologiekritischen Urteilskritik, in: Menschenwürde und freiheitliche Rechtsordnung. Festschrift für Willi Geiger zum 65. Geburtstag. Hrsg. v. Gerhard Leibholz [u.a.], Tübingen 1974, 299

—— Rechtsfortbildung - Aspekte tatsächlichen Richterverhaltens, KritV 1988, 29

Böhret, Carl, Folgen. Entwurf für eine aktive Politik gegen schleichende Katastrophen, Opladen 1990

Brüggemann, Jürgen, Die richterliche Begründungspflicht. Verfassungsrechtliche Mindestanforderungen an die Begründung rechtlicher Entscheidungen, Berlin 1971

Burchardt, Klaus, Rechtswirksamkeit eines Arbeitsvertrages bei unterlassener Vorlage des nach §§ 17, 18 Bundes-Seuchengesetz vorgeschriebenen Gesundheitszeugnisses, DB 1969, 2087

Canaris, Claus-Wilhelm, Ansprüche wegen „positiver Vertragsverletzung" und „Schutzwirkung für Dritte" bei nichtigen Verträgen. Zugleich ein Beitrag zur Vereinheitlichung der Regeln über die Schutzpfluchtverletzungen, JZ 1965, 475

—— Gesamtunwirksamkeit und Teilgültigkeit rechtsgeschäftlicher Regelungen, in: Jürgen F. Bauer [u.a.] (Hrsg)., Festschrift für Ernst Steindorff zum 70. Geburtstag [...], Berlin 1990, 519

—— Gesetzliches Verbot und Rechtsgeschäft, Heidelberg 1983

—— Grundrechte und Privatrecht, AcP 184 (1984), 201

Cansier, Dieter, Umweltökonomie, Stuttgart 1993

Coase, Ronald H., The Problem of Social Cost, Journal of Law and Economics, Vol. 3, 1.

Damm, Reinhard, Europäisches Verbrauchervertragsrecht und AGB-Recht. Zur Umsetzung der EG-Richtlinie über mißbräuchliche Klauseln in Verbraucherverträgen, JZ 1994, 161.

—— Kontrolle von Vertragsgerechtigkeit durch Rechtsfolgenbestimmung. - Nichtigkeit und Nichtigkeitsbeschränkung bei Gesetzes- und Sittenverstoß -, JZ 1986, 913

Daniels, Arne, Abschied vom gelben Gift. Chemieindustrie: Nicht die Unfälle, sondern die Erzeugnisse sind das Problem der Schlüsselbranche, Die Zeit 16/1993, 23

Derleder, Peter, Miete und Umwelt, in: Miete und Umwelt, Hamburg 1989, 13

Deutsch, Erwin, Entwicklung und Entwicklungsfunktion der Deliktstatbestände. Ein Beitrag zur Abgrenzung der rechtsetzenden von der rechtsprechenden Gewalt im Zivilrecht, JZ 1963, 385

—— Embryonenschutz in Deutschland, NJW 1991, 721

Dölle, Hans, Außergesetzliche Schuldpflichten, ZgS 103 (1943), 67

Drews, Bill/*Wacke*, Gerhard/*Vogel*, Klaus/*Martens*, Wolfgang, Gefahrenabwehr. Allgemeines Polizeirecht (Ordnungsrecht) des Bundes und der Länder, 9. Aufl., Köln 1986

Eisenschmid, Norbert, Schädliche Stoffe und Umweltbelastung, WoM 1989, 357

—— Wohngifte - ein noch immer ungelöstes Problem der Rechtsprechung, WoM 1992, 3

Engelhardt, Hanns, Bürger und Umwelt, 2. Auflage, München 1990

—— Umweltverzicht gegen Entschädigung, NuR 1981, 145

Enneccerus, Ludwig/*Nipperdey*, Hans Carl, Allgemeiner Teil des Bürgerlichen Rechts. Zweiter Halbband: Entstehung, Untergang und Veräußerung der Rechte, Ansprüche und Einreden, Ausübung und Sicherung der Rechte, 15. Aufl., Tübingen 1960

[Erman] Handkommentar zum Bürgerlichen Gesetzbuch[...] in zwei Bänden, [...] hrsg. v. Harm Peter Westermann, 9. Aufl., Münster 1993

Esser, Josef, § 138 BGB und die Bankpraxis der Globalzession, ZHR 135 (1971), 320

Esser, Josef/*Schmidt*, Eike, Schuldrecht. Band I. Allgemeiner Teil. Ein Lehrbuch. Teilband 1: Entstehung, Inhalt und Beendigung von Schuldverhältnissen; Teilband 2: Durchführungshindernisse und Vertragshaftung, Schadensausgleich und Mehrseitigkeit beim Schuldverhältnis; 7. Aufl., Heidelberg 1992/1993

Esser, Josef/*Weyers*, Hans-Leo, Schuldrecht. Band II. Besonderer Teil. Ein Lehrbuch, 7. Aufl., Heidelberg 1991

Evers, Adalbert, Risiko und Individualisierung. Was in Ulrich Becks „Risikogesellschaft“ unbegriffen bleibt, Kommune 6/1989, 33

Evers, Adalbert/*Nowotny,* Helga, Über den Umgang mit Unsicherheit. Die Entdeckung der Gestaltbarkeit von Gesellschaft, Frankfurt a.M. 1987

Fell, Wolfgang, Ansprüche aus positiver Vertragsverletzung und Delikt aufgrund der Mißachtung der Sorgfaltsanforderungen beim befüllen von Öltanks, VersR 1988, 1222

Fikentscher, Wolfgang, Die umweltsoziale Marktwirtschaft - als Rechtsproblem, Karlsruhe 1991

—— Schuldrecht, 7. Aufl., Berlin 1985

Finsinger, Jörg/*Simon,* Jürgen, Vertragsbruch und Schadenersatz bei Leistungserschwernis. Am, Beispiel der Lehre vom Wegfall der Geschäftsgrundlage, in: dies. (Hrsg.), Recht und Risiko. Juristische und ökonomische Analysen, München 1988, 114

Flume, Werner, Allgemeiner Teil des Bürgerlichen Rechts. Zweiter Band: Das Rechtsgeschäft, 3. Aufl., Berlin 1979

Frank, Götz, Die Kommerzialisierung von Grundrechtspositionen des Bürgerprotestes. Der Multiplikatoreffekt von Bürgerinitiativen als Gegenstand privater Spekulationen, Publizistik 25 (1980), 290

Führich, Ernst, Umwelteinflüsse bei Pauschalreisen und ihre Konfliktlösungen im Reisevertragsrecht, NJW 1991, 2192

Gärtner, Rudolf, Zum Standort des Verbraucherrechts, JZ 1992, 73

Gellermann, Martin/*Middeke,* Andreas, Der Vertragsnaturschutz. - Tatsächliche Gestaltung und rechtliche Grenzen -, NuR 1991, 457

Gerlach, Johann W., Die Grundstrukturen des privaten Umweltrechts im Spannungsverhältnis zum öffentlichen Recht, JZ 1988, 161

—— Privatrecht und Umweltschutz im System des Umweltrechts, Berlin 1989

Griefahn, Monika, Hilflos in die Katastrophe [Interview], Manager-Magazin Spezial 2/1991 „Umweltmanagement“, 32

Grundstein, Hans, Zum Einstellungsverbot des § 18 Abs. 1 Bundesseuchengesetz, BB 1972, 714

Habersack, Mathias, Vertragsfreiheit und Drittinteressen. Eine Untersuchung zu den Schranken der Privatautonomie unter besonderer Berücksichtigung der Fälle typischerweise gestörter Vertragsparität, Berlin 1992

Haberstumpf, Helmut, Die Formel vom Anstansgefühl aller billig und gerecht Denkenden in der Rechtsprechung des Bundesgerichtshofs. Eine Untersuchung über juristische Argumentationsweisen, Berlin 1976

Hager, Johannes, Gesetzes- und sittenkonforme Auslegung und Aufrechterhaltung von Rechtsgeschäften, München 1983

Handbuch des Staatsrechts der Bundesrepublik Deutschland. Hrsg. von Josef Isensee und Paul Kirchhoff. Band VI: Freiheitsrechte, Heidelberg 1989

Haneklaus, Winfried, Direktwirkung von EG-Richtlinien zu Lasten einzelner?, DVBl. 1993, 130

Hart, Dieter, Sozialschutzbezogene Normbildungsprozesse bei Risikoentscheidungen im Vertragsrecht, KritV 1991, 363

—— Towards risk management in contract law?, in: Thomas Wilhelmsson (Ed.), Perspectives of critical contract law, Dartmouth 1993, 123

—— Zur konzeptionellen Entwicklung des Vertragsrechts, AG 1984, 66

Hart, Dieter/*Köck,* Wolfgang, Zum Stand der Verbraucherrechtsentwicklung, ZRP 1991, 61

Hedemann, Justus Wilhelm, Die Flucht in die Generalklauseln. Eine Gefahr für Recht und Staat, Tübingen 1933

Helten, Michael, Ökologische Risiken und Versicherungsmöglichkeiten, ZAU 1991, 124

Herzberg, Rolf D., Kritik der teleologischen Gesetzesauslegung, NJW 1990, 2525

Hesse, Hans Albrecht, Der Schutz-Staat geht um, JZ 1991, 744

Höfling, Wolfram, Vertragsfreiheit. Eine grundrechtsdogmatische Studie, Heidelberg 1991

Hoppe, Werner/*Beckmann,* Martin, Umweltrecht. Juristisches Kurzlehrbuch für Studium und Praxis, München 1989

Hösel, Gottfried/*Lersner,* Heinrich Freiherr v., Recht der Abfallbeseitigung des Bundes und der Länder. Kommentar zum Abfallbeseitigungsgesetz, Nebengesetze und sonstige Vorschriften, Loseblattausgabe, Berlin 1972 ff.

Hübner, Heinz, Allgemeiner Teil des Bürgerlichen Gesetzbuches, Berlin 1985

—— Zum Abbau von Nichtigkeitsvorschriften, in: Festschrift für Franz Wieacker zum 70. Gebrurtstag. Hrsg. v. Okko Behrends [u.a.] , Göttingen 1978, 399

Hübner, Ulrich, Personale Relativierung der Unwirksamkeit von Rechtsgeschäften nach dem Schutzzweck der Norm, in: Festschrift für Heinz Hübner zum 70. Geburtstag [...], hrsg. v. Gottfried Baumgärtel [u.a.], Berlin 1984, 487

Jahn, Friedrich-Adolf, Empfehlungen der Gemeinsamen Verfassungskommission zur Änderung und Ergänzung des Grundgesetzes, DVBl 1994, 177

Kaser, Max, Römisches Privatrecht, 16. Aufl., München 1992

Kern, Bernd-Rüdiger, Die zivilrechtliche Beurteilung von Schwarzarbeitsverträgen, Festschrift für Joachium Gernhuber zum 70. Geburtstag, hrsg. v. Hermann Lange [u.a.], Tübingen 1993, 191

Klein, Hans H., Staatsziele im Verfassungsgesetz - Empfiehlt es sich, ein Staatsziel Umweltschutz in das Grundgesetz aufzunehmen?, DVBl 1991, 729

Kloepfer, Michael, Umweltrecht, München 1989

—— Umweltschutz als Aufgabe des Zivilrechts - aus öffentlich-rechtlicher Sicht, NuR 1990, 337

—— Umweltschutz. Textsammlung des Umweltrechts der Bundesrepublik Deutschland, Loseblattausgabe, München 1981 ff.

—— Zur Rechtsumbildung durch Umweltschutz, Heidelberg 1990

Knothe, Hans-Georg, Die Rücknahme von Widersprüchen gegen Errichtungsgenehmigungen von Kraftwerken gegen Entgelt - BGHZ 79, 131, JuS 1983, 18

Koch, Hans-Joachim/*Rüßmann*, Helmut, Juristische Begründungslehre. Eine Einführung in Grundprobleme der Rechtswissenschaft, München 1982

Koch, Harald, Die Funktionäre des Sozialschutzes im Prozeß. Ein rechtsvergleichender Überblick, KritV 1991, 386

Köck, Wolfgang, Umweltrechtsentwicklung und ökonomische Analyse, NuR 1992, 412

—— Anmerkung [zu BayVG Würzburg, U.v. 1.8.1994 - W 1 K 93.1595 -, ZUR 1995, Heft 1], ZUR 1995, Heft 1

Köck, Wolfgang/*Meier*, Klaus, Vertragsrechtliche Sicherheitsgewährleistung und „Neue Risiken", - Bestandsaufnahme und Perspektiven -, JZ 1992, 548

Köhler, Helmut, Kurzkommentar [zu BGH, Urt. v. 23.11.1988 - VIII ZR 247/87, NJW 19879, 218], EWiR 1989, 238

—— Schwarzarbeitsverträge: Wirksamkeit, Vergütung, Schadensersatz, JZ 1990, 467

—— Zivilrechtliche Aspekte des Mindesthaltbarkeitsdatums bei Lebensmitteln, DB 1985, 215

Kollhosser, Helmut, Anmerkung [zu OLG Hamm, Beschluß v. 2.12.1985 - 11 W 18/85, JZ 1986, 441], JZ 1986, 446

Kopp, Ferdinand, O., Verwaltungsgerichtsordnung, 10. Aufl., München 1994

Kraft, Alfons, Interssenabwägung und gute Sitten im Wettbewerbsrecht, München 1963

Krämer, Ludwig, Umweltrecht in der EWG. - Textsammlung -, Baden-Baden 1991

Krampe, Christoph, Aufrechterhaltung von Verträgen und Vertragsklauseln. - Eine Bestandsaufnahme zur neueren Rechtsprechung und Literatur -, AcP 194 (1994), 1

Kroitzsch, Hermann, Wegfall der Begründungspflicht - Wandel der Staatsform der Bundesrepublik, NJW 1994, 1032

Kunig, Philip/*Schwermer*, Gerfried/*Versteyl*, Ludger-Anselm, Abfallgesetz. Kommentar, 2. Aufl., München 1992

Ladeur, Karl-Heinz, „Abwägung" - ein neues Rechtsparadigma. Von der Einheit der Rechtsordnung zur Pluralität der Rechtsdiskurse, ARSP 69 (1983), 463

—— Risikowissen und Risikoentscheidung. Kommentar zu Gotthard Bechmann [KritV 1991, 212], KritV 1991, 241

Larenz, Karl, Allgemeiner Teil des deutschen Bürgerlichen Rechts, 7. Aufl., München 1988

—— Lehrbuch des Schuldrechts. Erster Band: Allgemeiner Teil. Zweiter Band: Besonderer Teil; 1. Halbband, 13. Aufl., München 1982/1986

Lindacher, Walter F., Grundsätzliches zu § 138 BGB. Zur Frage der Relevanz subjektiver Momente, AcP 173 (1973), 124

Luhmann, Niklas, Ökologische Kommunikation. Kann die moderne Gesellschaft sich auf ökologische Gefährdungen einstellen?, 3. Aufl., Opladen 1986

Mailänder, K. Peter, Privatrechtliche Folgen unerlaubter Kartellpraxis, Karlsruhe 1965

Martens, Klaus-Peter, Rechtsgeschäft und Drittinteressen, AcP 177 (1977), 113

Maunz, Theodor/*Dürig*, Günter [u.a.], Grundgesetz. Kommentar, Loseblatt, Stand: 01.07.1993

Mayer-Maly, Theo, Das Bewußtsein der Sittenwidrigkeit, Karlsruhe 1971

Medicus, Dieter, Allgemeiner Teil des BGB. Ein Lehrbuch, 1. Aufl., Heidelberg 1982; 5. Aufl., Heidelberg 1992

—— Bürgerliches Recht. Eine nach Anspruchsgrundlagen geordnete Darstellung zur Examensvorbereitung, 16. Aufl., Köln 1993

—— Umweltschutz als Aufgabe des Zivilrechts - aus zivilrechtlicher Sicht, NuR 1990, 145

Meier, Klaus, Umweltproblematiken im Werkvertragsrecht, VuR 1992, 30;

Mugdan, B., Die gesammelten Materialien zum Bürgerlichen Gesetzbuch für das Deutsche Reich, I. Band: Einführungsgesetz und Allgemeiner Theil, Berlin 1899

Münch, Ingo v./*Kunig*, Philip (Hrsg.), Grundgesetz-Kommentar, Bd. 1 (Präambel bis Art. 20). Begr. v. Ingo v. Münch. Hrsg. v. Philip Kunig. Unter Mitarbeit von Brun-Otto Bryde [u.a.], 4. Aufl., München 1992

Münchener Kommentar zum Bürgerlichen Gesetzbuch. Hrsg. v. Kurt Rebmann und Franz Jürgen Säcker. Band 1: Allgemeiner Teil (§§ 1-240), AGB-Gesetz, 3. Aufl., München 1993; Band 2: Schuldrecht: Allgemeiner Teil, 3. Aufl., München 1994; Band 3, 1. Halbband, 2. Aufl., München 1986

N.N., Holzschutzmittelprozesse. Eine unendliche Geschichte, test 12/1991, 18

Nasemann, Andrea, Asbestgefahren durch defekte Heizungen. Ansprüche gegen Hersteller schwer durchsetzbar, SZ v. 15.4.1992, 47

Olshausen, Eberhard v., Zivil- und wirtschaftsrechtliche Instrumente gegen überhöhte Preise. Versuch einer Systematik, ZHR 146 (1982), 259

Palandt. Bürgerliches Gesetzbuch [...] bearb. v. Peter Bassenge [u.a.], 53. Aufl., München 1994

Papier, Hans-Jürgen, Direkte Wirkung von Richtlinien der EG im Umwelt- und Technikrecht. - Verwaltungsverfahrensrechtliche Probleme des nationalen Vollzuges -, DVBl 1993, 810

Pawlowski, Hans-Martin, Allgemeiner Teil des BGB. Grundlehren des bürgerlichen Rechts, 3. Aufl., Heidelberg 1987

—— Anmerkung [zu BGH, Urt. v. 12.1.70 - VII ZR 48/68, JZ 1970, 504], JZ 1970, 506

Perina, Udo, Die verkaufte Moral. Immer mehr Banken beruhigen mit zweifelhaften Ehtikfonds das schlechte Gewissen ihrer Kunden, Die Zeit 20/1991, 36

Peter, Michael/*Tonner*, Klaus, Umweltbeeinträchtigungen auf Reisen, NJW 1992, 1794

Pigou, Arthur Cecil, The Economics of Welfare, 4. ed. Repr., London 1962

Raiser, Ludwig, Vertragsfreiheit heute, JZ 1958, 1

Ramthun, Christian, Schillerndes Etikett. Schwindler bedrohen die Ökobauern, Die Zeit 33/1991, 21

Rehbinder, Eckard, Ersatz ökologischer Schäden - Begriff, Anspruchsberechtigung und Umfang des Ersatzes unter Berücksichtigung rechtsvergleichender Erfahrungen, NuR 1989, 105

—— Wirtschaftsordnung und Instrumente des Umweltschutzes. Zur Diskussion des sog. Verursacherprinzips, in: Wirtschaftsordnung und Staatsverfassung. Festschrift für Franz Böhm zum 80. Geburtstag. Hrsg. v. Heinz Sauermann und Ernst-Joachim Mestmäcker, Tübingen 1975, 499

Reuter, Dieter, Zivilrechtliche Probleme der Schwarzarbeit, in: Albin Eser/Heinz J. Müller(Hrsg.), Schattenwirtschaft und Schwarzarbeit. Mit juristischen und ökonomischen Beiträgen von [...], Paderborn 1986, 31

[RGRK] Das Bürgerliche Gesetzbuch mit besonderer Berücksichtigung der Rechtsprechung des Reichgerichts und des Bundesgerichtshofes. Kommentar hrsg. v. Mitgliedern des Bundesgerichtshofes, 12. Aufl., Berlin 1982

Richter, Stefan, Die unmittelbare Wirkung von EG-Richtlinien zu Lasten Einzelner. Zu den EuGH-Urteilen Rs. 80/86 - Kolpinghuis und Rs. 152/84 - Marshall, EuR 1988, 394

Ronellenfitsch, Michael, Mobilität: Vom Grundbedürfnis zum Grundrecht?, DAR 1992, 321

—— Verfassungs- und verwaltungsrechtliche Vorbemerkungen zur Mobilität mit dem Auto, DAR 1994, 7

Roth, Herbert, Geltungserhaltende Reduktion im Privatrecht, JZ 1989, 411

Sach, Karsten, Genehmigung als Schutzschild? Die Rechtsstellung des Inhabers einer immissionsschutzrechtlichen Genehmigung, Berlin 1994

Sack, Rolf, Die lückenfüllende Funktion der Sittenwidrigkeitsklauseln, WRP 1985, 1

Sack, Rolf, Sittenwidrigkeit, Sozialwidrigkeit und Interessenabwägung, GRUR 1970, 493

Säcker, Franz Jürgen, Grundprobleme der kollektiven Koalitionsfreiheit. Rechtsquellen- und interpretationstheoretische Bemerkungen zur legislativen und judikativen Konkretisierung des Art. 9 Abs. 3 GG, Düsseldorf 1969

Sambuc, Thomas, Folgenerwägungen im Richterrecht. Die Berücksichtigung von Entscheidungsfolgen bei der Rechtsgewinnung, erörtert am Beispiel des § 1 UWG, Berlin 1977

Schaub, Günter, Arbeitsrechtshandbuch. Systematische Darstellung und Nachschlagewerk für die Praxis, 7. Aufl., München 1992

Schiffer, Hans-Wilhelm/*Delbrück,* Kilian, Kennzeichnung als Instrument des produktbezogenen Umweltschutzes, DB 1991, 1002

Schläger, Edwin, Wohnraummietrecht und Umweltschutz. Eine Übersicht über aktuelle Probleme (im Anschluß an ZMR 1988, 407 und ZMR 1990, 161), ZMR 1992, 88

Schmalzbauer, Wolfgang, Die Drittwirkung verpflichtender Verträge, Diss. Regensburg 1982

Schmidt, Eike, Effizienzbedingungen für privatrechtlichen Sozialschutz, KritV 1991, 378

—— Inhaltskontrolle von Schuldverträgen, DRiZ 1991, 81

—— Struktur- und Kompetenzanforderungen an einen zeitgemäßen Zivilprozeß, KritV 1989, 303

Schmidt, Jürgen, Prävention als Zielbestimmung im Zivilrecht, KritV 1986, 83

Schünemann, Wolfgang B., Aufklärungspflicht und Haftung. Zum vertraglichen Informationstransfer am Beispiel der Heimtextil-Branche, BB 1987

Schwerdtner, Peter, Unlautere Geschäfte mit dem Umweltschutz? Oder: Demoskopie als Hilfsmittel der Rechtsanwendung, Jura 1979, 327

Sening, Christoph, Abschied von der Schutznormtheorie im Naturschutzrecht, NuR 1980, 102

Siegburg, Peter, Gewährleistung beim Bauvertrag, Köln 1987

Simitis, Konstantin, Gute Sitten und ordre public. Ein kristischer Beitrag zur Anwendung des § 138 Abs. 1 BGB, Marburg 1960

Smith, Adam, Der Wohlstand der Nationen. Eine Untersuchung seiner Natur und seiner Ursachen. [Vollständige Ausgabe nach der 5. Auflage (letzter Hand), London 1789.] Aus dem Englischen übertragen und mit einer umfassenden Würdigung des Gesamtwerkes herausgegeben von Horst Claus Recktenwald, 6. Aufl., München 1993

Soergel. Kommentar zum Bürgerlichen Gesetzbuch. Band 1, 1988. Band 2, 1990. Band 3, 1991, Band 6, 1989; 12. Aufl., Stuttgart

Sommermann, Karl-Peter, Staatsziel „Umweltschutz" mit Gesetzesvorbehalt?, DVBl 1991, 34

[Staudinger] J.v. Staudingers Kommentar zum Bürgerlichen Gesetzbuch. III: Band, 1. Teil, 11. Aufl., Berlin 1956. Erstes Buch (§§ 90-240), 1979. Zweites Buch (§§ 255-327), 1979; (Einleitung zu §§ 241 ff.; §§ 241, 242; AGBG), 1983, 12. Aufl., Berlin

Stein-Jonas. Kommentar zur Zivilprozeßordnung, bearb. von Wolfgang Grunsky [u.a.], 4 Bd., Tb. II, §§ 883-1048, EGZPO, 20. Aufl., Tübingen 1988

Steinbach, Emil, Die „guten Sitten" im Rechte, DJZ 1899, 47

Stoll, Heinrich, Rücktritt und Schadensersatz, AcP 131 (1929), 141

Teubner, Gunther, Standards und Direktiven in Generalklauseln. Möglichkeiten und Grenzen der empirischen Sozialforschung bei der Präzisierung der Gute-Sitten-Klauseln im Privatrecht, Frankfurt 1971

Thiele, Wolfgang, Leistungsstörung und Schutzpflichtverletzung. Zur Einordnung der Schutzpflichtverletzung in das Haftungssystem des Zivilrechts, JZ 1967, 649

Veelken, Winfried, Bindungen des Revisionsgerichts bei der Beurteilung der Sittenwidrigkeit von Rechtsgeschäften nach § 138 BGB, AcP 185 (1985), 46

Vorholz, Fritz, Eine Hoffnung zerbröselt. Mineralfasern: Der Deutschen beliebtester Dämmstoff gilt jetzt offiziell als krebserregend, Die Zeit 38/1993, 35.

Wagner, Gerhard, Öffentlich-rechtliche Genehmigung und zivilrechtliche Rechtswidrigkeit, Köln 1989

Wank, Rolf, Lieferung von Glykolwein als Falschlieferung - BGH, NJW 1989, 218, JuS 1990, 95

Westphal, Thomas, Zivilrechtliche Vertragsnichtigkeit wegen Verstoßes gegen gewerberechtliche Verbotsgesetze, Berlin 1985

Wieacker, Franz, Privatrechtsgeschichte der Neuzeit - unter besonderer Berücksichtigung der deutschen Entwicklung, 2. Aufl., Göttungen 1967

Wilburg, Walter, Zusammenspiel der Kräfte im Aufbau des Schuldrechts, AcP 163 (1964), 346

Winter, Gerd (Hrsg.), Grenzwerte. Interdisziplinäre Untersuchung zu einer Rechtsfigur des Umwelt-, Arbeits- und Lebensmittelschutzes, Düsseldorf 1986

Wolf, Manfred, Die Privatautonomie, in: Grundlagen des Vertrags- und Schuldrechts. Mit Beiträgen von Volker Emmerich [u.a.], Frankfurt 1972

Wolf, Manfred/*Horn,* Norbert/*Lindacher,* Walter F., AGB-Gesetz. Gesetz zur Regelung des Rechts der Allgemeinen Geschäftsbedingungen, Kommentar von [...], 2. Aufl., München 1989

Wolf, Rainer, Zur Antiquiertheit des Rechts in der Risikogesellschaft, Leviathan 87, 357

Zimmermann, Reinhard, Richterliches Moderationsrecht oder Totalnichtigkeit. Die rechtliche Behandlung anstößig-übermäßiger Verträge, Berlin 1979

Zipfel, Walter, Lebensmittelrecht. Kommentar der gesamten lebensmittel- und weinrechtlichen Vorschriften sowie des Arzneimittelrechts, Band I, Loseblatt, München, Stand: 1. Januar 1994

Kolibri 360 GmbH
Ferdinand-Jühlke-Straße 7
99095 Erfurt, Deutschland
produktsicherheit@kolibri360.de

Druck:
CPI Druckdienstleistungen GmbH
im Auftrag der
Kolibri 360 GmbH
Ferdinand-Jühlke-Str. 7
99095 Erfurt